BIBLIOTHÈQUE DES CAHIERS DE L'INSTITUT
DE LINGUISTIQUE DE LOUVAIN — 89

Le contexte en sémantique

Mortéza MAHMOUDIAN

PEETERS
LOUVAIN-LA-NEUVE
1997

D. 1997/0602/24   ISSN 0779-1666   ISBN 90-6831-915-9 (Peeters Leuven)
ISBN 2-87723-328-6 (Peeters France)

© PEETERS   et   Publications Linguistiques de Louvain
Bondgenotenlaan 153
B-3000 Leuven

Printed in Belgium

TABLE DES MATIÈRES

4. EN DÉTAILS : examen circonstancié du contexte p.59

5. EN FAIT : le contexte en sémantique p.73

6. ENSUITE : problèmes en suspens et perspectives p.97

7. AU FOND : pensée et langage p.121

8. ENFIN : épilogue p.145

AVERTISSEMENT

Certains passages du présent ouvrage reproduisent — avec des remaniements — des textes déjà publiés; il s'agit de "Sens et connaissance du sens" paru dans les *Actes du troisième Colloque Régional de Linguistique*, Strasbourg, Université des Sciences Humaines & Université Louis Pasteur, 1989, p.277—294 repris au chapitre 2, et de Structure linguistique: problèmes de la constance et des variations, in *La Linguistique*, Paris, 1980, 16, No 1, p.5—36 repris au chapitre 3.

Pour la réalisation de cet ouvrage, de nombreux collègues et amis m'ont prêté aide et encouragement.

Jean-Blaise Grize a eu la gentillesse de lire, commenter et critiquer les chapitres concernant la pensée et le langage.

Yvan Cruchaud m'a accompagné dans la longue gestation du chapitre 4, en lisant et discutant les versions successives.

Yves Erard a lu et commenté les pièces du puzzle qu'est cet ouvrage.

Maritza Erb, Yves Erard et Yvan Cruchaud m'ont apporté leur aide dans la réalisation matérielle du livre.

A eux tous vont mes plus vifs remerciements.

Certaines recherches empiriques citées dans le livre ont bénéficié de l'appui financier du Fonds national suisse de la recherche scientifique, projets Nos 1.877-0.73, 1.470-0.76, 1.691-0.82,12-28776.90.

AVANT-PROPOS

Dans les études sémantiques linguistiques la notion de contexte occupe une place importante. Parfois non déclarée, elle se glisse dans les travaux de ceux-là mêmes qui décident de ne pas en traiter. C'est le cas du linguiste qui croit faire abstraction des facteurs contextuels quand il étudie la signification.

Le présent ouvrage se propose d'examiner la nature et l'action du contexte sémantique dans la constitution du sens des énoncés. Pour commencer, nous esquissons à grands traits les tâches et les problèmes de la sémantique. Il s'avère que les phénomènes de signification sont certes doués de structure, mais non d'une structure simple, justiciable d'un modèle formel; qu'au contraire, la transmission du sens est un processus complexe, en ce qu'elle fait appel à un très grand nombre de facteurs, de nature diverse et d'efficacité — ou de degré de pertinence, si l'on veut — variable. Ainsi, la transmission peut être examinée du point de vue de la production ou de celui de la compréhension; points de vue qui mettent au jour des asymétries dans le processus sémantique. Il convient dès lors d'adopter l'un ou l'autre angle, si l'on veut passer outre le niveau des considérations générales. Dans l'étude de détail comme dans l'examen empirique, nous avons opté pour le point de vue du récepteur.

Nous partons du principe que le texte n'a pas de sens en soi. La signification lui est attribuée en vertu de ce qu'en fait le locuteur ou l'interlocuteur. C'est donc dans et par le sujet parlant qu'on peut et doit chercher le ou les sens de l'énoncé. Le chapitre 2 examine le statut de la signification et de ses variations dans l'intuition et le comportement des usagers de la langue.

La structure sémantique a pour point de départ la subjectivité du descripteur. A-t-elle une réalité indépendamment de celle-ci? C'est là un de nos soucis permanents de confronter les hypothèses que nous formons à des données empiriques. Le chapitre 3 livre une discussion sur la structure linguistique. Quelle est sa nature: formelle ou relative? De la réponse à cette question dépend la valeur qu'on peut attribuer aux résultats de recherches empiriques. Il nous semble que la diversité des faits observés révèle les variations inhérentes à la structure (linguistique en général, et sémantique en l'occurrence).

Ce n'est qu'au chapitre 4 qu'est abordé le problème central: le contexte. En quoi consiste-t-il? Disons d'abord ce que n'est pas le contexte. Il n'est pas la collocation physique d'éléments sonores. Il est, lui aussi, de nature sémantique; c'est un sens, ou plutôt un ensemble de sens. Dire qu'un mot a du sens, c'est admettre que le sujet parlant lui en reconnaît. C'est un paradoxe de dire que le mot n'a de sens qu'en contexte, qui en définitive, n'est rien d'autre qu'une suite de mots. Les mécanismes contextuels reviennent donc à l'action réciproque des éléments sémantiques. C'est dire que le sens de l'unité et celui du contexte interagissent, se conditionnent réciproquement.

Au chapitre 5, nous soutenons — sur la foi des résultats d'enquêtes sémantiques — que le mot, même hors contexte, a du sens; que le sens du mot subit certes l'influence de celui du contexte, mais il influence aussi la réalisation sémantique des unités avoisinantes (qu'est le contexte). Le problème de l'action réciproque mot/contexte reste entier en attendant de répondre à la question: Quand le mot est-il cible de cette action et quand source? Il apparaît qu'une réponse satisfaisante à cette question implique le recours à d'autres facteurs: culture et situation. Celles-ci ne consistent pas seulement en "événements pratiques" (pour employer les termes de Bloomfield), mais aussi et surtout en savoirs des usagers au même titre que le sens du mot comme celui du contexte sont des savoirs.

Quel est le rôle de la situation et de la culture dans la production et la saisie du sens? Au chapitre 6, nous nous penchons sur cette question. D'abord, ce qui peut infléchir l'interprétation sémantique, ce n'est pas — pensons-nous — la situation concomitante avec l'acte de parole, mais bien sa connaissance. Ainsi conçu, les facteurs dits situationnels consistent en un ensemble de savoirs extra-linguistiques qui sont en étroite liaison avec les savoirs culturels et dont ils ne se distinguent que par l'opposition concomitant/décalé.

Le chapitre 7 est centré sur le problème des rapports pensée/ langage. Problèmes que — raisonnablement — on ne pourrait éluder, puisqu'en cherchant à déterminer le rôle du contexte en sémantique, nous avons été conduit à prendre en compte certains croyances et savoirs du sujet. Il apparaît que les développements récents de la linguistique et de la logique ouvrent des perspectives prometteuses.

L'épilogue est consacré à l'examen des réactions qu'ont suscitées les positions prises dans cette recherche.

1. EN PREMIER :

INTRODUCTION.

1.1. Synopsis

L'objet de la présente introduction est d'exposer dans des termes simples — c'est-à-dire en utilisant le moins possible une terminologie technique — les tâches de la sémantique et les problèmes que rencontre la description du sens des unités linguistiques. Pour commencer, nous présenterons le fonctionnement de la signification comme un processus simple; nous introduirons progressivement les difficultés que rencontre un modèle simplifié à rendre compte des phénomènes complexes du sens, et les solutions complexes qu'il convient d'y envisager. Bien que la quasi totalité des questions fondamentales soit abordées ici, les réponses apportées ne sont qu'esquissées à grands traits.

1.2. Les tâches de la sémantique:

La sémantique a pour tâche d'élucider les mécanismes du fonctionnement de la signification. Elle doit donc répondre à la question "Comment l'énoncé fait-il sens?" En formulant ainsi l'objet de la sémantique, nous faisons abstraction - afin de simplifier l'exposé - des différences qui séparent deux aspects des mécanismes sémantiques: émission et réception. Car, dans l'étude du fonctionnement, on prend en compte à la fois le sens dont l'émetteur charge l'énoncé et ce que perçoit l'interlocuteur de l'intention significative du locuteur. Ainsi conçue, la sémantique vise à répondre aux questions suivantes: *a)* Comment le locuteur transmet-il le sens? *b)* Comment l'interlocuteur perçoit-il le sens? Nous y reviendrons plus loin (Cf § 1.13).

1.3. Sens littéral

Comment les phrases font-elles sens? La conception sans doute la plus répandue est que toute phrase est composée de mots, qui ont chacun un sens, et que de la combinaison des sens des éléments constitutifs procède le sens de la phrase.

Considérons une phrase comme *le père est très spirituel.* Pour en saisir le sens, l'auditeur fait l'assemblage des sens des éléments dont se compose cet énoncé. Dès lors, pour la compréhension de cette phrase il suffit de connaître les sens des éléments constitutifs; un peu comme ce qui suit:

> *le* : "défini, connu"
> *père* : "géniteur, ascendant mâle au premier degré, parent mâle"
> *est :* "avoir une réalité"

très : "à un haut degré"
spirituel : "qui a de la vivacité de l'à-propos, qui sait briller et plaire"

Le sens de l'exemple ici donné prête sans doute à discussion. Acceptons-le tel quel pour l'instant sous caution d'une discussion à venir.

1.4. Limites du sens littéral

Notez que cette conception n'est pas seulement celle de l'homme de la rue; mais l'idée de base s'en trouve exprimée — avec des nuances et variantes, certes — chez beaucoup de savants et chercheurs d'Aristote à Chomsky en passant par Hjelmslev, et de manière générale tous ceux qui ont essayé d'élaborer une sémantique dénotative.

Cette conception nous paraît critiquable non pas parce que la nécessité du sens littéral est contestable; mais en ce qu'elle prend le sens littéral pour suffisant. Nous donnons ci-dessous quelques exemples où la connaissance du sens littéral — du moins sous la forme considérée ci-dessus — ne suffit pas pour assurer la transmission de la signification. Chacun des contre-exemples renvoie à l'une des restrictions dont on traitera dans la suite.

1.5. Influence du contexte (phrastique)

Le sens de *père* peut varier comme en témoignent : *Jean était un père pour lui* et *pour lui, Marie était père et mère à la fois.* De même que peut varier le sens de *spirituel, de très* ou de *le.* Ainsi la signification de *spirituel* n'est pas la même quand on considère les énoncés suivants : *il considérait l'âme comme une réalité spirituelle* ou *elle en avait dessiné une caricature très spirituelle.*

1.6. Rôle de la syntaxe.

Les facteurs syntaxiques ont leur mot à dire; on prend ici l'exemple de constructions figées; il arrive souvent qu'un mot ait un sens spécifique dans une construction, quand celle-ci tend à former un tout monolithique, c'est-à-dire là où la liberté combinatoire est réduite voire nulle. Ainsi le sens de *père* dans *le père fondateur, le beau-père, le père spirituel, le père éternel, le père adoptif,* etc., est différent de ce que nous venons de voir.

1.7. Variétés socio-géographiques

D'autres variations sont dues aux facteurs sociaux, dont celles dues aux classes sociales comme : *le vieux est rien rigouillard,* ou aux facteurs géographiques, *le fatre est un fin moquérant;* comme il existe des variations dues aux facteurs professionnelles ou techniques, *le tuteur légal masculin se caractérise par son inclination à provoquer l'hilarité.*

1.8. Connotation

La connotation peut être conçue comme la propriété des éléments qui tout en assurant l'intercompréhension véhiculent en outre des traces de clivages socio-géographiques. Par exemple, *essence, benzine, gazoline* ou *spirituel, rigolo, amusant, etc.*, ou *père, paternel, vieux, dab, etc..*, ou encore *la dame ne veut pas payer* vs *la vioque veut pas raquer.*

Dans une autre acception, la connotation renvoie à ce que comporte la signification d'un énoncé par-delà son contenu propositionnel, soit l'attitude de l'usager à l'égard de l'expérience relatée. Ainsi *violon* vs *crin-crin, pique-assiette* vs *écornifleur, compliqué* vs *complexe* vs *sophistiqué.*

Nous n'aborderons pas ici le problème de savoir s'il existe des liens organiques entre les deux concepts ou s'ils constituent des phénomènes tout à fait distincts.

1.9. Rôle de la situation

La connaissance d'un élément extérieur au langage ayant un lien avec l'énoncé peut contribuer à la saisie du sens. Voici deux exemples:

a) L'ambiguïté: Hors situation, *drôle* dans *L'alcool rend drôle* peut signifier soit "curieux, bizarre" soit "susceptible de susciter l'hilarité"; les circonstances dans lesquelles la phrase est proférée peut contribuer à lever cette ambiguïté.

b) L'ironie: *Le père est très spirituel* peut dans une situation déterminée signifier le contraire de son sens littéral. Ce, en vertu des indications fournies par la situation (ou par le contexte transphrastique) qui vont de façon flagrante à l'encontre du sens virtuel de l'énoncé; c'est là peut-être l'une des caractéristiques les plus saillantes de l'ironie

1.10. Influence du contexte discursif

La signification *hic et nunc* d'un mot peut être modifiée sous l'effet du contexte non de la phrase dont il fait partie, mais du discours global dans lequel il s'insère.

Cela peut se produire dans le cas d'une phrase aussi. Ainsi, la signification ironique peut résulter de la contradiction entre l'univers que constitue le discours et le sens littéral de la phrase. Ainsi *leurs* prend un sens particulier dans *les hommes arrivent avec leurs jambes broyées* si la phrase est intégrée dans la relation des activités des ouvriers de l'abattoir. Ou encore, *à* prend un sens particulier dans *il est arrivé avec un pansement à la main* suivant que l'on parle d'un médecin ou d'un blessé.

1.11. Rôle de la culture

On peut définir la culture comme un ensemble de savoirs et de croyances partagées par une communauté. Si l'émetteur et le récepteur sont de cultures différente, la signification peut prêter à confusion. Ainsi dans le cas d'une phrase comme *je suis chez moi* , qui peut signifier selon les cultures soit : "En vertu des lois d'hospitalité, vous avez la préséance, je fais tout pour que vos désirs soient comblés", soit : "C'est moi le maître ici, et tout se passe selon ma volonté".

1.12. Problèmes

Ce qui précède risque de donner du sens et des processus sémantiques une image quelque peu incohérente; on pourrait être tenté d'y voir une démarche circulaire, par ex., ou des concepts flous. Pour mettre en évidence le jeu complexe mais régulé des facteurs multiples, certains problèmes pendants seront évoqués dans la suite, et des solutions possibles esquissées.

1.13. Asymétries sémantiques

Nous avons fait allusion ci-dessus - Cf. § 1.2 - à l'asymétrie entre deux processus également importants dans les mécanismes sémantiques: émission du sens et sa perception. La signification de /deptitru/, par ex., est évidente pour le locuteur, alors que l'interlocuteur pourrait hésiter entre *des petites roues* et *des petits trous*. De nombreux exemples pourraient être évoqués montrant d'autres asymétries de la structure sémantique. Ainsi, les processus sémantiques varient selon l'objet dont on parle: on n'utilise pas la même démarche pour présenter deux concepts comme "orange" et "ozone" à quelqu'un qui ne les connaît pas. Et les différents éléments sémantiques ne sont pas disponibles au même degré: il y a des significations qu'on saisit aisément, alors que d'autres impliquent quelque effort.

1.14. Multiplicité des traits de sens

La façon dont nous avons présenté - Cf. § 1.3 - le sens littéral en donne une image simplifiée. Afin d'introduire progressivement les problèmes et difficultés de l'analyse du sens, nous n'avons cité pour chaque unité qu'un seul trait sémantique, celui qui paraît le plus probable. Or, si l'on se réfère à un quelconque dictionnaire - *Le Petit Robert,* par ex. - on en trouve bien d'autres dont voici un relevé pour le mot père :
    "homme qui a engendré, qui a donné naissance à un ou plusieurs enfants"
    "qui a un ou plusieurs enfants qu'il élève"
    "le parent mâle (de tout être vivant sexué)"
    "(pluriel) ancêtre, ascendant."
    "créateur, fondateur, inventeur"

"celui qui se comporte comme un père, est considéré comme un père"
"*père noble* : personnage âgé et solennel au théâtre"
"(Titre de respect). Relig. *Père abbé* : religieux assurant la direction
d'un couvent, d'une communauté. Etc."
"(avant le nom de famille). Désignant un homme mûr et de condition
modeste, ou avec condescendance."

On constate ainsi que les traits sémantiques réalisés ne le sont pas au hasard.
C'est dire que le processus qui aboutit à l'actualisation de tel trait de sens
plutôt que tel autre suit un mécanisme. Dès lors, le problème est de
circonscrire ce mécanisme.

1.15. Ambiguïté

Il est évident que dans bien des cas, le contexte — conçu comme l'ensemble
des significations en présence — contribue à déterminer le trait qui se réalise
dans une séquence. Il n'en subsiste pas moins des cas où les indications
contextuelles ne suffisent pas; il y a alors ambiguïté, c'est-à-dire une
indétermination quant au trait de sens qui se réalise.

Mais, jusqu'à quel point faut-il chercher à lever l'ambiguïté? Comment
savoir, en effet, si l'ambiguïté est imaginée par le chercheur lui-même (en
quête d'une analyse répondant à des critères d'exhaustivité qu'il s'est donné)
ou si elle constitue une indétermination due à l'intention significative du
locuteur, ou, encore, si elle constitue un écart ou un décalage entre l'intention
de l'émetteur et ce qu'en a perçu le récepteur ?

1.16. Limites du contexte

La notion de contexte renferme plus d'une imprécision : le contexte exerce
une influence sur le sens de l'unité, certes; mais ne subit-il pas en même
temps l'influence de l'unité?

De nombreux exemples pourront être cités pour montrer que le contexte peut
subir l'influence sémantique de l'unité. Généralement, la phrase est
considérée comme le contexte qui influence et détermine le sens de ses
constituants. Ainsi, le sens réalisé de *mettre* ou *changer* est censé être
déterminé par les contextes phrastiques que sont *il a mis le chapeau* et *elle a
changé la voiture* . Or, l'effet inverse n'est pas rare; ainsi *il a mis le chapeau*
change de sens quand on y ajoute le constituant *sur la table*. Cf. *il a mis le
chapeau sur la table*. L'adjonction du constituant *de place* produit un effet
analogue sur l'autre phrase. Cf. *elle a changé la voiture de place*. Dans ce cas,
n'est-on pas confronté à une équation à deux inconnues?

1.17. Autres problèmes

Noter que sur l'ensemble des facteurs énumérés sous § 1.6 à 1.13, la description sémantique rencontre des difficultés; car ces facteurs sont tous pertinents, mais ils ne le sont pas dans toutes les conditions d'emploi, et quand ils le sont, ce n'est pas nécessairement au même degré. Dans ce chapitre, nous ne les examinerons pas tous en détail, nous bornant à relever le problème qui leur est commun : celui de leur portée et de leurs limites qu'on peut présenter ainsi: *dans quelles conditions tel facteur joue-t-il un rôle dans l'établissement du sens hic et nunc ? Et quels sont les facteurs qui l'empêchent d'assumer ce rôle?*

1.18. Cohérence, énonciation, pragmatique

Ces problèmes n'ont pas échappé aux chercheurs en sémantique : cohérence, énonciation, pragmatique sont quelques uns des concepts proposés pour les résoudre. (Soit dit en passant 1° ils ne sont pas si différentes que les terminologies donnent à croire, 2° ils sont des réactions aux thèses structuralistes, et souvent aussi brutales que celles-ci; et 3° et de ce fait ils n'apportent pas toujours réponse à certaines questions dont celles posées sous § 1.13 à 1.16.)

Prenons le concept de cohérence. Il permet de rendre compte d'un phénomène remarquable dans la transmission du sens: par exemple, dans certains cas, le sens littéral présentent des contradictions, alors que les protagonistes de l'acte de communication se comprennent.

Soit *hommes (gens) de la mer* et *hommes (gens) de la côte.* Dans les conditions normales de communication, ne sont-ils pas en quelque sorte synonymes? De même, *un célibataire* ne signifie-t-il pas sensiblement la même chose que *l'homme non marié* ? Dans l'affirmative, on devrait avoir affaire à des énoncés contradictoires dans

> *Ce ne sont pas des hommes de la mer mais des gens de la côte.*
> *Son mari est un célibataire .*

Or, des énoncées de ce genre ne sont pas rares. Comment la contradiction est-elle levée? Si l'on part du principe que le locuteur est un être doué de raison, et qu'il ne divague pas, on fait un effort pour y trouver une signification cohérente, conforme à la logique qu'on croit devoir attribuer au discours du locuteur. Le même effort, on ne le consent pas dans toutes les circonstances, dans le cas, par exemple, d'un énoncé d'enfant comme *Poupou te donne mille bisous ... je t'en donne plus ... trois cent quatre vingt six.*

1.19. Degrés d'intercompréhension

On prend souvent l'intercompréhension pour assurée. Et quand on la remet en cause, c'est comme s'il s'agissait de cas quasi pathologiques. Or, on a de bonnes raisons — tant théoriques qu'empiriques — pour penser que l'intercompréhension est fonction de degré. Une fois cela admis, il convient de se demander si et dans quelle mesure les usagers reconnaissent à un énoncé le sens que nous croyons pouvoir lui attribuer. Il paraît arbitraire d'ériger l'intuition du descripteur en critère suprême, et déclarer — en vertu de ce critère — asémantique telle ou telle séquence d'unités, *d'incolores idées vertes dorment furieusement,* par ex.

1.20. Évolution et crise de la sémantique

La recherche sémantique ne se déroule pas sous un ciel serein pas plus que le monde linguistique n'est épargné par crises et tourmentes. Cependant la gestion des crises se déroule souvent dans un climat passionnel. Il en découle qu'à une thèse - dont le caractère excessif est critiqué - on en oppose une autre qui pèche souvent par l'excès inverse. Ainsi, il serait également arbitraire de décréter que *d'incolores idées vertes dorment furieusement* est parfaitement et pleinement doué de signification.

Dans la grande majorité des cas, les débats contradictoires ne débouchent pas sur un inventaire - si non une synthèse - des acquis. On en arrive souvent à des conclusions décevantes qui ressemblent étrangement à l'abandon des buts poursuivis. Ce, à la suite du constat d'instabilité, ou pour récuser le contrôle empirique ou encore, en raison du décalage des résultats acquis avec la structure telle qu'elle est conçue dans certaines positions classiques considérant que dégager une structure en sémantique n'est pas possible. Dans d'autres cas, au terme de débats, on tente un renouveau de la sémantique; mais souvent cet effort n'est pas accompagné d'une réflexion épistémologique. Il s'ensuit que le nouveau modèle s'use vite sans qu'il en résulte une contribution non négligeable. Qu'on pense un peu à ce qui reste du passage de la théorie standard de la grammaire générative transformationnelle à la sémantique générative, malgré les passions qu'avait déchaînées ce renouveau.

Il ne faut cependant pas oublier les efforts - multiples et diversement couronnés de succès - pour asseoir la recherche sémantique sur des bases nouvelles; dont certains sont orientés vers les fondements de la sémantique alors que d'autres s'attellent à décrire précisément des phénomènes ponctuels.

1.21. Perspectives

Comment la sémantique peut-elle surmonter ses difficultés actuelles?

Pour y répondre, nous prendrons en guise d'illustration le problème des rapports entre unité et contexte. Il semble nécessaire de reconsidérer la conception même du contexte sur plusieurs points: 1° les propriétés et de l'unité et du contexte doivent être placées dans le cadre d'une conception relative et non formelle; 2° le sens tant de l'unité que du contexte est à concevoir comme un savoir du sujet parlant (et non propriété immanente de l'une ni de l'autre); et 3° unité et contexte doivent être conçus comme liés par des rapports complexes de détermination (c'est à dire réciproque mais non symétrique en ce que l'ampleur de l'influence et les conditions dans lesquelles celle-ci se produit ne sont pas identiques).

Une telle conception conduit à saisir le sens de l'unité comme un ensemble de virtualités sémantiques (hiérarchisées et non équiprobables). Dès lors, il est possible de concevoir le sens d'un énoncé comme la résultante de l'interaction entre le sens de l'unité et celui du contexte.

1.22. L'arrière-plan de la communication;

Cette résultante, elle-même, est conditionnée, régulée par l'expérience qu'ont les usagers du monde et/ou par l'univers du discours auquel renvoie l'énoncé. De manière générale, tout acte de communication est tributaire de notre expérience extralinguistique, de nos croyances et de notre connaissance du monde. On peut montrer que sans cet arrière-plan, le langage ne peut assurer la transmission d'une signification aussi simple que "le chat est sur le paillasson".

Un examen plus développé montrera qu'il en va ainsi des autres facteurs pertinents (cadre social, situation, discours, culture, ...) qui ont leur mot à dire dans l'actualisation du sens. Ils ont ceci en commun qu'ils sont tous des types de savoir, et qu'ils sont des complexes formés d'éléments hiérarchisés.

1.23. Mécanismes sémantiques

Les mécanismes sémantiques peuvent maintenant être esquissées à grands traits de la façon suivante. *Le sens d'un énoncé est un assemblage des sens virtuels de ses constituants; assemblage qui est compatible avec l'expérience et/ou l'univers du discours.*

Ainsi conçus, les mécanismes qui aboutissent à la réalisation du sens dans les échanges linguistiques (du moins pour une part importante de ceux-ci) ont de fortes chances d'être complexes; en ce sens qu'ils passent par des tentatives et erreurs, des va-et-vient avant que ne soit fixé le sens actuel de l'énoncé. Pour illustrer grossièrement le processus, on pourrait imaginer que l'interlocuteur prend le trait sémantique le plus probable de chaque constituant; il les réunit en un premier assemblage; il apprécie la compatibilité de cet assemblage avec les autres facteurs et avec l'arrière-plan; en cas d'incompatibilité, il en fait un autre assemblage en changeant un ou plusieurs des traits sémantiques dont il apprécie de nouveau la compatibilité; et ainsi de suite, jusqu'à l'obtention d'une signification vraisemblable, compte tenu de l'ensemble des facteurs et de l'arrière-plan.

Noter que les phases du processus sémantique et leur ordre chronologique sont donnés ici schématiquement. Car, il s'agit là de problèmes qui figurent — ou plutôt méritent de figurer — parmi les tâches les plus pressantes à accomplir en sémantique.

1.24. De l'utilité de la structure abstraite et des outils techniques

Les mécanismes sémantiques sont fort complexes. Les notions qu'on vient de présenter l'ont été au prix d'une simplification non négligeable. Il n'y a pas un concept, ni un principe qui ne soient pas sujets à caution ou limités dans leur application. Pour expliciter ces mécanismes, il faut d'une part un cadre conceptuel qui en fixe les caractéristiques générales et des outils techniques qui en énumèrent les caractéristiques de manière précise. Il sera alors possible de les soumettre à un contrôle expérimental. Car, en fin de compte la sémantique a — pensons-nous — pour but de calculer et de prévoir les sens des énoncés dans l'usage du langage.

C'est là une formalisation qui se justifie tant qu'elle est considérée comme un moyen d'expliciter nos hypothèses et de les confronter aux données empiriques. En revanche, une formalisation qui est une fin en soi ne semble pas avoir plus de justification que n'importe quel jeu de l'esprit.

1.25. Pour une autre issue de la crise

De la multiplicité des facteurs qui interviennent dans l'établissement du sens résulte la complexité des faits de sens. *Par complexité, nous entendons que la constitution des significations implique l'intervention de facteurs nombreux, chaque facteur pouvant revêtir l'une des valeurs d'une échelle à gradation nombreuse.* Dès lors, la structure sémantique peut et doit comporter des aspects conflictuels dont la probabilité est plus ou moins élevée et le rôle plus ou moins important dans l'actualisation du sens.

Voici pour terminer trois remarques:

a) **Complexité.** Pour rendre compte de faits si complexes, des outils complexes (d'analyse et de description) sont nécessaires. On peut constater que dans les sciences de la nature — de toute évidence bien plus avancées que les sciences de l'homme — le progrès des connaissances aboutit à une très grande complexité de la structure. Pourquoi en irait-il autrement en linguistique?

La complexité de la structure a une conséquence importante sur le plan pratique: c'est une erreur que de manifester des réactions vives aux thèses qui semblent diamétralement opposées aux siennes. Même exagérées, les polémiques mettent souvent à jour des faits intéressants. En défendant ascerbement ses thèses, on risque de verser dans l'exagération opposée. Plus judicieux serait de reconnaître la pertinence des faits observés dans différents cadres conceptuels, et de tenter de déterminer les rôles qu'ils assument dans l'établissement du sens (la place qui leur revient dans la hiérarchie des facteurs).

b) **Généralité.** Pendant plusieurs décennies, des linguistes confirmés, pour apprécier la validité d'une structure linguistique, se sont fondés sur le critère de simplicité; dans ces conditions, soutenir que la structure la plus adéquate est complexe pourrait paraître comme une provocation. Il y a là un problème terminologique: dans une acception, la simplicité renvoie au fait qu'une structure soit générale, qu'elle soit applicable à une gamme étendue de phénomènes[1]. Dans cette acception, on peut admettre qu'une structure tout en étant simple fasse appel à un nombre élevé de facteur, et à une gamme étendue de gradations pour leur valeur. Or, en linguistique, la simplicité a été conçue comme impliquant un nombre limité de facteurs, et une échelle restreinte de valeur ou de pertinence, souvent réduite à une opposition binaire pertinent/non pertinent.

Nous croyons que la généralité est un critère valable pour l'appréciation de la structure linguistique; en ce sens qu'une structure, élaborée pour la sémantique linguistique, est d'autant plus adéquate qu'elle se révèle plus apte à rendre compte de phénomènes psychiques, sociaux, etc. La structure relative que nous prônons permet — pensons-nous — des ouvertures vers les disciplines connexes, et — en cela — elle est plus générale.

c) **Structure feuilletée**. L'un des corollaires de la complexité de la structure est qu'elle comporte nombre de couches successives; dès lors, on peut en donner des descriptions à divers degrés de finesse: on peut arrêter la description au niveau d'une structure grossière de même qu'on peut pousser la description pour atteindre des niveaux de structure de plus en plus fine. En elles-mêmes, la description ni la structure ne nous dicte aucune limite, aucun degré de finesse ou d'approximation. L'adéquation d'un degré plus ou moins grossier ou fin d'approximation est fonction de ce à quoi sert la description. Si le but de la description est de rendre compte de dialogues faits tout de nuance et de subtilité, elle aura besoin d'être poussée à un niveau d'approximation fine. En revanche, pour rendre compte d'une conversation banale couvrant des besoins quotidiens, une approximation grossière

---

[1] C'est ainsi qu'est conçue la simplicité dans les discussions épistémologiques. Voir GRANGER GILLES-GASTON, *Pensée formelle et sciences de l'homme*, Paris, Aubier-Montaigne, 1967. Cf. EINSTEIN et INFELD, *L'évolution des idées en physique*, Paris, Flammarion, 1983.

suffirait. Ainsi conçue, la structure sémantique n'a pas de limites naturelles; elle ne peut donc être saisie dans sa totalité.

Pour terminer cet aperçu, nous aimerions insister sur un point: dans ce qui précède, nous avons voulu montrer la manière dont nous concevons l'étude de la signification linguistique. Cette conception lie la construction théorique aux données empiriques; mais les liens qui les unissent ne sont ni simples ni immédiats. Dès lors, tout contrôle empirique doit satisfaire à certaines exigences afin que les conditions d'observation — telles que l'origine des données réunies, les techniques utilisées pour la collecte, ... — ne soient pas altérées. Les recoupements opérés dans le respect de ces exigences montrent que cette voie conduit à des résultats comparables, qu'elle permet de prévoir, dans les limites mentionnées, le comportement sémantique. Nous y voyons un signe encourageant.

2. EN GROS :

DE LA SIGNIFICATION.

2.1. La signification linguistique dans l'intuition et le comportement du sujet.

Deux problèmes sont abordés dans cette partie : la connaissance sémantique du sujet parlant et celle du linguiste. Des recherches empiriques[2] permettent de concevoir la connaissance sémantique comme multifacette. Elle varie suivant divers facteurs : selon le rôle dans l'échange linguistique, selon l'objet de la communication et selon la disponibilité des unités linguistiques ou des concepts. Loin que ces variations prouvent l'anarchie du domaine sémantique, elles en révèlent la structure complexe. La question "Lequel des aspects correspond à la réalité de la signification?" ne semble guère présenter d'intérêt. En revanche, il nous paraît intéressant de déterminer l'influence de ces aspects sur les faits sémantiques observables d'une part, et la hiérarchie de ces faits de l'autre. Mettant en évidence la complémentarité de différentes directions de recherches, une telle conception évite les polémiques arides et permet de faire le point de notre connaissance de la signification.

2.2. Deux approches de la sémantique

Que connaît-on de la signification? L'interrogation a une double visée : d'une part ce que connaît le sujet parlant de la signification, et de l'autre la connaissance qu'en a le linguiste. Les deux problèmes sont cependant liés, car la connaissance du linguiste présuppose celle du sujet parlant; en ce sens que la connaissance du sujet parlant est partie intégrante de l'objet que le linguiste cherche à appréhender et à décrire.

D'entrée de jeu, nous tenons à apporter quelques précisions terminologiques pour éviter d'éventuels malentendus : nous employons *signification* comme termes génériques, c'est-à-dire sans la distinction opérée par d'aucuns entre *signifié* (unité linguistique abstraite composée exclusivement de traits pertinents) et *sens* (réalisation concrète de cette unité comportant aussi des traits non pertinents). Ce, parce qu'une telle distinction n'est pas justifiée *a priori*. Elle ne pourrait l'être que si, au terme d'une recherche à la fois théorique et empirique, étaient examinés et le concept de pertinence et l'influence des conditions d'observation sur les observables. Cf. § 2.11.

---

[2] On trouve dans cet exposé des résultats d'une recherche financée par le Fonds National Suisse de la Recherche Scientifique. Projet No 1.691-0.82.

La façon dont nous venons de présenter les rapports entre l'objet de la linguistique et le savoir du sujet, laisse entendre qu'à côté de ce savoir l'objet comporte d'autres éléments. C'est là un problème qui dépasse la simple convention terminologique, mais nous n'en discuterons pas maintenant.

Étant donné les liens entre les deux problèmes, il convient de traiter d'abord de la connaissance sémantique du sujet parlant pour passer ensuite aux questions que soulève l'étude de cette connaissance par le linguiste. Nous appellerons ces deux approches respectivement objective et méthodologique; puisque dans la première on s'intéresse aux propriétés de l'objet et dans la seconde à la manière de l'étudier. Le deuxième problème sera traité sommairement dans ce chapitre.

2.3. Point de vue objectif

Les études sémantiques partent trop souvent à la recherche d'une signification homogène, cohérente et sans faille; or, rien ne permet de postuler l'existence chez le sujet parlant d'une telle connaissance sémantique. Il paraît plus judicieux de se fier aux recherches empiriques pour en dégager la configuration structurale. C'est le parti que nous avons pris. Nous nous sommes attaché à mettre en évidence ce que le sujet parlant connaît sur la signification, et à déterminer — au cas où cette connaissance serait hétérogène — les facteurs de l'hétérogénéité. En partant d'un schéma simple de la communication, nous avons émis l'hypothèse que l'intuition sémantique du sujet parlant est conditionnée par son rôle dans la communication (émetteur *vs* récepteur), par l'objet dont on parle, et varie aussi selon le degré de la disponibilité des signes et des concepts.

2.4. Rôle

Que le sujet d'une langue soit tour à tour émetteur et récepteur et que l'émission et la réception de la parole ne soient pas parfaitement symétriques n'est qu'une évidence. Mais il ne s'ensuit pas que l'on reconnaisse un égal droit de cité à l'activité du locuteur et à celle de l'interlocuteur parmi les faits linguistiques. Bien souvent, dans les descriptions on choisit les exemples de façon à éviter les asymétries, ou alors on prend le parti de ne traiter que d'un seul aspect du processus sémantique. Et quand l'asymétrie entre émission et réception est prise en compte, elle est réduite à quelques cas d'homonymie, de synonymie, etc., et considérée comme exceptions rares confirmant la règle de symétrie. Nous ne voyons pas de raison valable pour étayer pareil choix ou découpage de l'objet sémantique. La disparité des deux facettes s'étend bien au-delà des cas marginaux, comme pourraient le montrer des exemples pris dans l'usage quotidien : un usager pourrait facilement trouver pour une expression - *mauve*, par ex. - le contenu correspondant; ce qui correspond au rôle du récepteur. Alors que la même personne - dans le rôle de locuteur -

aurait peine à trouver pour un contenu - "violet pâle" par ex. - l'expression idoine.

2.5. Objet

Le sujet parlant manie-t-il avec une égale aisance la signification de diverses unités linguistiques? La réponse à cette question ne fait pas unanimité; même parmi les linguistes qui répondent négativement à cette question, nombreux sont ceux qui jettent dans la poubelle de la parole, de l'usage ou de la performance ce genre de distinction. Intuitivement, il apparaît que la nature du concept n'est pas sans influence sur la production ou la saisie d'une signification : la communication ne se déroule pas avec la même facilité, ni ne se sert de mêmes stratégies quand on parle de réalités quotidiennes ("table" ou "frites", par ex.) ou de faits dont l'expérience ne nous est pas familière (comme "fleurs de manguier", "croyances de l'homme des cavernes" ou "information en thermodynamique"). Les exemples invoqués risquent de faire croire que seul le discours sur les choses abstraites ou éloignées se heurte à des difficultés. Ce problème - pas si épisodique - semble mériter un examen sérieux, et se ramène à une question de portée générale : Quelles sont les conséquences du recours au référent ou à la paraphrase ou aux deux dans l'explicitation de la signification? Plus précisément, toutes les significations se laissent-elles également circonscrire par l'un ou l'autre moyens? Nous ne croyons pas. Nous pensons que le recours à l'un ou l'autre moyens est d'efficacité variable pour la saisie du sens de divers éléments linguistiques; et qu'en outre, pour un même élément linguistique, la signification n'apparaît pas sous un aspect identique par recours aux moyens différents. Aussi, il est évidemment plus facile de faire saisir le sens de *mauve* par monstration que par circonlocution. Dans les cas extrêmes, la circonlocution pourrait être totalement inefficace : nous ne voyons pas comment on pourrait décrire le sens de *rouge* ou de *haut* pour un enfant autrement que par monstration. A l'opposé, qui pourrait se faire fort d'illustrer le sens d'une expression comme *honnêteté* ou *coefficient de corrélation* par monstration? Ici, la circonlocution se révèle comme médiation obligée.

2.6 Disponibilité

Le locuteur jouit-il d'une égale aisance pour trouver le mot qui convient à exprimer un concept ou un autre? Le récepteur décode-t-il avec une facilité comparable la signification d'une unité (ou séquence d'unités) que celle d'une autre? Vraisemblablement, la plupart des linguistes se refuseraient à donner une réponse affirmative à ces questions. Cependant, les différences admises sont généralement considérées comme limitées, voire négligeables; et ne semblent susciter de réflexion sérieuse sur les liens qui unissent signifiant et signifié. Car, ce qui est en jeu ici, c'est la nature du rapport entre les deux faces du signe. Au lieu de prendre ce rapport pour acquis, essayons de l'examiner pour divers types de signe. Intuitivement, la disparité semble évidente : en partant du concept, le locuteur trouverait l'expression *plaque de cheminée* plus aisément que *contrecoeur*. De même pour le récepteur, chercher le sens du mot implique moins d'effort dans le cas de *démocratie* que dans celui de *polyandrie*.

2.7. Collecte des données

Les exemples invoqués sont parfois des cas extrêmes, et pourrait donner l'impression de généralisation hâtive; risque réel qu'encourt toute réflexion systématique. Or, un principe général n'a d'intérêt que s'il permet de rendre compte non seulement des cas dont on est parti, mais aussi d'autres cas. Il faut des expériences sur d'autres données pour savoir si les hypothèses trouvent application ailleurs aussi. C'est à cette condition qu'une réflexion systématique peut s'avérer non *ad hoc*. Et c'est dans ce sens que l'expérimentation doit être conçue comme pierre de touche pour théories et modèles proposés. Les hypothèses que nous avons illustrés d'exemples intuitifs, ont été soumises, dans plusieurs enquêtes, à une vérification empirique. Nous esquisserons ici, à grands traits, le modèle sur lequel l'enquête est basée, et donnerons ensuite quelques résultats chiffrés.

2.8. Le modèle

Le contenu intuitif de ce qui vient d'être dit - cf. 2.4. - 2.6. - peut être formalisé de façon suivante:

Nous émettons l'hypothèse que sont déterminantes pour les variations et la hiérarchie des faits sémantiques trois dimensions (qui livrent dans un découpage binaire six facteurs):

a) rôle :
— S->F : émission : on part d'une S(ignification) pour lui donner une F(orme) linguistique;
— F->S : réception : on part d'une forme linguistique pour arriver à un sens;
b) objet :
— Réf : le sens peut être explicité par recours au Réf(érent) extralinguistique (ou un substitut : image, figurine,...);
— Par : le sens est présenté par une Par(aphrse) ou de façon plus générale, par une circonlocution;
c) disponibilité:
— D : la technique est D(irective); la sollicitation d'une réaction intuitive est accompagnée de suggestion d'une ou de plusieurs réponses.
— ND : la technique utilisée est non directive, c'est-à-dire le sujet parlant est sollicité pour un jugement intuitif sur le sens ou la forme, sans qu'aucune réponse ne lui soit proposée.

En construisant des questionnaires où l'on fait varier chaque fois un seul des facteurs, on peut apprécier l'influence des facteurs dans l'attribution du sens aux formes (ou de la forme aux sens). On obtient ainsi une grille de 8 types de question :

i) ND, F->S, Par
Question non directive où le stimulus fourni est une forme, la réaction visée une signification et le moyen d'explicitation une paraphrase.

ii) ND, F->S, Réf
Question non directive où le stimulus fourni est une forme, la réaction visée une signification et le moyen d'explicitation un référent ou un substitut de référent.

iii) ND, S->F, Par
Question non directive où le stimulus fourni est une signification, la réaction visée une forme et le moyen d'explicitation une paraphrase.

iv) ND, S->F, Réf
Question non directive où le stimulus fourni est une signification, la réaction visée une forme et le moyen d'explicitation un référent ou un substitut de référent.

v) D, F->S, Par
Question directive où le stimulus fourni est une forme, la réaction visée une signification et le moyen d'explicitation une paraphrase.

vi) D, F->S, Réf
Question directive où le stimulus fourni est une forme, la réaction visée une signification et le moyen d'explicitation un référent ou un substitut de référent.

*vii)*D, S->F, Par
Question directive où le stimulus fourni est une signification, la réaction visée une forme et le moyen d'explicitation une paraphrase.

*viii)*D, S->F, Réf
Question directive où le stimulus fourni est une signification, la réaction visée une forme et le moyen d'explicitation un référent ou un substitut de référent.[3]

---

[3] Dans l'élaboration de ce modèle, notre souci était de donner un aperçu général des techniques d'enquête; aperçu qui doit être affiné pour répondre aux besoins spécifiques des recherches ponctuelles. D'abord, les distinctions binaires sont des simplifications. Entre questions directives et questions non directives, par exemple, on peut et doit imaginer des paliers intermédiaires. Ensuite, le recours aux paraphrases peut être conçu comme l'un des

On rapprochera des questions qui ne se distinguent que par un seul facteur dont l'influence sur le comportement sémantique du sujet peut être déterminée par la comparaison des réponses obtenues. Par exemple, si les réactions recueillies par une question type *i)* aboutit à des résultats significativement différents de ceux obtenus par une question type *ii)*, la différence sera à imputer à l'alternance référent *vs* paraphrase. Ainsi, quand les questions portent sur deux sens possibles (s$_1$ et s$_2$) d'une même forme, la différence sera considérée comme l'indication que le s$_1$, par ex. est mieux saisi au moyen de la paraphrase que par recours au référent. Lorsque les questions portent sur deux signes, la différence des réactions intuitives sera à interpréter comme indice que l'un est plus rigoureusement structuré que l'autre. En suivant la même procédure, la comparaison des résultats de questions type *iii)* et *v)* pourra mettre évidence la différence dans la disponibilité de deux sens. Par la comparaison de *i)* et *iii)*, on pourra apprécier la hiérarchie des sens suivant le rôle de l'usager. Ainsi de suite. Les exemples qui suivent illustreront ces propos.

2.9. Influence du rôle

Le premier exemple provient d'une enquête sur la signification de la modalité verbale dite "imparfait" en français.[4] On sait qu'un énoncé comme *il faisait beau, je sortais* peut renvoyer à un événement répété dans le passé; il peut aussi désigner une éventualité hypothétique (où l'actualisation de l'événement "sortir" est présentée comme dépendante de conditions atmosphériques). On peut se poser le problème de savoir dans quelle hiérarchie se trouvent les deux significations de l'"imparfait". En réduisant la hiérarchie à une distinction à deux degrés, on peut reformuler la question ainsi : Les deux significations ont-elles la même valeur, le même rang hiérarchique? Dans la négative, laquelle des deux est la signification principale et laquelle marginale? Pour répondre à cette question, l'enquête tente de déterminer si et dans quelle proportion les deux sens sont attribués par les informateurs à l'imparfait quand varient les trois types de facteurs (2.4 -2.6). Prenons le couple de questions *ii)* et *iv)*: (question 1 et 2 du questionnaire soumis à l'enquête):

ii) Pouvez-vous mettre en scène par un dessin le sens de la phrase suivante?
    il faisait beau, je sortais

iv) Les dessins suivants représentent une situation qui s'est passée hier, où j'ai dit : "il fait beau, je sors"

---

moyens linguistiques pour expliciter le sens; à cette fin, le langage offre d'autres moyens comme le discours métalinguistique.
[4] Cf. SINGY Pascal, Enquête sur la modalité imparfait in *Bulletin de la Section de Linguistique de la Faculté des Lettres de Lausanne*, 9 (1988), p. 53-73.

Comment peut-on raconter la situation représentée par ces dessins?
a)
b)

Les deux sont non directives, utilisent le référent (ou plutôt un dessin comme substitut de référent), mais la question 1 part de la forme à la recherche du sens correspondant, alors que la question 2 suit l'itinéraire inverse; ce qui correspond à l'asymétrie réception *vs* émission. Pour la question 1, l'ensemble des informateurs attribue à l'imparfait le sens de "passé certain", alors qu'en réponse à la question 2, seuls 16 sujets produisent l'imparfait pour le "passé certain", alors que deux sujets donnent l'imparfait comme forme correspondant à la fois au "passé certain" et à l'"hypothétique" et deux sujets n'emploient pas du tout l'imparfait dans leurs réponses. La différence des résultats est imputables au fait que l'informateur est placé alternativement dans le rôle de l'émetteur et du récepteur.

2.10. Influence de l'objet

Nous empruntons ici notre exemple à une enquête ayant pour objet - entre autres - les propriétés sémantiques de *avec*.[5] Le problème examiné est celui des rapports entre les sens "comitatif" et "instrumental" dans une phrase comme *les hommes arrivent avec leurs chevaux* : les deux sens sont-ils attribuables au même degré à *avec* ? Si non, à quels facteurs tient leur différence ou asymétrie? Le questionnaire, élaboré selon le modèle ci-dessus, n'appelle pas de commentaire particulier. Nous citons les questions de type *ii)* et *i)* (questions 3 et 4 du questionnaire soumis à l'enquête):

ii) Laquelle des images représente le sens de la phrase suivante?
   les hommes arrivent avec leurs chevaux

i) Que signifie la phrase suivante?
   les hommes arrivent avec leurs chevaux
   a) Les hommes arrivent montés sur leurs chevaux.
   b) Les hommes arrivent accompagnés de leurs chevaux.

---

5 OBERLÉ Gabriella, Monèmes grammaticaux: Une enquête in *Bulletin de la Section de Linguistique de la Faculté des Lettres de Lausanne,* 9 (1988), p. 75-90

c) Les hommes arrivent soit accompagnés de leurs chevaux soit montés sur leurs chevaux.

Toutes deux suivent l'itinéraire forme->sens, sont non directives, mais se distinguent par le fait que l'explicitation du sens a recours au dessin (comme substitut de référent) dans 3, mais à la paraphrase dans 4. Voici les réponses obtenues de 17 informateurs:

	Instrumental	Comitatif	Instrum. ou comit.
Q.3 (ND, F->S, Par)	8	9	5
Q 4 (ND, F->S, Réf)	3	5	12

2.11. Degrés de disponibilité

Revenons à l'enquête sur l'imparfait pour une illustration des différences de disponibilité et comparons les questions de type *iii)* et *vii)*.(question 6 et 8 du questionnaire soumis à l'enquête)[6] :

iii) Quand il faisait beau, je sortais.
Pouvez vous exprimez la même idée d'une autre façon?

vii) Dans le passé quand il faisait beau, je sortais.
Peut-on exprimer cette situation par la paraphrase suivante?
      il faisait beau, je sortais

La comparaison de ces questions est pertinente sous cet aspect: elles se distinguent par le caractère directif de 6 opposé au caractère non directif de 8, les deux questions étant par ailleurs identiques : *S->F, Par*. En réponse à la question non directive - soit 6 - tous les sujets indiquent expressément le caractère hypothétique de l'événement par des marques comme *lorsque* ou *à chaque fois que*; aucun ne propose *il faisait beau, je sortais*. Mais 15 des 20 informateurs admettent pour l'énoncé *il faisait beau, je sortais* un sens hypothétique que 5 seulement refusent.

2.12. Interprétation des données

Il va sans dire qu'en partant d'un ensemble de données, tous les linguistes n'arrivent pas à la même conclusion. Chacun, partant de ses prémisses, en tire certaines conséquences. Les données que nous venons de rapporter prêtent - de par leur caractère contradictoire - tout particulièrement à des prises de positions diamétralement opposées : on pourrait en conclure qu'interrogé par le linguiste, le sujet parlant répond n'importe quoi, et refuser par conséquent toute valeur aux faits ainsi recueillis ; on peut aussi en inférer — comme

---

6 Cf. SINGY Pascal, Enquête sur …

nous le faisons — l'existence d'une structure complexe dont les réponses contradictoires sont un reflet.

Impossible d'entreprendre — hors d'un cadre de référence déterminé — une discussion approfondie sur les implications des faits empiriques. Nous nous bornerons donc à quelques remarques visant à présenter nos présupposés en la matière, suivies des conclusions qui nous semblent s'imposer.

2.13. Respect du verdict de l'empirie

Nous croyons que les données empiriques ont une certaine valeur, et qu'on ne peut les évacuer sans dommage pour la recherche linguistique. Cependant, il n'est pas rare qu'on se refuse à prendre en compte certaines données quand celles-ci vont à l'encontre de la thèses défendues.

Ce refus est parfois fondé sur des arguments théoriques. Ainsi, certains linguistes prônent une séparation entre une recherche théorique (linguistique pure) et une recherche expérimentale (socio- et/ou psycho-linguistique). Une telle distinction nous paraît justifiée à condition que la théorie reçoive une élaboration poussée et aboutisse à des hypothèses suffisamment explicites pour permettre l'expérimentation, c'est-à-dire une confrontation entre hypothèses et données dont la théorie sortirait confortée, nuancée ou infirmée. Mais ignorer totalement les faits d'expérience serait réduire la linguistique à une discipline sans objet empirique. En soi, une telle conception n'a rien d'aberrant, mais aboutit à confondre la linguistique avec certaines disciplines déductives (logico-mathématiques, par exemple).

Ou bien, le refus est fondé sur la méfiance de la façon dont se déroule l'observation des données. Par exemple, certains considèrent les enquêtes linguistiques comme nulles et non avenues parce qu'on ne sait pas ce qui se passe chez le sujet parlant quand il répond à nos questions : répond-il en toute bonne foi? Ou bien formule-t-il les réponses en fonction de la valeur qu'il attribue aux éléments linguistiques et de l'image qu'il a de sa position sociale? Le sujet a-t-il conscience des éléments de sa langue? Et s'il en a une, est-il à même de l'exprimer? Etc. Toutes ces questions sont certes légitimes, et appellent un examen sérieux (et d'ailleurs nombre de linguistes intéressés par les recherches expérimentales se sont penchés là-dessus). Toutefois, aucune d'entre elles ne justifie que l'on abandonne la quête de l'adéquation empirique des théories qu'on élabore. Or, souvent la critique des recherches expérimentales sert à privilégier les données puisées dans l'intuition du linguiste quand celles-ci entrent en conflit avec des données recueillies auprès des sujets. Nous ne voyons pas quels arguments pourraient justifier la préférence accordée à l'intuition d'une élite par rapport à celle du commun du mortel. Encore une fois, toute critique des procédures expérimentales ouvre la voie à l'introspection et ses pièges si elle n'est pas accompagnée de propositions constructives : suggestion de procédures plus adéquates, de techniques complémentaires, etc.

2.14. Validité des jugements intuitifs

S'agissant de la valeur à attribuer aux jugements intuitifs, on trouve, dans les résultats d'enquête, des faits montrant la relative régularité de l'intuition du sujet parlant. Reprenons les questions 6 et 8 de l'enquête sur l'imparfait dont la différence réside — nous venons de le voir, 2.11. — dans la non directivité de 6 opposée à la directivité de 8. On constate que seuls 15 des 20 informateurs ont admis le sens "hypothétique" à la suite de la suggestion de l'enquête, alors que les 5 autres l'excluent toujours. Si l'enquête pouvait totalement modifier le comportement de l'usager, toutes les personnes interrogées devraient, à la suite d'une question directive, reconnaître à l'imparfait un sens hypothétique. Cela semble indiquer les limites de l'influence des techniques d'enquête sur le jugement intuitif des sujets d'une langue.

2.15. Structure complexe de la signification

Prenant acte de la variabilité des réactions intuitives, on pourra s'interroger sur leurs origines, leur raison d'être. Une réponse possible est qu'elle est due à la structure complexe de la signification. En ce sens que le sujet connaît différemment les éléments du sens : il ne les connaît pas tous sous le même aspect; il les a appris — et les manie — dans des conditions différentes. Bref, la connaissance du sujet parlant a des strates multiples dont seules certaines émergent selon les circonstances de l'usage de la langue et suivant les conditions de sa réflexion sur la langue; réflexion qui aboutit à des jugements intuitifs. Il est dès lors normal, voire rassurant que les données recueillies reflètent la diversité des faits. Le contraire eût été étonnant. On devrait se poser des questions si de toutes les personnes interrogées émanait un jugement identique : par quelle magie, quelle prestidigitation, on a pu obtenir cette belle unanimité?

Notre expérience quotidienne de l'usage de la langue révèle l'existence des couches superposées dans les phénomènes sémantiques. Comment peut-on préciser le sens d'un mot par recours à d'autres mots? Quelles astuces, quels moyens utilisent ceux qui essaient de vulgariser une connaissance technique ou scientifique? Pourquoi l'intercompréhension n'est presque jamais totale (c'est-à-dire l'émetteur et le récepteur n'attribuent pas exactement le même sens à une expression)? Ces problèmes — et bien d'autres — restent des mystères si nous n'admettons pas la multiplicité des aspects de la signification et la gradation de sa maîtrise.

Cette diversité a d'ailleurs été mise en évidence par nombre de recherches expérimentales dont nous citerons deux parmi les plus connues : celles de

William Labov et d'Eleanor Rosch. Les recherches dont nous venons de rapporter quelques aspects présentent des caractéristiques originales de par leurs domaines d'application et leur conception globale. D'une part — à la différence des études de Labov[7] ou de Rosch[8] qui se penchent surtout sur le domaine du lexique — nos recherches ne sont pas limitées aux seuls faits lexicaux. L'application des mêmes techniques d'enquête à la fois à la grammaire et au lexique semble éclairer d'un jour nouveau le débat classique sur les spécificités de la signification grammaticale comme opposée à la signification lexicale.[9] D'autre part, nous partons dans nos recherches, d'une conception globale de la communication linguistique, et essayons d'en esquisser une vue d'ensemble; c'est ainsi que — compte tenu des trois variables — nous proposons une matrice à huit cases, qui pourra servir de base à une typologie des enquêtes sémantiques.[10]

2.16. Point de vue méthodologique

Pour terminer, nous revenons un instant aux problèmes de la connaissance qu'a le linguiste de la signification pour examiner une double question : Quelles techniques adopter dans l'étude du sens? Peut-on — et comment — faire le point de notre connaissance sur la signification?

2.17. Portée et limites des techniques d'enquête

Celui qui aborde la description des phénomènes sémantiques est encore assez souvent confronté à un dilemme : d'une part la technique adoptée doit trouver une justification théorique ou du moins avoir une vraisemblance intuitive et d'autre part, les résultats doivent cadrer avec une conception simple de la structure sémantique. Pari impossible à tenir, tant qu'on ménage le dogme de structure simple; dogme défendu au nom de principes divers selon les courants théoriques : le caractère formel de la structure, finitude des éléments ultimes de la signification, simplicité de la description, etc. Une issue ne peut apparaître que lorsque le dogme sera ébranlé; et c'est la raison pour laquelle nous insistons ici sur la variabilité et la versatilité de la signification. Ce sont pareils principes qui conduisent à reconnaître à plusieurs techniques une certaine valeur dans la description du sens, et que les disparités entre les résultats obtenus selon diverses techniques peuvent correspondre aux variations inhérentes à l'objet. Beaucoup de polémiques sémantiques sont né du respect du dogme de structure simple. Prenons un cas

---

7 LABOV William, The Boundaries of Words ..., P. 343-373
8 ROSCH Eleanor & Barbara B. LLOYDS, *Cognition and Categorization,* Hillsdale N. J., L. Erlbaum, 1978
9 On trouve certains résultats de ces recherches dans Pascal SINGY & Gabriella OBERLÉ, Enquêtes sémantiques: Grammaire versus lexique in *Bulletin de la Section de Linguistique de la Faculté des Lettres de Lausanne,* 8 (1987),
10 Cf. Ci-devant, § 2.8. Voir aussi Mortéza MAHMOUDIAN, Structure du signifié et fonction de communication in *La linguistique,* 21, 1985, p. 269.

précis : ayant mis en évidence les lacunes que présentait le recours au corpus dans la collecte des données pour l'étude du langage enfantin, certains linguistes — dont Thomas Bever [11] —, ont proposé de nouvelles techniques qui ont permis d'observer des aspects intéressants de l'acquisition. Mais dans la critique des pratiques antérieures, ils sont allés jusqu'à considérer le recours au corpus comme dénué de toute valeur, et à considérer leur propre technique comme seule valable. Aujourd'hui, une telle critique paraît manifestement excessive; excessive aussi l'appréciation de Bever de ses propres techniques (qui consistait en gros à observer la réaction du récepteur aux énoncés présentés). L'application exclusive d'une telle technique réduirait l'objet de la linguistique (donc de la sémantique) à la seule activité de l'interlocuteur; réduction que rien ne justifierait, étant donné que l'usager normal n'est pas condamné à assumer un seul et même rôle dans la communication. L'utilisation de cette technique conjointement avec le corpus est certainement plus judicieuse, et permet d'obtenir une vue plus englobante des faits sémantiques. Le choix exclusif que croyaient devoir opérer ces linguistes semble fondé sur la conception formelle de la structure sémantique : puisque la structure est une, la technique ne peut qu'être unique.

La multiplicité des aspects de la signification a pour conséquence la diversité et la complémentarité des techniques, et soulève par là-même un problème de fond : la diversification des techniques, la complexification du concept de structure n'aboutissent-elles pas à la négation de la structure? Nous ne croyons pas. Précisons d'abord le sens du terme structure : par structure, nous entendons un ensembles de régularités, de façon telle que certains phénomènes puissent être observés, si certaines conditions sont respectées dans l'observation. L'absence de structure en sémantique impliquerait donc l'impossibilité de déterminer quel(s) sens attribue l'usager à un mot ou une suite de mots. Or, ce que nous soutenons, c'est que le sens n'est pas attribuable au mot une bonne fois pour toutes, et qu'il est variable suivant des facteurs (dont nous venons d'ailleurs d'examiner certains). En d'autres termes, nous invitons à commencer la recherche des régularités sémantiques sur le plan des structures partielles, et non au niveau global. Par conséquent, si l'on cherche à savoir objectivement la signification globale de l'imparfait ou du monème *avec,* on doit d'abord en examiner les significations concrètes dans les conditions différentes de communication, procéder ensuite à une synthèse pour en faire ressortir la signification globale. Une telle synthèse a nécessairement recours à l'abstraction. Mais pour que l'abstraction soit indépendante de l'autorité du descripteur, il faut qu'elle soit fondée sur des principes et critères explicites. Notre proposition revient à ceci : que l'on fasse l'inventaire des conditions d'usage de l'unité, que l'on examine les sens réalisés dans chacune d'elles, on pourra alors dégager une hiérarchie structurale; à chaque sens correspondra une gamme de conditions de

---

[11] Thomas G.BEVER , Functional Explanation Require Independently Motivated Functional Theories in *Papers from the Parasession on Functionalism,* Chicago, Chicago Linguistic Society, 1975, p. 580-609

réalisation. Plus grande est la gamme des conditions de réalisation d'un sens et plus haut placé est ce sens dans la hiérarchie des sens virtuels. Par exemple, une enquête déjà citée [12] a montré que parmi les sens attribués hors contexte par 30 informateurs au monème *avec,* le sens "instrumental" apparaît 27 fois et le sens "comitatif" 25 fois. Dans cette enquête, on a pris le soin de noter l'ordre de l'apparition des réponses : il a été constaté que 12 fois le sens "instrumental" a été la première réponse fournie par l'informateur, alors que le sens "comitatif" n'occupe qu'une seule fois la première position. Nous croyons qu'on doit considérer l'"instrumental" comme le plus central des sens d'*avec,* dans la mesure où c'est le sens qui est le plus répandu parmi les sujets et le plus immédiatement disponible dans l'intuition.

Ainsi, on parvient à dégager un ensemble de sens hiérarchisés pour chaque unité, ou si l'on préfère, une structure sémantique multistrate. C'est en ce sens que nous disons que les phénomènes sémantiques ont une structure complexe. La structure multistrate — si elle ne relève pas d'un postulat gratuit — devrait nous permettre de hiérarchiser les faits de signification en fonction de leur efficacité communicative : le haut de l'échelle correspondant aux faits les plus importants du système, c'est-à-dire ceux qui assurent l'intercompréhension la plus large et la plus immédiate.

2.18. Peut-on faire le point de notre connaissance en sémantique?

Étant donnée qu'il est matériellement impossible qu'un chercheur couvre la totalité du domaine sémantique par ses propres recherches, un tel bilan fait nécessairement appel à la comparaison entre les résultats de différentes études sémantiques, et pose par là-même d'énormes problèmes : les études sémantiques diverses dont nous disposons ne présentent pas toujours les faits observés dans leur hiérarchie, et quand elles le font, c'est rare que ce soit sur la foi de critères si non unifiés du moins comparables.

Quand on veut, par exemple, déterminer les ressemblances qu'on trouve au niveau sémantique entre diverses langues, on risque de se fonder sur le témoignage d'un descripteur qui a amplifié la portée de certains faits n'ayant qu'une place restreinte dans l'ensemble. Cette amplification est souvent due à la problématique définie par le chercheur. Cependant, il n'est pas rare que le parti pris et la polémique soient à l'origine de telles amplifications. Quelle qu'en soit la raison, il s'ensuit que celui qui se propose de comparer un ensemble de faits sémantiques à travers plusieurs langues se trouvent en face d'une collection d'esquisses dessinées à des échelles différentes; un peu comme s'il devait comparer trois objets observés dans des conditions différentes : l'un à l'oeil nu, le second sous la loupe et le troisième au moyen d'un microscope électronique.

---

[12] Gabriela OBERLÉ, Monèmes grammaticaux…

Ainsi, on ne peut faire un bilan précis de l'acquis sémantique sans apprécier les données recueillies pour s'assurer qu'ils revêtent la même importance dans la structure et le fonctionnement des langues considérées. Tant que cette appréciation — le tri entre ce qui est important et ce qui est négligeable — est livrée au jugement intuitif du descripteur, la comparaison des résultats d'études sémantiques tient de l'art plutôt que d'une opération d'analyse précise suivant une procédure déterminée et soumise à des règles strictes.

Cela étant, toutes les différences entre études sémantiques ne peuvent être ramenées aux disparités dues à l'échelle d'observation. Il est des cas où la différence provient du fait que les activités langagières considérées présentent des asymétries. Une telle différence n'est point gênante pour l'élaboration d'un aperçu des acquis; elle fournit au contraire des informations précieuses sur les couches superposées de la structure sémantique, et le bilan y gagne en précision.

On voit dès lors que le sens global ou principal (doit-on l'appeler le signifié?) est un construit, et qu'il résulte d'une synthèse où chacun des multiples facteurs pertinents est apprécié pour son poids, et pris en compte en fonction de cette appréciation. Pareille appréciation fait nécessairement appel à l'approximation, elle-même déterminée en fonction de l'objet étudié et du but poursuivi dans l'étude. Le concept de signifié ne serait pas critiquable si deux exigences étaient satisfaites : d'une part, s'il ne reposait pas sur une conception de la structure trop simple pour rendre compte de la complexité des faits de signification; de l'autre, s'il ne donnait pas à croire que le linguiste peut, sans recours à des recherches empiriques et au hasard d'observations disparates, faire le départ entre ce qui est important (le pertinent) et ce qui est négligeable (le non pertinent).

3. EN GÉNÉRAL :

DE LA STRUCTURE.

3.1. Pour une refonte du concept de structure en linguistique.

Nous venons de voir, de 2.1 à 2.18, que la signification linguistique ne peut être adéquatement décrite en terme de structure formelle; et qu'une structuration visant à l'adéquation empirique ne peut qu'être relative et complexe. On sait que le comportement particulier des faits de sens a, dès le début du structuralisme, attiré l'attention des linguistes. Certains considéraient que les phénomènes phonologiques, morphologiques et syntaxiques ressortissaient à une structure formelle alors que les faits sémantiques n'en relevaient pas. Dans ce chapitre, nous nous proposons de montrer que la relativité et la complexité de structure vaut à tous les niveaux d'articulation linguistique; que ceux-ci se distinguent les uns des autres par la laxité ou la rigueur de leur structure; et que c'est grâce à des approximations souvent *ad hoc* ou en raison de malentendus qu'on a pu assimiler des structure linguistiques — structure phonologique, par ex. — à la structure formelle.

3.2. Sciences et humanités

L'une des caractéristiques — la plus importante sans doute — de la linguistique du XXᵉ siècle est sa quête de rigueur scientifique dans l'examen des faits humains. Et ce ne fut pas chose aisée. D'une part, parce que longtemps les phénomènes humains ont été considérés comme rebelles à la réflexion scientifique et à ses méthodes rigoureuses; dès lors, la conscience restait en la matière la seule expérience possible.

D'autre part, quand on tentait d'appliquer les méthodes scientifiques aux faits de langage, on adoptait souvent une vue mécaniste des choses, si bien qu'une telle discipline ne relevait guère du domaine des humanités. L'étude de l'aspect phonique du langage en fournit un exemple intéressant. Les travaux phonologiques de Prague et d'ailleurs ont eu le mérite de proposer des principes et méthodes rigoureux pour l'étude des sons du langage. Ce qui distingue essentiellement la phonologie du XXᵉ siècle de la phonétique du XIXᵉ siècle, c'est que la rigueur des méthodes phonologiques n'a pas abouti à une étude physique du son; elle ne l'a pas détournée de ses visées linguistiques. La phonologie a ainsi réussi à appliquer des méthodes scientifiques tout en gardant comme objet le langage en tant que fait humain. Et par là même, elle a mis en évidence la possibilité de la science dans le domaine des humanités.

3.3. Optique fonctionnelle

L'idée fondamentale, sous-jacente aux études phonologiques, est qu'il est plus intéressant d'orienter les études sur le langage vers l'utilisation qui en est faite plutôt que vers les caractéristiques physiques. D'une manière conséquente, la théorie phonologique part de la définition des fonctions du langage (communication, expression, appel); elle établit une hiérarchie parmi ces fonctions (par exemple : la fonction communicative prime la fonction d'expression), et dans le cadre de chaque fonction elle distingue d'autres types de fonctions, en quelque sorte des sous-fonctions. (Pour ce qui est de la fonction communicative, elle permet de distinguer pour les éléments phoniques une fonction distinctive, une fonction démarcative, etc.) Ces fonctions fondent des méthodes d'analyse et des critères opératoires.

Les critères définis dans et par cette optique fonctionnelle sont plus significatifs et permettent d'obtenir une vue globale du système de la langue à l'étude avec un appareil relativement simple. Et à ce niveau général de la représentation du système, l'analyse phonologique n'a nullement besoin d'indication du nombre ni de mesure chiffrée. En revanche, un examen centré sur des mesures physiques peut aboutir à une vue atomistique des éléments isolés d'une langue, mais manque à fournir une image du système.

3.4. Du nombre et de la mesure

Le recours à des mesures et aux méthodes statistiques n'est pas en soi une vertu, et ne constitue pas une garantie de scientificité; pas plus que l'absence de chiffres et de données statistiques ne peut être considérée comme défaut. De ce point de vue, un regard rétrospectif sur le débat entre phonologie et phonométrie serait intéressant[13].

La théorie phonologique a donné naissance à l'épreuve de la commutation qui permet de ramener les faits physiques à leur valeur fonctionnelle. Dans la mesure où la valeur fonctionnelle d'un phénomène est constante dans une communauté, point n'est besoin d'avoir recours à des mesures et données chiffrées. Ainsi en est-il de la différence bilabial/apico-dental de /m/ et /n/ à l'initiale qui est douée de valeur distinctive dans toute la francophonie. A ce niveau de la structure linguistique — qu'on peut appeler zone centrale[14] —, l'affirmation de Troubetzkoy sur la non-pertinence du nombre et de la mesure est certes valable[15]. Mais la théorie phonologique a une portée plus générale; son application ne se limite pas aux zones où les phénomènes linguistiques sont quasi invariables. Dès qu'on entreprend l'étude

---

[13] E. ZWIRNER et K. ZWIRNER, *Grundfragen der Phonometrie,* Berlin, 1936, et Nicholas S. TROUBETZKOY, *Principes de phonologie,* Paris, Klincksieck, 1964, p. 7-9.

[14] Dans sa pratique, la phonologie pragoise porte son intérêt essentiellement aux phénomènes de la zone centrale qu'elle appelle, à la suite de Saussure, langue.

[15] Nicholas S. TROUBETZKOY, *Principes..., p. 9.*

phonologique des zones de structures où des variations non négligeables se manifestent, nombre et mesure trouvent leur valeur. Cela dit, la phonométrie est critiquable, non pour son recours aux données chiffrées, mais parce qu'elle prend ses mesures sur les faits physiques — bruts, pour ainsi dire —, préalablement à l'identification de l'unité et de la structure. De ce fait, les études phonométriques, bourrées de chiffres et de tableaux, sont peu significatives; et elles ont eu peu d'influence sur le développement de la linguistique.

La phonologie a, en revanche, créé des méthodes qui livrent des unités conformes à l'intuition du sujet parlant, qui «expliquent» la conscience linguistique. Si la phonologie a pris valeur d'exemple pour les autres domaines de la linguistique comme pour d'autres sciences humaines, c'est qu'elle a su proposer des méthodes et principes rigoureux applicables à la subjectivité de l'homme. Et c'est pour cela que nous commençons la discussion sur la portée et les limites de ces méthodes par la phonologie; mais les conclusions que nous en tirerons — comme nous verrons plus loin — sont plus générales.

3.5. Hiérarchie des phénomènes

Que, dans une structure linguistique, certains faits soient plus importants que d'autres, cela se conçoit aisément; cependant, nous en donnons des exemples pour illustrer la discussion de cas précis.

En phonologie française, la série des consonnes nasales comporte les phonèmes /m/, /n/, /ɲ/ et /ŋ/[16]. Pour toutes ces unités, l'identité phonologique peut être mise en évidence par l'épreuve de la commutation. Mais, dans une étude poussée, on ne met généralement pas ces unités sur le même plan; et si l'on veut présenter le système dans une perspective globale, tous ces phonèmes n'y trouvent pas de place. De même, le système vocalique du français dans une présentation générale ne fait pas état de certaines unités dont l'identité peut être démontrée dans certaines conditions.

Au niveau monématique, l'opposition «futur»/«imparfait» paraît constante. A l'opposé, on trouve dans le cadre des syntagmes verbaux des cas comme «actif»/«passif» où l'on peut démontrer que, dans certaines conditions, les deux termes se trouvent en opposition. Cependant, il paraît évident que les deux oppositions n'ont pas la même valeur. Dans les deux domaines, phonologie et syntaxe, il est possible de multiplier à souhait les exemples, tous tendant à montrer la disparité de la valeur des éléments.

Cette disparité des faits linguistiques signifie qu'on ne peut ni ne doit considérer tous les faits d'une langue sur le même plan, et que la recherche

---

16 Voir André MARTINET et Henriette WALTER, *Dictionnaire de la prononciation française dans son usage réel,* Paris, France Expansion, 1973.

de la structure, du système implique le tri et la hiérarchisation des phénomènes. Mais ce tri, cette hiérarchisation posent des problèmes. Nous en retiendrons deux : 1° sur quoi peut-on fonder cette hiérarchie? et 2° où arrêter ce tri? Cette dernière question revient à se demander s'il est légitime de se contenter de deux degrés dans cette distinction (c'est-à-dire la distinction entre constante et variable ou entre pertinent et non pertinent), ou s'il faut envisager entre ces deux pôles plusieurs gradations, voire un continuum.

A noter que poser le problème des fondements et de la nature de la hiérarchie des faits linguistiques ne signifie pas qu'il s'agit là d'un concept nouveau. Cette hiérarchie a fait l'objet de réflexions, et a trouvé application dans nombre de descriptions, surtout en linguistique fonctionnelle. Nous pensons simplement qu'on n'a pas considéré toute la signification théorique ni toutes les implications pratiques qui en découlent.

3.6. Communication et hiérarchie

Dans une optique fonctionnelle, il est facile de donner à la première question une réponse qui fasse quasiment unanimité. Si l'on admet qu'une langue a pour fonction centrale la communication — ou du moins qu'elle l'assure —, il est légitime de mesurer l'importance des faits linguistiques en terme du rôle plus ou moins considérable qu'ils assument dans la communication. Dès lors, la hiérarchisation peut être fondée sur la valeur communicative, et y trouver des critères opératoires. Pour que la communication linguistique soit établie, il faut que deux exigences — au moins — soient satisfaites : 1° le caractère psychique (ou mental) : les éléments linguistiques (phonèmes, monèmes, phrases, etc.) doivent avoir une réalité dans le psychisme du sujet[17]; 2° le caractère social : cette réalité mentale doit être non seulement celle de l'individu, mais aussi de la communauté dont il fait partie.

Ce recours au psychique et au social dans la conception des faits linguistiques appelle des remarques :

a) de la fonction communicative retenue comme trait définitoire du langage découle que tout fait linguistique doit être conçu et étudié sous son double aspect psychique et social;

b) la double dimension mentale et sociale constitue la condition *sine qua non* pour qu'un fait soit considéré comme linguistique. Il semble en effet absurde d'admettre, par exemple, que tout signifié linguistique a une contrepartie signifiante, et de se refuser à reconnaître que cette

---

17 On remarquera que nous employons les termes *psychique* et *mental* pour désigner la même réalité, malgré leurs différences étymologiques. Cette même réalité est désignée parfois par *dimension individuelle*, qui nous semble un terme plus approprié, dans la mesure où, sur cette dimension comme sur la dimension sociale, on examine à la fois le comportement linguistique et la conscience linguistique.

association signifiant/signifié est de nature psychique. De même, il paraîtrait peu judicieux de vouloir reconnaître le caractère linguistique à un phénomène dépourvu de toute portée sociale;

c) l'introduction des dimensions mentale et sociale ne compromet pas l'autonomie de la linguistique comme discipline scientifique. Il ne s'agit ni d'un retour à une vision spiritualiste ou métaphysique des phénomènes humains ni d'un sociologisme abusif. L'intention est d'expliciter ce qu'il y a d'implicite dans de nombreux travaux;

d) l'explicitation du caractère à la fois psychique et social des faits linguistiques présente des avantages évidents : elle permet de préciser les fondements théoriques de certaines pratiques descriptives courantes; elle pourrait aussi conduire à l'établissement de nouvelles procédures d'analyse, techniques d'enquête, etc.

Nous reviendrons plus loin sur ces points. Pour le moment, nous nous bornons à tirer une conclusion qui s'impose : si la hiérarchie se fonde sur le rôle communicatif, elle se ramène ainsi d'une part à déterminer la place plus ou moins importante qu'occupe dans le psychisme du sujet un fait linguistique, et d'autre part à mesurer l'extension plus ou moins grande qu'il a dans la communauté.

3.7. Degrés de pertinence

La deuxième question concerne la nature de la hiérarchie. Faut-il s'attendre au terme de cette hiérarchisation à une opposition entre deux ordres de faits, ou envisager une distinction à trois degrés, quatre degrés, etc.? Ou encore, le résultat peut-il faire apparaître une distinction bipolaire où entre les deux extrêmes de multiples gradations existent ?

Noter d'abord que la question mérite un examen attentif, car de sa réponse dépend la marche à suivre dans l'analyse des faits linguistiques. Si l'on conçoit la distinction comme binaire, on est amené à établir deux classes — celle des éléments pertinents et celle des non pertinents —, et à répartir les faits entre ces deux classes mutuellement exclusives. Mais cette bipartition ne va pas toujours sans problèmes. Il n'est pas rare que, en regard de mêmes faits d'expérience, deux linguistes optent pour deux solutions différentes, chacun faisant valoir, en toute bonne foi, certaines des caractéristiques du phénomène à l'étude; ce qui prouve l'existence de faits à mi-chemin des deux classes «pertinent» et «non pertinent». Ce rattachement d'un fait à l'une ou l'autre classe est fait parfois au nom d'un argument si ténu que la solution adoptée apparaît comme arbitraire, intuitivement non crédible[18].

---

18 Cf. Knud TOGEBY, *Structure immanente de la langue française,* Paris, Larousse, 1965, où l'auteur postule l'existence d'un phonème latent /h/ dans la phonologie de ce qu'il appelle «la

Certains s'efforcent de sortir de cette dichotomie étroite en introduisant une troisième catégorie qui constitue un moyen palier entre les deux pôles. Empiriquement, de telles solutions pourraient être valables pour un problème déterminé; sur le plan de la théorie cependant, la question des degrés de pertinence (ou des paliers de hiérarchie) reste ouverte.

Pour répondre à cette question, nous revenons à la fonction communicative comme critère de hiérarchisation. La question que nous posons est de savoir quelle propriété de la fonction de communication justifie cette distinction bipartite entre le pertinent et le non-pertinent. Autrement dit, la communication est-elle absolue, ou bien entre l'intercompréhension totale et l'absence totale d'intercompréhension différents degrés sont-ils envisageables? Tout porte à croire à la relativité de la communication. A ce propos, Martinet écrit : «Il y a tous les degrés possibles entre l'intercompréhension immédiate et l'incompréhension absolue»[19].

La gradation dans la hiérarchie implique qu'on ne cherche pas à tout prix à ranger tout phénomène soit dans la catégorie des pertinents soit dans celle des non-pertinents. La pertinence doit être conçue comme une fonction continue pouvant varier entre la valeur pleine et la valeur nulle.

Il convient de remarquer qu'une telle conception des valeurs de pertinence n'exclut pas *a priori* l'existence d'un découpage du continuum en un nombre défini d'éléments discontinus.

3.8. Dimension mentale

Le caractère psychique des faits linguistiques est reconnu — explicitement ou implicitement — par tous les courants de pensée linguistiques. C'est reconnaître implicitement le caractère mental des faits de langue que d'affirmer que «la structure distributionnelle existe chez les locuteurs»[20], comme le fait Harris. Il est certes préférable d'expliciter l'hypothèse de la réalité mentale des phénomènes linguistiques; cela permettrait d'en tirer toutes les conséquences.

Le recours à l'aspect psychique du langage est aussi très répandu. Demander au sujet parlant de se prononcer sur l'équivalence ou la différence de deux séquences phoniques, c'est recourir à l'intuition qu'il a de sa langue.

Le problème réel n'est donc pas de reconnaître ou non aux phénomènes linguistiques un caractère psychique, ni non plus d'admettre ou d'interdire le recours à cette réalité mentale, telle qu'elle apparaît à travers l'intuition. La

---

langue française nationale» (p.16). Le seul argument empirique qu'il évoque est les habitudes phonologiques d'une petite fraction de la francophonie qui a gardé ce phonème.
[19] André MARTINET, *Eléments de linguistique générale*, Paris, Colin, 1960, § 5-3.
[20] Zellig S. HARRIS, Structure distributionnelle, in *Langages*, 20, § 1. 2.

vraie question porte sur le moyen d'accéder à la réalité psychique, et la portée de cette réalité dans la recherche linguistique.

A la question «Comment accéder aux faits psychiques?», on répondra qu'il n'est pas possible d'observer directement le processus mental par l'examen du fonctionnement du système nerveux. Force est donc de recourir à l'intuition de l'usager. Sans ce recours, l'objet de la linguistique en tant que science humaine s'évanouit, ou bien se résume à la subjectivité du seul descripteur. On connaît les dangers de l'introspection quand celle-ci constitue le seul moyen de collecte des données : la subjectivité du linguiste est alors censée correspondre à celle de la collectivité. Et rien ne nous dit que tel est le cas. Nous avons par contre des raisons de croire que l'intuition du chercheur est conditionnée par des facteurs socio-géographiques, tout comme n'importe quel locuteur.

Une objection souvent formulée est que l'intuition du sujet n'est pas constante. Mais cette objection n'est pas fondée; d'une part parce que des enquêtes — devenues classiques à la suite de celle d'André Martinet[21] — prouvent que, dans des domaines déterminés de la structure linguistique, l'intuition de diverses fractions de la communauté est largement concordante. D'autre part, cette objection repose sur l'hypothèse, parfois implicite, que ressemblances et différences sont absolues dans la langue. Or, si l'on admet la relativité de la structure linguistique, on doit reconnaître du même coup que, sur la dimension mentale, différents phénomènes peuvent avoir des statuts différents, y être présents à des degrés divers. Il sera alors possible d'établir une hiérarchie entre les faits linguistiques d'après leur statut psychique.

3.9. Certitude et hésitation

Le recours à l'intuition ne conduit pas toujours à des résultats homogènes, mais révèle une disparité dans les réactions intuitives des locuteurs sollicités. Cette réaction subjective peut être parfois nette et certaine, alors qu'ailleurs elle révèle fluctuation et hésitation. Cette disparité vaut aussi pour le comportement linguistique.

Si l'on interrogeait un Parisien sur l'identité ou la différence de deux suites phoniques telles que [eme] «aimé» et [ene] «aîné», il est fort probable qu'il réponde sans hésitation ni atermoiement en distinguant ces deux séquences. La réaction du même sujet serait différente si la question portait sur deux séquences comme [penje] «(vous) peiniez» et [peɲe] «(vous) peignez»; le sujet a de fortes chances d'hésiter avant de répondre, de se contredire en fournissant plus d'une réponse, de se déclarer incapable de trancher la question, ou de manifester d'une autre manière son incertitude sur la question posée.

---

21 André MARTINET *La prononciation du francais contemporain*, Genève, Droz, 1945.

Le phénomène n'est pas spécifique au domaine de la phonologie; en monématique, les mêmes problèmes peuvent être rencontrés. Ainsi, l'opposition syntaxique est immédiatement évidente dans la paire de phrases *il travaillait aujourd'hui* et il *travaillera aujourd'hui*. Tel n'est pas toujours le cas. Dans *les enfants admirent ce clown* et *ce clown est admiré par les enfants*, a-t-on affaire à deux schèmes syntaxiques différents ou à un même schème syntaxique dans ses deux variantes morphologiques? Ce qui empêche de trancher la question dans des cas pareils, c'est l'incertitude dont font montre la réaction intuitive du sujet parlant, ainsi que son comportement linguistique.

Face à ce problème, l'attitude de bien des linguistes — quand ils ne remettaient pas en cause la valeur des réactions intuitives — était de contourner cette disparité des réactions de l'informateur en recherchant de nouvelles techniques d'enquête et de procédures de collectes de matériaux plus adaptées. Si, au lieu de discréditer ou de contourner cette variété des manifestations de l'intuition, on en tenait compte, on pourrait fonder là-dessus la hiérarchie mentale des faits linguistiques. Cette hiérarchie permettrait de distinguer entre deux pôles :

1° Zone de certitude, où les phénomènes linguistiques sont constants dans le maniement et nets dans l'intuition du sujet parlant : ils sont immédiatement compréhensibles pour l'informateur et facilement accessibles dans son intuition. De tels faits occupent le haut de la hiérarchie : ils sont plus utiles, voire indispensables, à l'établissement de la communication.

2° Zone d'hésitation, où les faits sont flous dans l'intuition du sujet et variables dans l'utilisation qu'il en fait : ils sont moins aisément compréhensibles et plus difficiles d'accès dans l'intuition. Ces phénomènes sont au bas de l'échelle de la hiérarchie, leur rôle communicatif est moins important.

Divers degrés peuvent être envisagés entre ces deux pôles, correspondant aux degrés de pertinence des faits soumis à l'examen.

3.10. Dimension sociale

Le caractère social est reconnu, depuis les précurseurs et les premiers structuralistes[22], comme l'une des propriétés essentielles du langage. Mais le terme «social» n'évoquait pas au début du siècle la même chose qu'aujourd'hui; on attribuait le caractère social aux phénomènes censés être communs à toute une société. Et on en faisait le critère de distinction entre deux ordres de faits : langue, partie sociale et constante opposée à tout ce qui

---

[22] A l'exception de certains formalistes comme Hjemslev ou Twadel FREEMAN, On Defining the Phoneme, in Martin Joos, *Readings in Linguistics,* The University of Chicago Press, 1957, p. 55-80.

est variable (appelée parole, par exemple). On allait jusqu'à définir une langue en terme de la communauté qui la parle. Mais c'est là précisément qu'on trouve un problème difficile.

Pour circonscrire les faits d'une langue d'une manière objective et indépendamment de l'arbitraire du descripteur, on les définit comme l'ensemble des habitudes linguistiques d'une communauté. On conçoit les faits de langue comme constants à travers cette communauté. Et on reconnaît en même temps que la communauté linguistique est une notion toute relative[23]. Il n'y a rien d'étonnant si l'on n'arrive pas à déterminer si tel fait appartient à la langue ou doit en être distingué (et relégué à une autre catégorie de faits; parole, par exemple). Le flou du critère définitoire entraîne un flou dans l'objet défini : si les limites d'une communauté linguistique sont floues, difficiles à préciser de façon univoque, il s'ensuit qu'il sera également malaisé de dire si un phénomène déterminé relève de la langue de cette collectivité. Par exemple, la différence sourde-sonore entre [p] et [b] est-elle toujours pertinente à l'initiale en français? La réponse dépend de la façon dont nous délimitons la communauté francophone. Nombreux sont les nord-africains qui parlent une variété du français sans pratiquer l'opposition [p] [b]. La difficulté de répondre à cette question vient de ce qu'on ne saurait dire si l'Afrique du Nord fait partie de la francophonie[24].

Le paradoxe est évident. Il y a en effet conflit entre la nature sociale d'une langue et le caractère absolu de sa structure. Il faut dès lors opter pour l'un des deux termes incompatibles entre eux. Une solution serait de faire abstraction du caractère social du langage; mais les inconvénients en sont trop nombreux et évidents. Ainsi les seules données sur lesquelles est réduit à opérer le linguiste sont celles qui relèvent de sa propre subjectivité ou de celle d'un informateur. Mais, alors, de deux choses l'une : ou bien le linguiste renonce à toute généralisation et considère que les résultats de sa recherche ne valent que pour le locuteur auprès duquel il a recueilli ses matériaux, voire à la limite exclusivement pour le corpus examiné. Dans ce cas, l'intérêt d'une telle étude est fort limité : elle nous renseigne sur les habitudes linguistiques d'un individu et non d'une communauté. Ou bien, le linguiste extrapole et dégage les caractéristiques de la langue (française, anglaise, etc.) à partir de l'examen de matériaux limités. Mais rien ne garantit qu'une telle généralisation est légitime dans tous les cas et que, en ce faisant, on n'étend

---

[23] Voir Leonard BLOOMFIELD, A set of postulate for the science of language, in Martin Joos, *Readings in Linguistics,* The University of Chicago Press, 1957. Bloomfield conçoit les ressemblances et les différences comme absolues en linguistique (§ 2), et définit une langue comme la totalité des énoncés qui peuvent être produits dans une communauté. Par ailleurs, il écrit: «En somme, le terme de communauté linguistique n'a qu'une valeur relative.» Cf. *Le langage,* Paris, Payot, 1970, § 3.8. (Ces textes ont été publiés pour la première fois en 1926 et 1933 respectivement).

[24] De ce point de vue le livre de Bruno MANN, *Les gosses tu es comme* (Seuil, 1976) fournit un bel exemple d'indétermination. Est-ce du français ou une langue mixte, une sorte de créole? La question n'est pas facile à trancher.

pas abusivement à toute une collectivité les propriétés valables pour un individu (ou seulement pour cet individu dans des conditions particulières).

La solution qui paraît plus satisfaisante aujourd'hui est de reconnaître le caractère social du langage; ce qui conduit à abandonner la conception formelle de la structure linguistique (c'est-à-dire structure constituée d'unités discrètes et de règles explicites, absolues). C'est admettre que de la relativité de la structure sociale découle la relativité de la structure linguistique. En d'autres mots, le caractère social des faits linguistiques implique qu'ils soient variables.

3.11. Consensus et dissension

Si l'on admet que la portée sociale des faits linguistiques est une propriété relative, il est possible de hiérarchiser les phénomènes linguistiques selon leur extension plus ou moins grande dans la société.

Au cours d'enquêtes phonologiques, on constate souvent que certaines questions reçoivent la même réponse de la part de tous les enquêtés, alors que d'autres divisent les informateurs en groupes et sous-groupes selon la nature de leurs réponses. Reprenons l'exemple des éléments phoniques [m], [n], [ɲ], [nj]. Si l'on interroge un groupe de locuteurs parisiens, l'opposition phonologique entre [m] et [n] (dans [eme] «aimé» et [ene] «aîné», par «exemple) apparaîtra à travers la réaction de tous les informateurs. Il n'en est rien des suites phoniques [penje] «(vous) peiniez» et [peɲe] «(vous) peignez». Les informateurs sont partagés : les uns distinguent les deux suites alors que les autres les confondent.

Des exemples monématiques conduirait au même constat. Certaines séquences de monèmes sont immédiatement reconnues comme distinctes; ainsi *grand homme* et *homme grand*. Alors que pour identifier et distinguer certaines autres suites monématiques les avis sont partagés. C'est le cas des syntagmes *brave soldat* et *soldat brave*. On peut mettre en cause les techniques d'enquête, mais il faudra déterminer alors le facteur qui fait qu'en suivant la même démarche on arrive à des résultats différents selon les différentes zones de la même structure linguistique. Il nous semble que la raison doit être cherchée dans le statut social différent des faits linguistiques considérés.

La diversité des réactions intuitives d'un groupe à l'égard de deux phénomènes linguistiques indique la différence de leur statut sur le plan social. L'extension sociale des faits sera alors mesurable objectivement, et comparable d'un cas à l'autre. Les faits pourront ainsi être rangés sur un axe dont les deux pôles sont consensus et dissension.

Dans une communauté donnée, on peut observer que certains faits linguistiques ont une extension telle que tous les membres de ce groupe tombent d'accord sur la possibilité de réalisation de ces faits et sur leur valeur linguistique. De tels faits constituent au sein d'un système linguistique une zone que nous appellerons zone de consensus. Tel semble être le cas de l'opposition /m/ ~ /n/ à l'intervocalique.

A l'opposé, il existe des phénomènes linguistiques qui, dans la même communauté, suscitent des réactions différentes de la part des locuteurs. Nous considérerons ces phénomènes comme relevant d'une partie de structure linguistique dite zone de dissension.

Ainsi conçue, la valeur sociale des faits de langue ne les divise pas en deux catégories : langue et parole (ou dans d'autres terminologies schéma et usage, pertinent et non pertinent, constante et variable, compétence et performance, etc.), mais permet de situer les éléments d'une langue à l'un des deux pôles de l'axe consensus-dissension, ou à une quelconque distance entre les pôles. Cette conception a l'avantage de ne pas postuler l'existence d'une distinction bipartite dans les faits linguistiques; mais ne l'exclut pas non plus.

3.12. Hiérarchie extrinsèque

Existe-t-il un rapport entre les aspects psychique et social du langage? A *priori*, l'existence d'un tel rapport n'est pas évidente, les deux hiérarchies étant établies sur des critères indépendants. Cependant, si ces deux aspects se trouvaient n'entretenir aucun rapport entre eux, un problème crucial serait posé : «Laquelle des deux hiérarchies est la bonne (c'est-à-dire correspond à celle du système linguistique à l'étude) ?» Et si nous ne pouvions apporter de solution théoriquement fondée à ce problème, la signification de ces hiérarchies et la pertinence des dimensions mentale et sociale en linguistique s'en trouveraient réduites à fort peu de chose.

On a, en théorie, des raisons de croire que ces deux ordres de faits sont parallèles. Et, comme on peut voir[25], des recherches empiriques viennent étayer cette vue théorique, en montrant que leur rapport est un type de corrélation. Ainsi coïncident les faits relevant des zones de consensus social et de certitude individuelle. De même, les phénomènes ressortissant aux zones de dissension sociale correspondent à ceux qui sont dans les zones d'hésitation individuelle. Les deux dimensions mentale et sociale se fondent dès lors en une seule dimension : la dimension extrinsèque. Les éléments d'un système linguistique sont à hiérarchiser sur une seule dimension dont les deux extrêmes peuvent être appelés zone de rigueur et zone de laxité, comme l'illustre la figure 1.

---

25 Cf. Maryse MAHMOUDIAN et Nina de SPENGLER, Constructions pluri-pronominales, *La Linguistique* 16, 1, 1980, p. 51-75; Rémi JOLIVET, La place de l'adjectif, *op.cit..*, p. 77-103, et Marianne SCHOCH et Nina de SPENGLER, Structure rigoureuse et structure lâche en phonologie, *op.cit..*, p. 105-117.

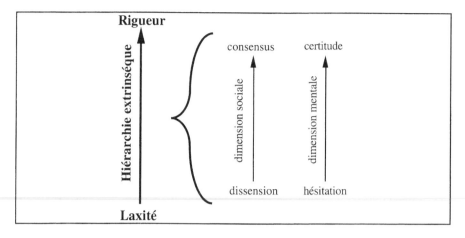

Figure 1

L'existence de cette corrélation confirme la fonction communicative du langage, et en découle. Il n'y a rien d'étonnant à ce que les membres d'une communauté possèdent des systèmes linguistiques semblables, puisqu'ils s'en servent pour assurer l'intercompréhension. C'est ce parallélisme qui nous a permis d'évoquer les mêmes faits pour illustrer à la fois l'hésitation et la dissension. De même, c'est grâce à ce parallélisme que les mêmes exemples ont pu servir pour démontrer l'existence du consensus et de la certitude.

Ces recherches expérimentales peuvent avoir des implications dont nous ne mesurons pas toute la portée[26]. L'une des implications est le rapprochement

---

[26] L'étude de Thomas LAHUSEN, Allocution et société dans un roman polonais du XIXe siècle. Essai de sémiologie historique(Wiener Slawistischer Almanach, 3, 1979), en fournit un exemple. Elle montre que la pertinence de la distribution en zones «rigoureuses» et «lâches» de la structure linguistique avec ses correspondances individuelles et collectives peut être vérifiée par sa confrontation à l'extra-linguistique. L'étude quantitative des formes d'allocution systématiquement recensées dans un corpus littéraire polonais du XIXe siècle démontre l'absence d'une structure allocutoire à caractère discret, de type dichotomique tu: vous. S'il y a existence indéniable de deux pôles (rapport de réciprocité-solidarité; rapport de non-réciprocité - puissance), cette bi-polarisation ne concerne qu'une partie des interactions en cause et ne symbolise que des rapports sociaux également polarisés (aristocratie: domesticité, bourgeoisie: travailleurs manuels, etc.). Elle est l'expression, en outre, de la rigidité de toute une partie de la société encore profondément féodale. Entre les deux pôles se situe un troisième rapport, qualifié d' «indécision», plus flou que les deux autres, sorte de zone de passage entre le rapport de puissance et celui de la solidarité. Il concerne, et c'est significatif, des groupes sociaux intermédiaires (petite bourgeoisie, par exemple) dont la précarité du statut correspond sur le plan symbolique à une indécision du «moi social», ou, ce qui revient au même, à une euphémisation des rapports de force objectifs. Sur le plan de la collectivité, le rapport «flou» n'est autre que l'expression d'une mobilité sociale et des grandes transformations liées à l'entrée de la Pologne dans l'ère de la révolution industrielle. Quant aux formes allocutoires elles appartiennent à la «structure centrale» quand elles expriment des rapports polarisés; (paradigme pronominal). Le rapport d'indécision a recours à la «structure

des conceptions psycholinguistiques et sociolinguistiques avec la linguistique tout court. On a cru longtemps que, dans l'examen des faits de langue, on devait choisir entre deux attitudes mutuellement exclusives : une option sociologique et une option psychologique. Les recherches menées à Lausanne[27] montrent que le psychisme et le social, loin de s'exclure, se conditionnent et se complètent. Toute recherche linguistique a recours peu ou prou à ces deux aspects, et a une signification dans les deux optiques.

3.13. Hiérarchie intrinsèque

Telles qu'elles ont été conçues, laxité et rigueur sont déterminées par référence à l'importance des faits linguistiques dans l'individu et dans la communauté; ce sont des facteurs dits "externes". Et c'est pour cela que nous appelons cette hiérarchie extrinsèque.

Il est aussi possible de hiérarchiser les phénomènes linguistiques en termes de facteurs internes; ce qui aboutit alors à une hiérarchie intrinsèque. Dans cette optique, on ne tiendra compte que des éléments et de leurs relations (syntagmatiques ou paradigmatiques) : soit fréquence et intégration. L'idée de base est double : d'une part, nous pensons qu'il est possible d'établir ainsi une hiérarchie qui soit significative, éclairante. D'autre part, nous soutenons qu'une telle hiérarchie entretient des rapports étroits avec la hiérarchie extrinsèque, et qu'il sera par conséquent possible de ramener les deux à une seule et même hiérarchie; ce qui permettrait de délimiter, de façon non arbitraire, un certain nombre de zones (centrale, marginale, médiane, etc.) dans un système linguistique donné.

Nous voudrions d'abord montrer à l'aide d'exemples la signification intuitive de ces concepts et leur pertinence pour distinguer diverses couches de structure linguistique. On connaît l'intérêt de la fréquence et de l'intégration en phonologie diachronique[28]. Nous porterons notre attention à la monématique, et plus particulièrement à son aspect synchronique.

3.14. Fréquence

Si l'on examine la récurrence des unités et des complexes monématiques dans un corpus, on constate que certains d'entre eux reviennent plus fréquemment que d'autres. Cette différence de fréquence peut constituer un critère de

---

marginale»: usage plus subtil (plus «euphémisé») du prénom, du nom de famille, du titre, du diminutif, du terme de parenté, etc.
Cette étude s'inscrit dans une recherche plus large: d'autres résultats (non publiés) déjà obtenus à partir de romans, de nouvelles et d'autres sources polonaises et russes de la même époque semblent confirmer dans une large mesure les premiers résultats.
[27] Citées ci-dessus § 3.13.
[28] Cf. André MARTINET, *Economie des changements phonétiques*, Berne, Francke, 195s. A notre connaissance, seul Henry SCHOGT a appliqué ces concepts en monématique diachronique. Cf. son *Système verbal du français contemporain*, La Haye, Mouton, 1968.

hiérarchisation. Si l'étude porte sur la classe du verbe, on trouve des verbes comme *être, avoir* en haut de la hiérarchie parmi les plus fréquents, alors que d'autres comme *résoudre* et *clore* se trouvent en bas de l'échelle parmi les plus rares.

Par ailleurs, on peut observer le comportement morphologique de ces unités dans l'usage qu'en font les locuteurs; on constate que la morphologie des verbes *être* et *avoir* est d'une structure rigoureuse, alors que celle des verbes comme *résoudre* révèle une structure lâche. En effet, tout francophone — ou presque — est capable de conjuguer le verbe *avoir* ou *être*. Il n'en va pas de même pour *résoudre* pour lequel tout francophone peut hésiter ou se tromper à un moment ou un autre. Il convient de remarquer que cette différence dans la maîtrise des formes verbales n'est pas due à la complexité inhérente à la morphologie de *résoudre* ni à la simplicité de celle d'*avoir*. Si l'on mesure la complexité morphologique par le nombre de thèmes (= variantes morphologiques) que possède chaque verbe, *être* (avec ses 8 thèmes) est bien plus complexe morphologiquement que *résoudre* qui n'en a que 4, et ceci quelle que soit avec laquelle on énumère les variantes morphologiques.

On peut donc en conclure que la haute fréquence peut avoir comme conséquence une structure rigoureuse; alors que la basse fréquence peut entraîner la laxité de structure.

3.15. Intégration

Dans ce qui précède, nous avons établi un rapport entre fréquence et rigueur de structure. Qu'on ne se méprenne pas sur notre intention. Nous affirmons simplement que tous les éléments de haute fréquence sont rigoureusement structurés; nous ne voulons pas dire que tout ce qui ressortit à la structure rigoureuse est doué d'une fréquence élevée. En effet, il est des verbes dont la conjugaison ne pose aucun problème (relèvent donc des zones rigoureuses de structure morphologique) sans que pour autant leur fréquence soit élevée. Ainsi *cacaber, blatérer*, qui sont des verbes de très basse fréquence, ou *gabouiller* dont la fréquence est nulle (puisque nous l'avons inventé de toutes pièces).

Ce qui rend aisé le maniement de tels verbes, c'est le fait qu'ils partagent leurs propriétés morphologiques avec un grand nombre d'autres verbes. La grande extension de ces propriétés les rend plus accessibles dans la mémoire, en rend ainsi le maniement aisé. Nous pouvons donc dire que, dans certains cas, la rigueur de la structure est due à la forte intégration d'une unité dans sa classe.

La notion d'intégration suppose que l'élément soit conçu comme constitué d'un ensemble de propriétés. Plus les propriétés ont de l'extension dans la classe dont fait partie l'élément, et plus l'élément est intégré. Inversement, est mal intégré un élément dont les propriétés ne sont que peu ou pas du tout partagées par d'autres éléments. Cette définition de l'intégration n'est qu'une reformulation de celle que donne André Martinet pour les phonèmes; elle est plus générale en ce sens qu'elle ne précise pas la nature phonologique ou monématique de l'élément, et peut donc être appliquée, toute proportion gardée, aux monèmes.

L'intégration des monèmes peut être définie au moins à deux niveaux distincts[29] : au niveau morphologique, le signifiant d'un monème peut être conçu comme l'ensemble des variantes morphologiques qui le réalisent. L'intégration morphologique d'un monème est d'autant plus grande que le type de ses variations morphologiques et leur conditionnement sont partagés par un plus grand nombre de monèmes. Au niveau syntaxique, le monème peut être considéré comme l'ensemble de ses traits combinatoires. Dès lors, l'intégration syntaxique d'un monème peut être définie par l'extension de ses traits combinatoires. Un monème est d'autant mieux intégré que ses traits combinatoires valent pour un plus grand nombre de monèmes. Un monème absolument non intégré se composerait de traits combinatoires qu'il serait seul à posséder.

Pour être opérationnelle, la notion d'intégration demande à être explicitée à plus d'un égard. Elle pose des problèmes dont nous présentons deux. D'abord, le champ d'application de l'intégration doit être précisé. Ce concept est-il applicable à la fois aux unités et à leurs propriétés ? Dans l'affirmative, il recouvre quatre notions dont l'intérêt et la signification doivent être éclaircis. Ce sont la fréquence lexicale (= l'extension) et la co-applicabilité pour les traits combinatoires, et la solidarité et la complexité (= analycité) pour les monèmes[30].

Un autre problème est de savoir si l'intégration doit être réservée aux seuls monèmes et traits combinatoires, ou étendue aux schèmes syntaxiques tels que syntagmes, phrases, etc. L'extension de la notion d'intégration aux schèmes syntaxiques pourrait permettre de comprendre les raisons pour lesquelles *il n'est que de regarder de plus près* est plus difficile que *il ne faut pas regarder de plus près*. Pourtant, les deux phrases sont de longueur à peu près égale; et la fréquence et l'intégration des unités ne semblent pas pouvoir expliquer leur différence du point de vue de la rigueur et de la laxité. Il serait peut-être

---

[29] Un troisième niveau pourrait être envisagé quand le domaine de l'analyse du signifié serait suffisamment exploré pour prêter à ce genre de traitement. Cf. Rémi JOLIVET, Mesurer l'intégration?, in *La linguistique*, 22, 1986-2, p. 3-20, où il discute de certains aspects sémantiques de l'intégration qu'il illustre par le champ sémantique "siège".

[30] La notion d'intégration permet de définir les interdépendances qui existent entre les unités et les traits combinatoires (appelés ci-après règles), et de déterminer leur importance dans la structure de la langue. Quatre type de relation peuvent être envisagés. Nous désignons ci-dessous l'unité par u et le trait combinatoire par r (=règle). 1° Relation d'une r à toutes les autres r (= co-applicabilité des règles); 2° Relation d'une r à toutes les u (= fréquence paradigmatique); 3° Relation d'une u à toutes les autres u (= solidarité des unités); 4° Relation d'une u à toutes r (= analycité ou complexité).

intéressant aussi d'affiner la mesure de l'intégration des monèmes; au lieu de mesurer l'intégration d'un monème globalement, on pourrait déterminer si, dans tel contexte syntaxique, il est plus ou moins intégré que dans tel autre contexte. Ce qui pourrait rendre compte du fait qu'un monème — sans être très rare ni particulièrement mal intégré — peut être difficile à manier dans un contexte et non dans d'autres.

3.16. Relation fréquence/intégration

Nous avons vu qu'à la haute fréquence d'un élément correspond un haut degré de rigueur de structure. De même, une forte intégration implique que l'élément soit doué d'une structure rigoureuse. Ceci pose un problème : celui de la relation entre la fréquence et l'intégration.

Évoquons d'abord des arguments qui permettent de penser qu'une telle relation existe. En synchronie, on peut constater que les monèmes les plus fréquents sont généralement les moins intégrés du point de vue de leur morphologie. Par exemple, des verbes comme *avoir* et *être* ont une intégration morphologique extrêmement faible. En diachronie, on peut observer que les changements analogiques (qui ont pour effet d'intégrer à une grande classe morphologique les monèmes isolés ou mal intégrés) n'affectent pas les verbes de haute fréquence : un verbe comme *pouvoir* garde les deux formes /puv/ et /pøv/ (dans *pouvez* et *peuvent* respectivement), produites à la suite de la phonologisation des variantes accentuée et inaccentuée de la voyelle du radical; alors que les deux formes du verbe *trouver,* résultant du même processus, se fondent en une seule. *Trouver,* verbe peu fréquent, est ainsi intégré à la classe morphologique des verbes à thème unique; mais le verbe *pouvoir,* très fréquent, reste mal intégré morphologiquement.

Ces exemples et bien d'autres tendent à montrer que les notions de fréquence et d'intégration sont liées entre elles tant en synchronie qu'en diachronie. Les exemples donnés ci-dessus (§ 3.14. et 3.15.) montrent que, vus sous l'angle synchronique, les monèmes de haute fréquence et de faible intégration ressortissent à la structure rigoureuse, de même qu'en relèvent les monèmes de basse fréquence et de forte intégration. La zone de laxité de structure comporte les monèmes qui n'ont pas une fréquence suffisante et ne sont pas bien intégrés.

Tout semble indiquer que, pour qu'un monème fasse partie de la zone centrale de la structure linguistique (donc de la zone de structure rigoureuse), il faut qu'il soit ou bien de haute fréquence ou bien de forte intégration ou encore de fréquence et d'intégration moyennes. Il paraît ainsi qu'une haute fréquence comble la lacune d'une faible intégration, de même qu'une forte intégration celle de la basse fréquence. Autrement dit, la résultante de la fréquence et de l'intégration doit être élevée pour que l'individu maîtrise avec certitude un fait monématique, et que la communauté soit unanime là-dessus. En d'autres termes encore, pour un degré déterminé de rigueur, la résultante de la fréquence et de l'intégration est constante. Cette constante doit nécessairement être déterminée empiriquement.

C'est en terme de la valeur fréquence/intégration que les éléments peuvent être hiérarchisés sur la dimension intrinsèque, où deux pôles sont à distinguer : généralité et restriction. Le pôle de généralité correspond à la valeur maxima de la résultante fréquence/intégration, une valeur minima de cette résultante caractérise le pôle de restriction.

3.17. Zones centrales et zones marginales

La discussion sur la fréquence, l'intégration et leur relation nous a conduit à parler des rapports qui lient les deux hiérarchies extrinsèque et intrinsèque. Nous avons dit que ce rapport semble être un type de parallélisme : au pôle de rigueur de structure[31] correspond le pôle de généralité, la laxité coïncidant avec la restriction.

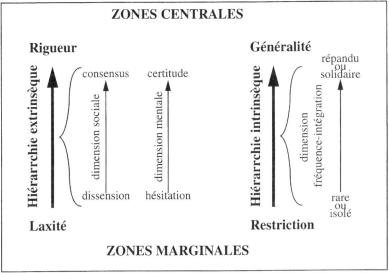

Figure 2

Il s'agit certes là de thèses qui doivent être soumises à une vérification empirique, et qui pourraient être confirmées, infirmées, modifiées ou nuancées par les résultats de recherches expérimentales. Cependant, intuitivement, elles ont une certaine vraisemblance. Il paraît normal que ce qui est général — par sa fréquence ou par son intégration — soit aussi plus

---

31 A noter que relèvent des zones de rigueur de structure deux ordres de phénomènes: certitude et consensus peuvent se faire pour rejeter certains phénomènes ou au contraire pour les accepter comme faisant partie de la langue. Seuls ces derniers sont retenus, et dont nous affirmons qu'ils ressortissent aux zones centrales du système d'une langue, et entrent en ligne de compte dans le parallélisme des deux hiérarchies extrinsèque et intrinsèque.

rigoureusement structuré : c'est-à-dire qu'il soit plus facilement accessible dans l'intuition du sujet, plus aisé à la production, plus immédiat à la compréhension. On peut aussi s'attendre à ce que les éléments de portée restreinte — due à leur basse fréquence ou à leur faible intégration — soient de structure lâche : d'acquisition tardive, ils sont mal incorporés dans le savoir linguistique du sujet parlant; d'où une forte hésitation. Étant acquis par chaque individu dans un contexte et une situation différents, chacun en connaît un aspect (par exemple, une variante du signifié ou une de ses combinaisons syntaxiques dans le cas des monèmes); d'où le désaccord. Notre propos est de ramener ces concepts intuitifs à des hypothèses explicites et vérifiables; de sorte que centre et marges d'un système linguistique puissent être délimités objectivement.

3.18. Relativité de la structure

Dans ce qui précède, nous avons cherché à rendre la notion de pertinence relative pour sortir du cadre étroit dichotomique où les faits doivent être répartis en deux catégories : pertinent et non-pertinent. Or, cette distinction entre pertinent et non-pertinent fonde l'analyse qui permet de dégager la structure (ou le système) d'une langue; en ce sens que les opérations conduisent à retenir certains éléments comme pertinents, et d'en dégager les interrelations pour présenter les régularités (ou la structure) selon lesquelles ils sont utilisés. La relativisation de la pertinence soulève une question : le concept de structure ne s'évanouit-il pas à la suite de cette relativisation ?

La réponse à cette question est double :

1° Le système formel n'est pas la seule possibilité de structure. Si par formel nous entendons un système dont les éléments sont discrets et les règles absolues, les configurations possibles de la structure linguistique ne se ramènent pas à ce seul système. Il est d'autres possibilités qu'il ne faut pas exclure d'emblée. La structure peut être de nature statistique, ou combiner les deux aspects formel et statistique. L'approche que nous proposons n'exclut aucune de ces possibilités.

2° La relativité de la structure est un fait tant dans l'usage du langage que dans les descriptions linguistiques. Témoin, la relativité de l'intercompréhension au niveau de la pratique des langues. Sur le plan des descriptions linguistiques, il est intéressant de remarquer que pour trancher certaines questions le descripteur doit recourir à de nombreux arguments, alors que d'autres problèmes sont résolus par l'application quasi mécanique des procédures d'analyse. A notre connaissance, aucun phonologue ne s'est avisé de faire une enquête sur l'opposition /m/~/n/ à l'initiale en français, alors que l'opposition /ɲ/~/nj/ en fait l'objet. Mettre sur le même plan les phonèmes obtenus par des opérations aussi différentes, c'est une approximation; et elle a sa raison d'être, sa justification qui doivent être précisées.

3.19. Structure et approximation

On a souvent rapproché la structure des langues de structures mathématiques; et on en a tiré des conclusions quant à la nature des éléments et de la structure linguistiques. Dans de telles comparaisons — celle par exemple entre langue et multiplication —, aucune précaution n'est prise préalablement pour s'assurer que, de ce point de vue, les termes de la comparaison ne sont pas incomparables.

Nous croyons une autre comparaison plus éclairante, celle qui rapproche la division de 20 par 3 à l'opération qui livre les éléments d'une structure linguistique. Cette division ne peut avoir, en toute rigueur, pour quotient un nombre entier : 6 ou 7 par exemple; il doit être déterminé avec quelque approximation : 6,6 ou 6,66 ou 6,666, etc. Il est certes possible de l'arrondir pour le ramener à un nombre entier (comme 6 ou 7) suivant des conventions d'approximation. Mais, en ce faisant, on observe certains principes : on précise qu'il s'agit là d'une approximation et non de la valeur exacte de 20/3; ensuite on admet que divers degrés d'approximation sont possibles; puis on retient, dans une série de calcul, le même degré d'approximation : une décimale, deux, etc.; on adapte enfin l'approximation aux besoins pratiques que sert cette mesure.

La relativité de la structure linguistique introduirait une telle approximation dans la description linguistique. Rien ne sert d'ignorer cette approximation si elle est appelée par une propriété inhérente aux données. En revanche, l'explicitation de cette propriété permet de définir — de façon conséquente et sur des critères théoriquement fondés — les limites que doit atteindre une description; elle rend en outre possible d'adapter le degré d'approximation aux objectifs d'une description. Prenons comme exemple de but pratique l'enseignement d'une langue maternelle. Selon que l'enseignement s'adresse à des écoliers au début de leur scolarité ou qu'il vise étude et description de textes stylistiquement très élaborés, les exigences auxquelles doit satisfaire la description ne sont pas les mêmes. Une description parfaitement adaptée au premier objectif serait fort lacunaire pour le second; et inversement, la description menée dans l'autre but ne convient pas à l'enseignement de la langue aux écoliers débutants, puisqu'elle tient compte de faits sans intérêt à ce niveau de l'apprentissage.

Entre les deux termes de comparaison existe une différence notable. Dans la détermination du quotient 20 :3, l'approximation se fait sur une seule dimension; alors que dans la description linguistique plusieurs dimensions sont à considérer; dimensions que nous croyons corrélées. Si les faits sont plus ou moins accessibles dans le psychisme du sujet, quelle profondeur subjective doit-on atteindre? Faut-il s'arrêter aux faits immédiatement sensibles pour l'intuition d'un non-initié ? Sur le plan social, quelle profondeur doit-on viser? Peut-on se contenter d'un informateur, ou faut-il recueillir ses données auprès de deux, trois ou plusieurs locuteurs ? Sur la dimension intrinsèque, à quel degré de généralité doit-on arrêter la description, et dans quelle mesure les faits de portée limitée peuvent entrer en ligne de compte ?

Notons que le caractère explicitement approximatif d'une analyse (ou de son résultat) n'est nullement critiquable s'il est appelé par l'objet. On ne remet pas en cause la valeur du coefficient parce qu'il est calculé avec approximation : 3,14 ou 3,1416 ou 3,14159265, etc. De même, l'approximation explicite contenue dans une description linguistique n'est pas un défaut ni une preuve de son caractère non scientifique. Retenir ou exclure certains schèmes syntaxiques selon le degré de finesse de l'analyse n'est pas plus arbitraire que le maintien ou la suppression de 16 à la suite de 3, 14 en fonction de la précision que requièrent le calcul et le but qu'il poursuit. Un exemple : les schèmes syntaxiques *c'est moi, le directeur* et *le directeur, je le suis* sont possibles. Faut-il faire état des deux dans une description syntaxique du français ? La réponse dépend de l'objectif assigné à la description. Dans la mesure où le second schème est beaucoup moins général que l'autre, il figurera seulement dans les descriptions devant incorporer les faits de cette portée restreinte et de ce degré de laxité.

3.20. Problèmes et perspectives

Nous avons dit ci-dessus (§ 3.4. et 3.6.) que les méthodes phonologiques sont plus générales et ont une portée plus large que ne donnent à croire certaines applications classiques. Soit l'épreuve de la commutation. Elle repose sur deux principes : 1° on isole une variable (phonique) — et une seule — et on détermine l'influence qu'exerce sa présence ou son absence sur l'identité du signifiant (d'un monème ou d'un segment plus vaste); 2° pour évaluer l'identité ou la différence, la pierre de touche est l'intuition du sujet parlant. C'est — en définitive — d'après ce jugement que le phonologue dégage l'identité ou la différence de [p] et [b] ou de [x] et [ʁ], l'observation de la réalité physique n'y conduisant pas. Or, si l'on ne postule pas l'homogénéité de la structure linguistique dans la communauté, il n'y a aucune raison de limiter cette procédure d'analyse à la phonologie et, *a fortiori*, à la zone centrale de la structure phonologique.

En reconnaissant droit de cité à la variation dans la structure, on peut employer ces mêmes principes d'analyse syntaxique, en sémantique, et sans doute dans d'autres domaines d'étude des faits du langage. Mais, cela ne veut pas dire qu'en tous points la structure phonologique, syntaxique et sémantique sont semblables. D'abord, il y a une différence de nature entre les variables d'un domaine à l'autre : ces variables sont des éléments phoniques en phonologie, des signes à double face en syntaxe et des éléments du signifié au niveau sémantique; ce qui a des implications considérables, surtout quand on considère l'asymétrie entre la substance phonique, directement observable, et la substance sémantique qui ne l'est pas toujours ni nécessairement. Ensuite, la configuration générale du système varie considérablement d'un domaine à l'autre du point de vue de proportion des constantes et des variantes. Et c'est sans doute là l'une des propriétés différenciatrices les plus caractéristiques en la matière : les zones de variation sont considérablement plus restreintes en phonologie qu'en sémantique. De ce point de vue, on peut invoquer des faits qui semblent indiquer que la structure syntaxique se situe à mi-chemin des deux. Nous reviendrons sur cette comparaison plus loin (cf. § 3.22.). Dans la mesure où la différence de structure entre phonologie et sémantique n'est qu'une différence de degré, il n'y a aucune raison de remettre en cause les principes de l'analyse; ce qui doit être modifié, complété ou adapté, ce sont les techniques et procédures d'analyse.

Pour illustrer la portée de nos conclusions, nous examinerons ci-après quelques problèmes très débattus que sont la collecte des matériaux, l'analyse du signifié et le problème des classes d'unités.

3.21. Collecte des matériaux

L'importance des données linguistiques et des techniques qui permettent d'y accéder est trop évidente pour qu'on s'y appesantisse. Comme nous avons vu ci-dessus (cf. § 3.4.), le vrai problème porte sur les moyens d'atteindre ces données ainsi que la signification à leur accorder.

Quelles données retenir? C'est une question qui a suscité de longues discussions, mais qui a perdu de son acuité aujourd'hui. La certitude que les données valables peuvent être recueillies exclusivement par telle ou telle procédure n'existe plus. Le corpus (c'est-à-dire un ensemble de matériaux effectivement réalisés) n'est plus considéré comme le seul moyen valable; l'utilité et la nécessité de l'enquête semblent assez communément admises. Non que le corpus ait perdu toute valeur, il est irremplaçable pour prouver que tels phénomènes ont été réellement utilisés dans telles circonstances, tels contextes, etc. Par les données qu'il fait apparaître, le corpus conduit le descripteur à respecter les faits. Il permet aussi d'apprécier l'aspect fréquentiel de la hiérarchie de certains faits. Le corpus a cependant ses limites : 1° que deux séquences — *brave soldat* et *soldat brave* par exemple — soient attestées dans un corpus ne nous renseigne pas si la position de l'épithète *brave* est pertinente pour le locuteur qui a proféré ces séquences. Il faut en outre le recours au jugement intuitif d'un ou plusieurs sujets; 2° si l'on s'en tient à un corpus de taille raisonnable (c'est-à-dire un corpus dont l'analyse soit humainement possible), on n'y trouve pas suffisamment d'éléments pour décrire d'une manière circonstanciée les faits relevant de zones marginales. Corpus et enquête sont dès lors complémentaires et non opposables.

En affirmant le caractère indispensable de diverses techniques d'enquête, nous ne croyons pas résoudre tous les problèmes relatifs aux données et aux procédures de collecte. Des questions restent ouvertes : pour le corpus, on peut se demander si l'on doit retenir seuls les matériaux réalisés spontanément ou aussi des matériaux dont la production a été sollicitée, ou encore si l'on peut constituer le corpus entièrement de matériaux sollicités. Dans le cas de matériaux sollicités, jusqu'où peut-on aller pour susciter l'émission des éléments requis ? Le corpus doit-il être oral, écrit ou les deux ? A quel(s) niveau(x), quel(s) registre(s) doit-il appartenir? Etc. Au niveau de l'enquête, les problèmes sont nombreux aussi. En se bornant à la phonologie, on peut s'interroger sur la portée et les limites du recours aux paires minimales. Ces paires doivent-elles être représentées par écrit ou seulement suggérées par des objets ou des images, ou encore par des contextes linguistiques (type exercice à trou)? Dans le cas d'un recours à l'écrit, les mots doivent-ils être présentés isolément, en énoncé ou dans un texte continu? L'enquête doit-elle viser ce que produit le locuteur, ce qu'il croit produire ou ce qu'il perçoit? Etc.

Nous ne croyons pas qu'on doive trancher ces questions dans l'absolu. On doit examiner l'intérêt et la nécessité de chaque procédure en fonction du but poursuivi. Si l'objectif est la description de la zone centrale d'une phonologie, plusieurs techniques aboutissent à des résultats très proches sinon identiques. Ainsi l'identité de la consonne initiale de *pomme* et *paume* ressort quelle que soit la technique : présentation d'objets ou d'images, ou encore lecture de formes écrites. C'est que /p/ appartient à la zone centrale, insensible aux fluctuations dues à ces facteurs (du moins pour les francophones d'Europe). La situation serait différente si l'enquête portait sur /ɲ/ et /nj/; les résultats subiraient l'influence de la technique employée. Là, deux remarques s'imposent : premièrement, pour atteindre différents types de faits linguistiques, des techniques différentes sont nécessaires. Pour accéder à une description fine, l'outil d'analyse doit être affiné. Deuxièmement, la diversité des résultats obtenus par des techniques différentes n'implique pas qu'on doive choisir l'une d'entre elles. Il se peut que chacune des techniques mette au jour un aspect du comportement linguistique. C'est ainsi que Labov découvre un phénomène intéressant chez les petits bourgeois new-yorkais : ces sujets pratiquent une phonologie très proche de celle de la classe ouvrière. Ils sont cependant conscients des caractéristiques de la phonologie de la moyenne et haute bourgeoisie — niveau social auquel ils aspirent à s'élever —, et ils déclarent les appliquer dans leur pratique. C'est l'utilisation de deux techniques et la confrontation des résultats obtenus qui permet de décrire ce décalage et d'en chercher la signification[32].

---

32 Cf. William LABOV, *Sociolinguistique*, Paris, Minuit, 1976, chap. 4 et 5.

3.22. Analyse du signifié

Soient le phonème /t/ et le signifié du monème «fille» en français. Il serait intéressant de comparer leur analyse en traits pertinents. Le phonème /t/ s'analyse en trois traits phoniques pertinents : «apico-dental», «non nasal» et «sourd». On pourrait analyser le signifié du monème «fille» en les traits sémantiques «humain», «femelle» et «jeune». Ces deux analyses ne sont pas sans analogie, mais une différence notable les sépare : les trois traits phoniques apparaissent tous dans toutes les occurrences de /t/, si l'on ne considère que l'usage d'un individu ou d'une communauté homogène. Dans les mêmes conditions d'enquête, chacun des traits sémantiques de «fille» peut ne pas apparaître dans un contexte ou un autre. Les phrases suivantes montrent que le trait «humain» peut ne pas se réaliser (cf. *a),* comme le peuvent aussi les traits «femelle» (cf. *b)* et «jeune» (cf. c)[33] :

a) *Minette est la fille de Mistigri;*
b) *à force d'être aux petits soins avec lui, tu vas en faire une fille, de Jacques;*
c) *c'est une fille qui ne doute de rien.*

A strictement parler, on ne peut dire que cette analyse sémantique est une analyse en traits pertinents, si pertinent qualifie les caractéristiques nécessaires et suffisantes à la définition d'une unité.

On pourrait nous objecter que, à la suite de neutralisation, certains traits pertinents cessent de se réaliser; ainsi dans certains usages, l'opposition /t/~/d/ étant neutralisée (dans *médecin* et *jette ça,* par exemple), la sourdité ne constitue plus un trait pertinent. Même en admettant que dans le cas de l'archiphonème /T/ et le phonème /t/ on a affaire à la même unité[34], on ne peut assimiler les deux analyses. Ce qui apparente le phonème et l'archiphonème, c'est qu'ils ont en commun les traits pertinents «non nasal» et «apico-dental». Mais, dans les exemples ci-dessus, aucun des traits sémantiques ne se réalise dans toutes les occurrences de «fille». Autrement dit, alors qu'on peut définir le phonème ou l'archiphonème par un nombre de caractéristiques constantes, une telle possibilité ne s'offre pas à nous dans le cas du signifié des monèmes : même les traits caractéristiques du signifié sont variables. Nous ne croyons pas avoir rapproché un phonème relevant de la zone centrale de la structure phonologique et un monème appartenant aux zones marginales des unités significatives. De cette comparaison, on peut — nous semble-t-il — conclure que l'analyse du signifié doit dès le départ recourir à la hiérarchisation des traits pertinents. En d'autres termes, en

---

[33] Ce problème est traité avec plus de détail dans Mortéza MAHMOUDIAN *et al., Pour enseigner le français,* Paris, P.U.F., 1976, p. 108-110.
[34] A strictement parler l'archiphonème ne s'identifie pas au phonème du point de vue phonologique, puisqu'il ne comporte pas les mêmes traits pertinents, et n'entre pas dans les mêmes relations (syntagmatiques et paradigmatiques).

phonologie, le nombre et la mesure n'ont guère d'intérêt pour la description de la zone centrale, dans le domaine du signifié ils sont indispensables même pour la zone centrale. Intuitivement, on admettra que «humain», «femelle» et «jeune» sont étroitement liés au signifié de «fille». On nous accordera sans doute aussi que si «fragilité» peut être un trait sémantique du monème «fille» (cf. l'exemple b ci-dessus), ce trait apparaît beaucoup moins fréquemment dans les réalisations du signifié «fille». La hiérarchisation des faits commence, dans le domaine du signifié, dès la zone centrale.

L'analyse du signifié soulève évidemment bien d'autres problèmes — comme la taille des inventaires, l'observation de la substance sémantique, le sens littéral et le sens métaphorique, etc. — dont nous ne traitons pas, notre intention, à ce point de l'exposé, étant simplement de montrer la pertinence de la hiérarchisation dans l'étude du signifié. Nous y reviendrons au chapitre 5, notamment aux § 5.3.—5.5.

3.23. Classes de monèmes

Le concept de classe est sans doute l'un des plus répandus dans les travaux syntaxiques, à tel point que les plus virulents adversaires de la taxinomie ne s'abstiennent pas d'y recourir. Cependant, une définition précise des classes pose nombre de problèmes auxquels aucune solution satisfaisante n'a été apportée. Le problème dont nous voudrions discuter ici est celui de la délimitation des classes; nous cherchons à déterminer quels critères retenir pour le classement, et sur quoi fonder le tri parmi les critères.

En syntaxe fonctionnelle par exemple, le classement est fondé sur les latitudes combinatoires des monèmes, verbes et noms sont considérés comme deux classes parce que les fonctions qu'ils assument sont différentes, et les expansions qu'ils admettent ne sont pas les mêmes. Les verbes ne constituent pas une classe homogène; il est possible et nécessaire de les diviser en sous-classes en suivant toujours le même principe. Ainsi peut-on distinguer une sous-classe de verbes susceptible d'avoir une expansion du type «objet» — c'est-à-dire verbes transitifs — et une autre n'admettant pas ce type d'expansion, à savoir les verbes intransitifs. La classe des verbes transitifs peut à son tour être subdivisée selon la variété des latitudes combinatoires de ses membres; l'une des subdivisions possibles est celle entre les verbes admettant un seul «objet» et les verbes qui admettent un «objet second» comme *appeler* (dans *j'appelle Pierre Paul*) ou *faire* (dans *il fait son frère ministre*). De la même façon, ces verbes peuvent être subdivisés selon la classe à laquelle appartient l'«objet second» : substantif, adjectif ou les deux. Sans pousser plus loin l'analyse des propriétés combinatoires, nous arrivons à une description où chaque classe ne comporte que peu d'éléments, voire à la limite un seul[35]. Cela remet en cause l'intérêt de la notion de classe. Faut-il la maintenir même si dans une analyse exhaustive elle se confond avec l'unité ? Ou bien faut-il renoncer à l'exhaustivité de l'analyse ?

Pour répondre à cette question, on remarquera d'abord que la classe est une réalité dans le comportement des sujets parlants. De nombreux faits linguistiques (tels que changements analogiques, maniement des néologismes, phénomènes d'acquisition) resteraient incompréhensibles sans recours au concept de "classes de monèmes". On notera aussi que la classe a sa raison d'être dans l'économie considérable qu'elle confère à la structure linguistique et à son maniement. On imagine sans peine la complexité de la syntaxe d'une langue qui n'aurait pas de classes de monèmes (c'est-à-dire chaque monème aurait ses propriétés syntaxiques sans les partager avec d'autres monèmes). Force est donc de maintenir le concept de classe, même s'il entre en conflit avec l'exhaustivité.

Pour ce qui est de l'exhaustivité, nous avons vu qu'elle est relative; en ce sens que plus nous multiplions les critères de classement, plus les monèmes d'une classe ont des propriétés syntaxiques communes. De la multiplication des critères résultent des classes plus nombreuses, comptant chacune moins de membres. La classification peut être affinée à souhait. Mais un classement fin présente deux inconvénients majeurs : d'une part, il aboutit à une structure si peu économique que la classe perd sa raison d'être. D'autre part, plus la classification est fine, plus les phénomènes syntaxiques considérés sont de portée restreinte et de structure lâche. Le concept de classe est, lui aussi, relatif. Il est dès lors légitime d'arrêter la subdivision des classes dès qu'on atteint le seuil de l'approximation voulue. Sur le plan du comportement linguistique des locuteurs, la relativité des classes implique que les classes n'existent pas en nombre égal chez tous les membres d'une communauté. Plus grande est la maîtrise de la langue et plus fines sont les classes dont dispose le sujet parlant. Inversement, les classes grossières correspondent à une connaissance rudimentaire de la langue[36].

3.24. Conclusions

Dans ce qui précède nous avons présenté et illustré plusieurs thèses qui peuvent être résumées ainsi : une langue a une structure non homogène, mais hiérarchisée. Cette hiérarchie peut être dégagée par référence à l'intuition (= dimension psychique : certitude *vs* hésitation) et par référence à la collectivité (= dimension sociale : consensus *vs* dissension). Les deux dimensions mentale

---

[35] Maurice Gross arrive à moins de deux unités en moyenne par classe de verbes. Pourtant, dans cette classification, il ne prend pas en compte toutes les propriétés syntaxiques pertinentes. Cf. ses *Méthodes en syntaxe,* Paris, Hermann, 1975.
[36] Pour une discussion détaillée voir Mortéza MAHMOUDIAN, Classes et unités en syntaxe, in *Actes du VIe colloque international de linguistique fonctionnelle,* publication de la faculté des lettres, Rabat, 1980, p.151-155

et sociale sont corrélées, et permettent de mesurer la rigueur des structures (*vs* leur laxité). D'autre part, les faits d'une langue sont hiérarchisés selon leur fréquence et leur intégration; ce qui permet de mesurer leur généralité (*vs* restriction). Il y a corrélation entre les deux dimensions extrinsèque et intrinsèque : généralité et rigueur de structure coïncident comme le font aussi restriction et laxité de structure. Les thèses concernant la dimension extrinsèque semblent trouver confirmation dans des recherches expérimentales.

Nombre de ces problèmes ont déjà fait l'objet de réflexions théoriques et de recherches empiriques. Par exemple, la dimension mentale a suscité l'intérêt de psychologues et de psycholinguistes; de même, des sociologues et sociolinguistes se sont penchés sur la dimension sociale. Certaines des thèses sont à notre connaissance originales; ce sont les thèses concernant : 1° la corrélation entre l'aspect mental et l'aspect social du langage, 2° la relation entre fréquence et intégration, et 3° le parallélisme entre les hiérarchies extrinsèque et intrinsèque.

Mais l'intérêt de ces travaux réside essentiellement dans la synthèse qu'ils font de plusieurs aspects de recherches expérimentales; synthèse qui permettrait de dégager la structure des faits et de rendre la vérification des hypothèses possibles, contribuant ainsi à l'objectivité de la discipline linguistique. Prenons l'exemple de l'intonation; de nombreuses questions se posent à ce niveau : dans quelle mesure l'intonation est structurée (c'est-à-dire décomposable en éléments et règles de combinaison) ? Quelle place occupe-t-elle dans la structure d'une langue (centrale, marginale...) ? En utilisant des techniques d'enquête adéquates à l'examen de l'intonation, on peut déterminer dans quelle mesure un schème intonatif assure la transmission de l'intention du locuteur à l'auditeur. Les résultats d'une telle recherche sont loin d'être convaincants pour tous. Les uns y trouveraient la preuve du caractère structuré de l'intonation, tandis que les autres jugeaient ces schèmes intonatifs comme marginaux. La question «L'intonation est-elle structurée ?» est mal posée, si l'on admet que la structure peut être plus ou moins rigoureuse. De la relativité de la structure découle une approximation inhérente à toute recherche expérimentale; ce qui fait qu'il est possible de dégager des structures grossières, élémentaires, mais aussi des structures de plus en plus fines. Pour comparer la phonématique et l'intonation, il conviendrait de prendre soin que les mesures soient effectuées dans des conditions analogues : avec la même précision ou approximation et en utilisant des techniques d'enquête comparables. Autrement, la comparaison perd son intérêt[37]. Car, par des techniques élémentaires, on dégage les structures grossières (de la zone centrale de la structure linguistique); mais il

---

37 L'importance du même degré d'approximation peut être illustrée par le fait que l'interrogation sur l'identité ou la différence de 6,6 et 6,63 n'est pas pertinente; les grandeurs comparées n'ont pas la même approximation. En effet, 6,63 peut être arrondi en 6,6, mais 6,6 peut provenir de l'arrondissement de quantité d'autres nombres, tels que 6,62 ou 6,59, etc.

faut des techniques d'enquête plus élaborées pour atteindre les structures plus fines, les petites nuances (les zones marginales). C'est en utilisant des techniques comparables, et en observant le même degré de précision (ou d'approximation) dans l'analyse qu'on peut rendre la comparaison entre intonation et phonème concluante. Il est probable qu'au terme de cet examen l'intonation se révèle structurée, mais de façon beaucoup moins rigoureuse que la phonématique.

Ce que nous avons dit de l'intonation vaut aussi pour d'autres problèmes pendants en linguistiques tels que l'analyse du signifié, le classement des monèmes — dont nous avons parlé —, ou encore la structure du lexique, celle du discours, etc. L'examen de la rigueur ou de la laxité de ces phénomènes pourrait permettre de leur réserver la place qui leur revient de droit dans le langage. Il conduirait aussi à une meilleure compréhension du jeu complexe des composantes de la communication linguistique. Hors de la linguistique, cette perspective de recherche expérimentale reste en principe valable — toutes proportions gardées — pour tous les phénomènes qui assurent d'une manière ou d'une autre la communication; ainsi la sémiologie littéraire, la sémiologie artistique, etc. Ce, parce que nous n'avons rien postulé qui ne découle pas strictement de la fonction de communication.

L'insistance que nous mettons sur l'aspect expérimental ne nous semble pas exagérée; dans l'état actuel du développement de la linguistique, la vérification empirique est d'une importance capitale.

Les chapitres qui précèdent ont pour objectif d'assurer le préalable d'une étude poussée du contexte. Nous avons d'abord esquissé à grands traits les tâches et les problèmes de la sémantique. Ensuite, nous avons discuté du statut des faits sémantiques dans l'intuition et le comportement du sujet, ainsi que des moyens d'y accéder en vue de contrôle empirique. Nous avons enfin étudié le contours général d'une structure linguistique susceptible d'intégrer les multiples variations des faits de langue, et avons situé la sémantique dans ce cadre. Les conditions sembles réunies pour entreprendre l'examen du contexte et de son rôle dans le processus sémantique.

4. EN DÉTAILS :

EXAMEN CIRCONSTANCIÉ DU CONTEXTE.

4.1. Critique du concept contexte

La diversité terminologique en linguistique est impressionnante; dans certains cas, elle constitue un sérieux obstacle aux tentatives de synthèse. Le cas du contexte en est un exemple. Il n'est que d'en relever quelques usages:

Leonard Bloomfield qui ne définit pas le terme, l'emploie pour désigner des phénomènes relevant des domaines syntaxique, sémantique ou expérientiel.[38] André Martinet définit le contexte comme "ce qui précède ou suit"[39] un segment (unité ou séquence) à un quelconque niveau de structure linguistique (quitte à préciser qu'il s'agit de contexte phonique, syntaxique, ou autre). Pour William Labov,[40] le contexte couvre aussi les relations sociales, alors que chez Jerrold Katz ou John Searle, il s'agit de l'expérience du monde.[41] D'ailleurs, un même auteur n'emploie pas toujours le terme dans le même sens. Et enfin — ce qui ne simplifie pas les choses —, le même concept se trouve exprimé par d'autres termes tels que *chaîne, environnement, parole, syntagmatique, discours,* etc.

4.2. Contexte linguistique

Pour bien situer l'objet du présent chapitre, nous commençons, dans une première tentative, par donner du contexte une définition (D_1), et d'en circonscrire le rôle par une hypothèse (H_1):

> (D_1) Le contexte d'un segment est l'ensemble des éléments qui l'*accompagnent* dans l'énoncé;[42]

> (H_1)Le sens d'un segment subit l'influence du contexte;

Ainsi, le contexte qui exerce une influence sur le sens d'un segment (unité ou séquence d'unités) peut être cerné de près. Dans un énoncé comme *Jean va*

---

[38] Leonard BLOOMFIELD, *Le langage,...* , §24. 7.

[39] André MARTINET, *Syntaxe générale*, Paris: Colin, 1985, § 8.3.

[40] William LABOV, *Sociolinguistique,...* , chapitres 3, 8 et *passim*.

[41] Cf. John R. SEARLE, *Sens et expression*, Paris: Minuit, 1979, chapitres IV et V.

[42] Le contexte ainsi défini ne se limite pas au seul domaine sémantique. Pour lui assurer une portée plus générale (applicable au domaine prosodique, par ex.), il convenait de remplacer *entourer* par *accompagner* dans la définition.

bien, le contexte de *va* est formé de *Jean* et *bien*. Cette définition pose cependant des problèmes qui appellent examen et discussion.[43]

4.3. Nature de l'entourage

Vu sous cet angle, le *contexte* de Martinet reviendrait au même que l'*environnement* de Zelig Harris,[44] n'était une différence notable : les éléments qui sont pris en compte par Harris relèvent uniquement du signifiant, alors que, dans l'optique saussurienne qu'adopte Martinet, le signifié intervient à divers titres dans l'identification des unités linguistiques.

Dans cette optique, le contexte peut et doit faire l'objet d'autant de distinctions qu'il y a de niveaux linguistiques[45] : contexte phonologique, contexte morphologique, contexte syntaxique, contexte sémantique, etc. Dès lors, un segment comme *va* subit divers types d'influence dans le contexte d'un énoncé aussi simple que /ʒãvabiɛ̃/ *Jean va bien*:

1° au niveau phonique : la réalisation des unités phonologiques dont est constitué le signifiant de *va* est conditionnée par ce qui précède (/ʒã/) et ce qui suit (/biɛ̃/).

2° au niveau morphologique : que le sujet soit *Jean* a pour effet que le monème *aller* se réalise par sa variante morphologique *va* . Un autre sujet (*je* ou *vous*) aurait appelé une autre variante (*vais* ou *allez*, respectivement).

3° au niveau syntaxique : les contraintes qui régissent la combinaisons des monèmes — entre autres, la présence du sujet *Jean* — implique que la séquence /va/ comporte le monème «indicatif» (dans d'autres contextes syntaxiques, la même séquence comporterait l'«impératif»).

4° Au niveau sémantique : ici sous l'effet du contexte, se réalise parmi les sens possibles du lexème *aller*, celui qui renvoie à l'«état de santé» (et non à la «locomotion»).
Et ainsi de suite.

Ce qui nous intéresse ici est l'étude du contexte sémantique, conçu comme l'ensemble des éléments de signification qui d'une façon ou d'une autre influencent la réalisation sémantique des signes (simples ou complexes). Ces facteurs se trouvent — comme nous le verrons — essentiellement au niveau 4°. D'autres relevant des niveaux 1°—3° n'ont pas ou que peu de pertinence à cet égard.

---

[43] Cf. aussi *infra* § 4.5.-4.6.
[44] Zelig S. HARRIS, *Methods in Structural Linguistics*, Chicago: University of Chicago Press, 1951.
[45] Comme le font certains. Ainsi, Martinet distingue contexte phonique, contexte monématique, etc.; cf. André MARTINET, *Eléments de linguistique ...*

4.4. Étendue

L'un des problèmes que soulève la détermination du contexte pertinent est de savoir quelle en est l'étendue. Autrement dit, jusqu'à quelle distance du segment à l'étude peuvent se trouver les éléments qui en conditionnent le comportement? Souvent cette extension n'est pas précisée.[46] Mais dans certains modèles, le cadre de l'action contextuelle est limité à celui de l'énoncé.[47] Chacune de ces approches a des avantages et des inconvénients.

4.5. Contexte délimité

Restreindre l'influence contextuelle au cadre de l'énoncé présente un avantage certain : il conduit à une procédure finie pour mettre en évidence les effets du contexte. Le descripteur n'aura qu'à chercher dans des limites définies les éléments dont la présence entraîne telle ou telle réalisation du segment à l'examen. Mais cela ne va pas sans problèmes; dans certains cas, le contexte pertinent se trouve non dans le même énoncé, mais dans celui qui le jouxte dans le discours ou le dialogue. Ainsi, ce qui permet de lever l'ambiguïté («état de santé» vs «locomotion») de *Mais il va bien à Paris?* peut être un énoncé précédent, par exemple *Jean était déprimé lorsqu'il habitait dans son bled perdu* ou *Jean ne bouge presque plus d'ici.*[48]

4.6. Contexte ouvert

Quand le cadre de l'influence contextuelle n'est pas spécifié, la démarche descriptive laisse à désirer par son manque d'explicitation; l'inconvénient majeur est que la description n'indique pas où le sujet cherche — et comment il identifie — les segments qui conduisent à la réalisation d'une signification parmi toutes les virtualités. Or, ce sont là des données indispensables à une analyse du processus contextuel. Mais en se refusant à limiter le jeu du contexte au cadre de l'énoncé, l'analyse ouvre des perspectives, et gagne en généralité;[49] elle peut rendre compte des cas où l'influence mutuelle s'exerce entre éléments qui ne sont pas dans un voisinage immédiat.[50]

---

[46] Pour les inadéquations du concept de contexte chez Martinet, voir Georges MOUNIN, "Eléments d'une sémantique structurale et fonctionnelle: l'axiologie d'André Martinet" in Mortéza MAHMOUDIAN et alii, *Linguistique fonctionnelle. Débats et perspectives. Pour André Martinet*, Paris: P.U.F., 1979, pp.229-239.

[47] Zelig S. HARRIS, *Methods* ... , ch. 2 & 12.

[48] Les limites de la procédure appellent un complément, par exemple transformationnel dans la perspective distributionnelle.

[49] On peut concevoir l'influence contextuelle comme une succession de processus ayant lieu à divers paliers du texte: syntagme, proposition, phrase, et ainsi de suite; ce qui rendrait possible une typologie des effets du contexte en fonction de son étendue.

[50] Nous y reviendrons pour préciser que les degrés de pertinence du contexte ne se ramènent pas à la seule dimension proximité/éloignement.

4.7. Unité et contexte

Le constat que la réalisation sémantique de tout segment est virtuellement tributaire des pressions du contexte conduit à poser au moins deux questions : de quelle nature est le contexte qui influence la signification du segment? le conditionnement contextuel du sens est-il un processus unilatéral (contexte ⇒ unité) ou bien réciproque (contexte ⇔ unité)?

4.8. Sens de l'unité vs contexte sémantique

On attribue souvent les sens réalisés par une unité aux contextes où elles figurent. Certains vont jusqu'à lier l'existence même du sens au contexte. D'où la thèse que le mot n'a de sens qu'en contexte.[51]

Sans entreprendre une discussion détaillée, nous souhaitons faire deux remarques. D'abord, dire que l'unité n'a pas de sens en elle-même, c'est attribuer un pouvoir illimité et quasi mythique au contexte. Qu'est-ce que le contexte sinon un assemblage d'unités? La génération spontanée du sens par le contact d'entités qui en seraient dépourvues est-elle concevable? Cette thèse rejoint *de facto* les positions de Harris sur l'inanité du sens en tant qu'objet scientifique; ou du moins s'en approche.[52] Elle est donc sujette aux mêmes réserves et critiques.[53] D'autre part, admettre qu'un assemblage d'éléments phoniques produit du sens, n'est-ce pas reconnaître que les sons par eux-mêmes sont porteurs de significations, et que le lien son/sens est naturel?[54]

La thèse "sens produit du seul contexte" n'est pas défendable : le contexte sémantique d'un segment est lui-même de nature sémantique; il n'est rien d'autre que la résultante du contenu des signes en présence.

---

[51] Cf. MARTINET, *Eléments de linguistique...* : "un élément linguistique n'a réellement de sens que dans un contexte et une situation donnés" (§2.8). On retrouve cette idée exprimée sous diverses formes par de nombreux linguistes (parmi lesquels Meillet et Hjelmslev) et philosophes (tels que Wittgenstein). Cf. Georges MOUNIN, *Clefs pour la sémantique*, Paris: Seghers, 1972, notamment le chapitre intitulé "Quinze années de lectures sémantiques".

[52] En effet, nier que l'unité n'a pas de sens revient à admettre — à l'instar de Harris — que le sens est "fonction de la distribution" ou encore que l'assemblage d'éléments non significatifs produit de la signification. Cf. HARRIS, "La structure distributionnelle"... , notamment le §5.

[53] Pour une discussion sur ce sujet, voir notre "Structure du signifié..." et "Syntaxe et linéarité", in *De la théorie linguistique à l'enseignement de la langue*, Paris: P.U.F., 1972, pp.25-43.

[54] A notre connaissance, la thèse "sens comme produit du contexte" ou celle d' influence du contexte n'ont jamais été explicitées; peut-être, est-ce pour cela que toute critique conséquente de cette thèse paraît exagérée. Aussi, l'examen que nous venons d'en faire peut-il soulever des questions: l'examen ne contient-il pas une interprétation abusive des thèses sur le contexte? Les conclusions ne sont-elles pas tirées de l'observation de cas-limites? — Nous ne le croyons pas; mais, nous ne nous y attarderons pas ici.

4.9. Va-et-vient ou sens unique?

On rencontre une autre difficulté quand on tente de déterminer l'influence qu'exerce sur le sens de l'unité le contexte, conçu comme ce qui l'accompagne dans l'énoncé. Prenons, pour illustration, des phrases comme

(1) *Le commerce va bien.*
(2) *Le commerce marche bien.*
(3) *Le commerce marche.*

où *aller* ou *marcher* ne renvoie pas à la locomotion (du moins dans l'usage le plus courant). On est naturellement tenté d'imputer ce changement du sens au voisinage de *(le) commerce* comme sujet grammatical.[55] Ce qui va de pair avec l'une des applications de l'hypothèse (H$_1$) sur l'influence du contexte et de la définition (D$_1$) du contexte, en vertu desquels nous obtenons

(4) *Commerce* est le contexte de *marche* dans (3);
(5) Le sens de *marche* subit l'influence du sens de *commerce* .

Dans la mesure où *commerce* dénote un objet non susceptible de se déplacer, il est attendu que le sens de *marche* s'en accommode; c'est dire que

(6) Sous la pression du contexte, *marche* dans (3) signifie non «déplacement» mais bien «bon fonctionnement».

Mais, le problème est que cette conclusion — même plausible — ne découle pas par implication de l'hypothèse H$_1$ et de la définition D$_1$, qui permettent aussi bien une autre application, à savoir:

(7) *Marche* est le contexte de *commerce* dans (3);
(8) Le sens de *commerce* subit l'influence du sens de *marche*.

Cette influence contextuelle se traduit dans le fait que parmi les sens potentiels de *commerce* se réalise celui qui est compatible avec *marche,* et acquiert ainsi la propriété sémantique «locomotion»; ce qui revient à dire que

(9) Sous la pression du contexte, *commerce* dans (3) renvoie à un objet «susceptible de locomotion».

On constate qu'en partant des mêmes principes, on peut tirer des conclusions diamétralement opposées; ce qui révèle l'inadéquation — du moins le

---

[55] Pour simplifier l'exposé, nous faisons ici abstraction des influences sémantiques qu'exerce et subit *le* dans cet énoncé.

manque d'explicitation — du modèle d'analyse. On peut se demander s'il n'y a pas circularité dans cette conception des mécanismes contextuels. Nous croyons que si, et que la circularité des principes entraîne l'application arbitraire que peut en faire le descripteur au gré de sa subjectivité ou de manière changeante en fonction des phénomènes étudiés. Nous y reviendrons.

4.10. Contexte et compatibilité

Nous avons essayé d'expliciter les concepts de *contexte* et d'*influence contextuelle*. Mais cette explicitation[56] est fondée sur l'hypothèse — implicite — que

(H$_2$) Un énoncé ne peut faire sens que si les éléments dont il est constitué ont des traits sémantiques compatibles.

Dans le cas contraire, l'assemblage des sens constitutifs aboutit à l'absurde.[57]

Juger de la compatibilité sémantique suppose l'analyse du sens des signes en ses traits constitutifs et l'examen de ces traits du point de vue de leur cohérence ou de leur conflit.

4.11. Contexte sémantique et traits de sens

Appliquée aux constituants de (3) *Le commerce marche*, l'analyse ferait apparaître, entre autres, les traits sémantiques suivants:[58]

Monèmes	Traits sémantiques
commerce	«achat et vente de marchandises» «ensemble des commerçants» etc.
marche(r)	«se déplacer au moyen des jambes» «fonctionner» etc.

Tableau 1
Analyse en traits sémantiques

---

56 Un autre défaut de cette tentative est la réduction qu'elle opère en prenant l'un des sens pour LE sens de l'unité. On y reviendra au § 5.12-5.14..

57 Cf. également le § 6.24 relatif à la question d'univers contrefactuel.

58 Cette analyse est inspirée des dictionnaires *Le Petit Robert* et *Le Petit Larousse* (cf. les articles *commerce* et *marcher*). Pour le moment nous laissons ouverte la question de savoir si «achat et vente de marchandises», «ensemble des commerçants», «se déplacer au moyen des jambes» et «fonctionner» sont chacun un trait ou un ensemble de traits: à ce niveau là de la discussion, la question n'est pas pertinente.

Une telle analyse permet de prévoir que le premier sens de *commerce* s'accorde avec le second sens de *marche*; ou si l'on retient le premier sens de *marche*, le monème *commerce* aura alors sa deuxième signification.[59] Nous croyons que cette conception et du contexte et du conditionnement contextuel est fondée sur des principes analogues à ceux qui ont abouti à des résultats convaincants dans le domaine des éléments phoniques.[60]

Il convient de noter en passant que la méfiance et les critiques exprimées à l'égard du concept *contexte* sont souvent exagérées. La notion de contexte n'est pas inadaptée en elle-même, mais on l'a — nous semble-t-il — dénudé de ce qu'il avait d'intéressant et d'explicatif par une application sans précaution théorique ainsi que par un transfert hâtif de la phonologie à la sémantique.

4.12. Ambiguïté

Revenons à l'hypothèse (H$_2$) *Un énoncé ne peut faire sens que si les éléments dont il est constitué ont des traits sémantiques compatibles.* On remarquera que dans un énoncé doué de sens, toutes les virtualités sémantiques d'une unité ne sont pas compatibles avec celles de l'autre (ou des autres) unité(s). Dès lors, l'exigence minima est que les constituants d'un énoncé aient chacun un trait sémantique compatible avec un trait de l'autre (ou des autres) constituant(s). Mais rien n'exclut que l'un ou l'autre des constituants d'un énoncé, ici à deux termes,[61] possède deux ou plusieurs traits compatibles avec ceux de l'autre; il y a alors ambiguïté. C'est le cas de (3) *Le commerce marche*. On peut l'illustrer encore par un autre exemple:

(10) *Cette mère a eu deux enfants.*

Plusieurs interprétations sont attribuables à cette phrase : il peut s'agir de nouveau-nés ou de progéniture sans indication d'âge. La mère peut avoir encore ses enfants ou les avoir perdus. Les enfants peuvent être ou ne pas être des jumeaux. Et ainsi de suite. De ces faits, on peut donner une formulation explicite en ayant recours aux traits sémantiques des monèmes «passé

---

[59] Ce, dans la mesure où l'on réfère au monde de la vie quotidienne, car il est possible aussi de rapporter les événements relatés à un monde fantastique. Cf. MAHMOUDIAN, "Approximation, vraisemblance et structure sémantique" (à paraître).

[60] Ainsi, quand on parle d'assimilation — qui est un type courant d'influence contextuelle —, on attribue à chaque unité certains traits caractéristiques dont l'un affecte la réalisation de l'unité avoisinante: ainsi, dans fr. *absent,* entrent en contact une sonore (*b*) et une sourde (*s*); l'assimilation se fait par l'extension du caractère sourd de /s/, et aboutit à une réalisation sourde [p] pour -*b*-.

[61] Nos illustrations sont limitées à des énoncés à 2 termes, ce par commodité. On peut cependant sans dommage transposer aux énoncés à plusieurs termes les conclusions obtenues.

composé» («aspect perfectif», «temps passé récent», ...) et «enfant» («descendant sans précision d'âge», «être en bas âge», ...).[62]

Le problème est dès lors de savoir ce que sont les effets de ce conflit (entre deux ou plusieurs significations potentielles de la phrase) sur l'acte communicatif. Plus précisément, l'ambiguïté est-elle levée? Si oui, quel est le sens virtuel qui a été écarté? Et par quel moyen? Il n'y a de réponse simple — sinon *ad hoc* — à aucune de ces questions.

4.13. Source et cible

L'actualisation du sens de l'énoncé implique une sélection parmi les traits sémantiques de ses constituants. Or, toute sélection parmi les traits d'un constituant a des implications pour le sens actualisé des autres éléments de la phrase : par exemple, il y a solidarité entre le sens «passé récent» du syntagme verbal (*a eu*) et le renvoi de *enfants* à des «jumeaux». Selon le sens qu'on attribue à l'un, on est amené à attribuer un sens déterminé à l'autre. Si l'on sait que l'événement relaté est récent, on comprend alors qu'il s'agit de jumeaux. Inversement, quand on sait que les enfants dont il est question sont des jumeaux, on peut alors situer l'événement dans un passé récent. Et il y a bien d'autres façons de concilier les traits sémantiques virtuels de cet énoncé sans aboutir à des contradictions ni s'éloigner du vraisemblable.

Les rôles de source et de cible sont interchangeables, comme nous le verrons ci-dessous aux paragraphes 5.15 et 5.16; et le conditionnement sémantique peut constituer une réaction en chaîne où un élément, subissant l'influence d'un autre, exerce une influence sur un troisième élément qui la répercute à son tour, et ainsi de suite.[63]

4.14. Interaction des (traits de) sens

Nous venons de voir qu'un même segment peut être soit source soit cible de l'influence contextuelle.[64] En effet, les phénomènes sémantiques présentent un enchevêtrement tel qu'il est préférable de concevoir les mécanismes contextuels comme un processus complexe, multilatéral. Dès lors, l'hypothèse de conditionnement contextuel (Cf. H₁) présente fort peu d'intérêt si l'on n'est pas en mesure de déterminer d'une part quel est le contexte déterminant,

---

[62] Cf. Philippe BOSSEL, "Etude de la structure du signifié appréhendée à travers quelques unités lexicales du français délimitées dans le cadre du champ notionnel des âges de la vie humaine" (Mémoire inédit), Faculté de lettres, Université de Lausanne, 1986, ainsi que Mortéza MAHMOUDIAN, "Unité et diversité de la signification", in *La Linguistique*, vol.25, fasc.2, 1989.

[63] Cf. entre autres les exemples des § 6.25., ss.

[64] La réversibilité source/cible n'est pas spécifique à des schèmes syntaxiques élémentaires (ceux à deux termes, par exemple) ni à quelques énoncés marginaux.

et d'autre part, si — et dans quelles conditions — source et cible peuvent changer dans le processus de conditionnement contextuel.

Bien des obstacles que rencontrent nombre de théories sémantiques proviennent du fait que l'objet sémantique est conçu comme un processus simple, de conditionnement unilatéral. Le recours au concept *contexte* ne nous aide guère à saisir les processus de variation sémantiques s'il n'est pas précisément défini. Or, toute explicitation du concept contexte soulève des problèmes dont l'examen sans complaisance révèle des failles non négligeables dans la conception même de la signification linguistique et des mécanismes sémantiques. Ainsi, quand on conçoit la signification comme douée d'une structure formelle, l'influence réciproque source/cible constatée ci-dessus constitue un cercle dont résulte un problème insoluble.[65] Le problème est embarrassant, et les positions prises souvent peu convaincantes : soit on se désintéresse du contexte[66] soit on entretient le flou qui entoure ce concept,[67] deux moyens parmi d'autres pour éluder la difficulté. Pareilles prises de position semblent fondées sur le principe — explicite ou implicite — que l'analyse sémantique n'est satisfaisante que si elle livre une structure formelle où les unités obtenues sont discrètes (donc libres de toute variation ou hiérarchie structurale).

Or, il existe une autre solution, bien plus adéquate, qui consiste à concevoir différemment la signification et les mécanismes sémantiques : abandonner la conception formelle, et lui substituer une structure où éléments et règles sont variables et hiérarchisés. C'est à cette condition qu'on peut se libérer de l'illusion qu'un contexte indéfinissable livre des mécanismes définis pour la sémantique.

---

[65] Cf. *infra* § 5.19.-5.29.

[66] Ainsi un Ruwet qui, à la suite de Chomsky, prône d'étudier la structure de la signification hors contexte. Cf. Nicolas RUWET, *Introduction à la grammaire générative*, Paris: Plon, 1968.

[67] Ainsi, André Martinet considère d'une part le signifié comme ce qui est indépendant du contexte et de la situation, et estime d'autre part ce signifié — assemblage de traits pertinents — comme dépourvu d'intérêt pour la linguistique. ("L'article *le* est 'défini'. Il ne comporte pas d'autres traits de sens. On l'emploie dans tous les cas où il n'y a pas d'incertitude relative à l'identité ou le statut de ce qui est désigné par son noyau. Tout autre trait de sens susceptible de lui être attribué, comme 'unique', 'générique', etc... se dégage, en fait, soit du sens du noyau lui-même, soit de l'ensemble du contexte.") Cf. André MARTINET, *Grammaire fonctionnelle du français*, Paris, 1979, §2.13a et ("Pourvu que le locuteur et l'auditeur soient d'accord sur les contexte et les situations dans lesquels une unité significative peut apparaître dit aussi [i.e. Martinet], leur attitude mentale [le choix des traits sémantiques pertinents qu'ils peuvent attacher à cette unité] vis-à-vis de cette unité est linguistiquement sans intérêt.» Par exemple, «un écolier ou un adulte peu scolarisé», devant la *table* (de cuisine) et la *table* (de multiplication), ont-ils besoin d'identifier ces deux tables [en les opposant par des traits pertinents du type «surface plane» + «x» et «surface plane» + «y»]? «Ils n'ont naturellement nul besoin de le faire.»), Mortéza MAHMOUDIAN et alii, *Linguistique fonctionnelle. Débats et perspectives. Pour André Martinet*, Paris: P.U.F., 1979, pp.234-235

Ainsi conçus, les traits sémantiques n'ont pas tous une valeur égale, mais présentent une hiérarchie. De tous les sens de *marche* ou *commerce,* celui que l'on désigne comme le premier a une plus forte prégnance. Mais nous ne voulons pas parler de hiérarchie sans en préciser les fondements théoriques, ni sans l'étayer par des arguments empiriques. Et c'est ce souci qui nous a amené à introduire un débat théorique sur la nature de la structure linguistique (Cf. le chapitre 3).

4.15. Sens et structure sémantique

La structure sémantique peut-elle, doit-elle permettre de rendre compte du sens tel qu'il est réalisé dans l'usage des langues?

Point n'est besoin de montrer que la réponse des linguistes à cette question n'est pas unanime. Ce qui mérite examen est l'évolution du concept de structure en linguistique, et les raisons qui ont fait que la structure — conçue au départ comme moyen de décrire et d'expliquer les faits linguistiques — a fini par être considérée comme indépendante de ceux-ci. Pour notre part, nous pensons que la conception formelle de la structure est l'une des causes de cette dérive.[68] En matière des recherches sémantiques, on doit — pensons-nous — mettre en évidence les limites et inadéquations de la structure formelle pour proposer une solution alternative.

4.16. Sens et contexte dans une perspective formelle

En général, dans l'optique structuraliste,[69] tout signe linguistique est conçu comme doté d'un signifié (ou signification abstraite) composé d'un nombre fini de traits sémantiques.[70] Le sens d'un énoncé résulterait de l'assemblage des sens individuels des unités qui le composent. Cet assemblage sémantique s'opérerait par l'accommodation des traits constitutifs de chaque signifié au contexte (ou à la situation). Ainsi, chaque signifié serait réalisé par différentes variantes sémantiques selon les circonstances de son emploi. Cependant, dans certains cas l'accommodation n'aboutirait pas, laissant en lice plus d'un trait sémantique virtuel pour le signe; ceci donnerait des énoncés ambigus.

Dans cette perspective, la procédure permettant de dégager, de l'ensemble des traits sémantiques que présente une unité, les traits pertinents (constitutifs du

---

68 Nous nous en sommes expliqué dans "Constance et variations", in *La Linguistique,* vol.16, fasc.1, 1980 (Cf. ici-même, chapitre 3) ainsi que dans "Linguistique et sociolinguistique", in *La linguistique,* vol.26, fasc.2, 1990.

69 Jusqu'à et y compris la grammaire générative transformationnelle.

70 Encore que d'aucuns conçoivent le signifié des monèmes — ou du moins de certains d'entre eux — comme une entité indivise. Ainsi Prieto (cf. *Principes de noologies, fondements de la théorie fonctionnelle du signifié,* La Haye: Mouton, 1968) et Martinet (où «passé composé» = «parfait»; cf. *Grammaire fonctionnelle ...*).

signifié) devrait exclure les variations imputables au contexte (ou à la situation) : le signifié d'une unité consisterait en l'ensemble des traits qui restent constants à travers la variété des contextes.

Les analyses données ci-dessus (portant entre autres sur *aller*, *commerce* et *enfant*) illustrent bien cette démarche.

4.17. Des failles de la sémantiques formelle

Une telle conception du sens et des mécanismes sémantiques est — comme le montrent les limitations des descriptions qui en procèdent — inadéquate en raison de sa simplification excessive des aspects multiples et complexes que présentent les faits de signification. Ces limitations peuvent être ramenées à quelques positions théoriques comme finitude, pertinence, hiérarchie et limites de la signification linguistique. Considérons-les plus en détail.

4.18. Finitude

On constate que les traits sémantiques liés à un signe sont nombreux, trop nombreux pour qu'une étude exhaustive soit matériellement possible. On postule qu'un nombre fini de ces traits sont pertinents, et permettent de rendre compte de la partie linguistique de la signification. Or, un examen poussé du concept de finitude — surtout à travers les applications — soulève des problèmes touchant aux conditions d'une description adéquate. Comment une description peut-elle rendre compte de la signification linguistique? Dans une perspective formelle, toute description est censée — ne l'oublions pas — réduire l'infinité des traits sémantiques à un nombre fini de traits pertinents. Or, souvent, le processus sémantique n'est pas explicitement présenté, et quand il l'est, les principes sur lesquels il repose — concernant les liens entre signifié abstrait et la variante qui le réalise ainsi que les conditions de la réalisation d'une variante — n'ont pas de justification indépendante, et semblent avoir été forgés pour les besoins de la cause.

4.19. Que veut dire pertinence?

La difficulté majeure vient ici de l'ambiguïté du terme de *pertinence*. D'une part, il renvoie aux *phénomènes* qui jouent un rôle dans la communication linguistique. D'autre part, il désigne celles des *caractéristiques* qu'on obtient par l'application d'une technique descriptive, la commutation par exemple. Or, ces deux ordres de faits ne se recouvrent pas nécessairement. Témoin, les résultats décevants des analyses sémantiques fondées sur les techniques descriptives élaborées pour la phonologie. Force est de constater que pareils résultats n'ont qu'un vague lien avec le comportement et l'intuition du sujet parlant.

4.20. Absence de hiérarchie

Étant donné que tout sens concret est l'aboutissement d'une accommodation entre des sens virtuels, l'une des questions auxquelles doit répondre une description est : *quelles sont les causes et quels sont les effets dans pareille accomodation* ? Or, dans la conception classique, le système signifié se composerait de l'ensemble des éléments sémantiques pertinents, sans différentiation, sans distinction de degrés de pertinence. Il s'ensuit que, quand deux éléments sémantiques entrent en contact, chacun aurait en théorie autant de chances d'être source que d'être cible de l'influence contextuelle. Les faits de l'expérience montrent qu'il n'en est rien. Ainsi, l'ambiguïté revoie souvent à des cas où les significations concurrentes sont loin d'être équiprobables.

4.21. Limites de la signification linguistique

La quête du signifié linguistique est fondée sur l'hypothèse que tout signe linguistique possède un ensemble de traits qui lui appartiennent en propre, sont indépendants des apports du contexte. Or, l'application conséquente des procédures proposées n'est pas concluante; elle ne permet pas de retenir un trait qui soit invariable à travers toutes les occurrences d'une même unité.[71] Au reste, les applications qui sont à première vue convaincantes, le sont en raison d'une approximation qui n'est pas explicitée ni justifiée, et, comme corollaire, souffrent souvent exceptions et restrictions.

Les mêmes constats s'imposent pour l'apport sémantique de la situation. La façon dont est présenté le problème porte à croire que le sens réalisé est — comme dans le cas du contexte — tributaire de la présence physique de certains éléments (en l'occurrence, extralinguistiques). On peut certes définir la situation comme l'ensemble des événements qui précèdent et suivent l'acte de parole.[72] Mais cela pose un problème : est-ce bien de la présence physique de ces événements qu'il s'agit? Dans l'affirmative, la thèse de pertinence de la situation soulève de sérieuses réserves. Soit le fameux exemple de Jack et Jill; la seule présence de la pomme ne suffirait pas pour faire saisir à Jack l'intention de Jill. Si pour une raison ou une autre — cécité, ou le fait qu'il a le dos tourné à l'arbre,... — Jack n'était pas conscient de l'existence du

---

[71] Qu'y a-t-il de commun entre les différents sens de *père* dans *le père de Jacques*, *le père de famille*, *le père de ce pur-sang*, *l'héritage de nos pères*, *le père de la tragédie*, *le père spirituel*, *les pères nobles*, etc.?

[72] Ainsi que le fait Bloomfield, cf. *Le langage*, ..., p.132 ("Nous avons défini la *signification* d'une forme linguistique comme la situation dans laquelle le locuteur l'énonce et la réponse qu'elle provoque de la part de l'auditeur") et p.73 ("...nous avons vu que l'acte de parler comprenait trois événements successifs: A, la situation du locuteur; B, l'émission du locuteur d'un son du langage et le choc produit par ce son sur les tympans de l'auditeur; C, la réponse du locuteur. De ces trois types d'événements, A et C comprennent toutes les situations qui peuvent pousser une personne à parler et toutes les actions que peut accomplir un locuteur en réponse; en somme, A et C constituent le monde dans lequel nous vivons.").

pommier ou du fruit dans la proximité, il pourrait manquer de comprendre ce qu'est l'objet du désir de Jill.

Bloomfield — comme ceux qui le suivent en la matière — emprunte un formidable raccourci en établissant une équivalence entre la situation et la connaissance de la situation. Or, ce qui est pertinent pour la réussite de l'acte de parole, c'est non la chose physique, mais bien sa *connaissance* quel que soit le moyen — contexte linguistique ou situation extralinguistique — par lequel elle est obtenue. Ainsi, la présence même de la pomme ne constitue une situation pertinente que dans des conditions culturelles précises (qui lui confèrent un degré élevé de «désirabilité» et de «cueillabilité», la pomme étant un fruit, comestible, sucré, désaltérant...)

5. EN FAIT :

LE CONTEXTE EN SÉMANTIQUE

5.1. Apport sémantique du mot et du contexte phrastique

Cette analyse critique du concept de contexte pourrait paraître longue. La seule excuse que nous ayons est qu'elle est nécessaire, car une délimitation adéquate de la part linguistique de la signification implique que soient neutralisés les préjugés courants en la matière.

Dans ce qui suit, nous tenterons de caractériser aussi explicitement que possible le concept de contexte et d'en déterminer le rôle dans la communication. Cette démarche vise à mettre en évidence les aspects multiples du contexte, son interaction avec d'autres facteurs et le poids respectif de chaque facteur dans l'établissement de la signification. Il sera ainsi possible de procéder à une vérification empirique des propositions qui suivent.[73] Nous évoquerons — dans la limite des données disponibles — les arguments empiriques qui tendent à conforter ces propositions.

5.2. Le mot isolé

La thèse "sens produit du contexte" a été examiné ci-dessus — §4.1. et suivants — d'un point de vue théorique. On peut la soumettre aussi à une appréciation empirique. Les questions posées seront : que connaît l'usager du sens des unités? Cette connaissance révèle-t-elle des variations? Une structure se laisse-t-elle dégager malgré d'éventuelles variations? Rappelons deux pré-requis de cet examen empirique:[74] 1° les données empiriques évoquées ne sauraient être considérées comme arguments qu'à condition de reconnaître une certaine valeur à l'intuition et au comportement du sujet parlant. Cette exigence trouve sa justification dans la quête d'objectivité, car si l'on s'y refuse, la validité des faits observés reste tributaire du jugement du seul descripteur; ce qui réduit considérablement l'objectivité tant réclamée de la recherche linguistique; 2° l'examen empirique doit être mené de façon à ne pas exclure une structure qui soit autre que formelle.

---

[73] Ces propositions sont récapitulées sous forme de postulats au §5.29.
[74] Nous en avons longuement discuté ici-même, cf. chapitre 3.

5.3. Le mot a du sens[75]

Dans des enquêtes, des mots isolés ont été soumis à des informateurs à qui l'on a demandé d'en formuler les sens. On a observé dans une première enquête que 100% des 42 personnes interrogées ont donné pour le mot *chien,* le sens «animal», 69% le sens «personne méprisable», et qu'apparaissaient d'autres sens avec des taux inférieurs : «partie de l'arme à feu», «charme», «frange», «ornement de meuble».[76]

Pour le même mot, des résultats analogues ont été obtenus dans une autre enquête : 92% des réponses mentionnent «animal» et 47% «personne méprisable». Au total, les 211 réponses obtenues se répartissent sur 8 sens.[77]

D'une enquête sur le mot *histoire,* on a obtenu 267 réponses, dont seules 3 relevaient de la classe résiduelle, les 264 autres se répartissant sur 7 sens, à savoir: «conte» (69), «chronique des événements passés» (46), «science des faits passés» (39), «livre d'histoire» (37), «anecdote, récit, aventure» (30), «mensonges» (26), «caprices, ennuis» (20).[78]

De ces observations, nous croyons devoir conclure que 1° les mots véhiculent du sens en dehors de tout contexte ou de toute situation (cf. § 4.10.) et 2° la structure sémantique comporte une part d'aléatoire (cf. infra § 3.9, 4.10.).

De nombreuses autres données réunies par des chercheurs d'horizons divers conduiraient aux mêmes conclusions.[79]

---

[75] *Mot* est employé jusqu'ici comme terme général, désignant un segment, une unité. Dès maintenant, nous le définirons comme monème ou groupe de monèmes impliquant un choix; cf. de même Jan W. F. MULDER, Postulats de la linguistique fonctionnelle axiomatique, in *La Linguistique,* vol.13, fasc.1, 1977, pp.28-29 ("Déf. 8^b1 — «Mot ou grammatème»: «Faisceau autonome (par définition: simultané) d'un ou plusieurs monèmes en tant que ses constituants immédiats (et, à la même fois, ultimes).» Définitions alternatives: «entité syntagmatique minimum dans la grammaire», «entité syntaxique minimum». (...) "Déf. 8^b3 — «Monème»: «Entité morphologique minimum.» Par implication,donc, «Entité grammaticale minimum». Les monèmes sont les analogues grammaticaux des «traits distinctifs»").

[76] Pascal SINGY, Enquêtes sémantiques ..., p.31.

[77] Yvan CRUCHAUD, Signifié et contexte, essai d'étude empirique, *Bulletin de l'Institut de Linguistique et des Sciences du Langage de l'Université de Lausanne, Bil,* n°13, 1993, §2.3.2, sous *chien.*

[78] Yvan CRUCHAUD & Pierrette VUILLE, Variabilité, hiérarchie et approximation dans les mécanismes de la signification, *Bulllll,* n°12, 1992, p.21, sous *histoire.*

[79] Cf. William LABOV, The Boundaries of Words ...; cf. de même Eleanor ROSCH & Barbara B. LLOYD, *Cognition ...*

5.4. Les sens sont hiérarchisés

Par recours à diverses techniques d'enquête, des mots ont été soumis à l'enquête.[80] Les résultats font montre de différences, certes; néanmoins certaines régularités apparaissent telles que hiérarchie de rang: quelle que soit la technique utilisée, on constate que — pour un mot donné — le même sens figure en haut de la hiérarchie dans la quasi totalité des cas.[81] Ainsi:

Monème	Sens le plus haut placé
rond	«circulaire ou sphérique»
histoire	«conte»
guide	«personne menant un groupe»
mou	«qui cède au toucher»
assiéger	«assaillir une ville»

Tableau 2
Sens premier de quelques monèmes

Le même constat s'impose à partir des données évoquées ci-dessus (§ 5.3.) concernant le mot *chien*. Les deux enquêtes sont très différentes: elles sont conçues pour vérifier des hypothèses distinctes, réalisées à cinq ans d'intervalle par des enquêteurs différents avec des informateurs qui — tout en ayant des origines socio-géographiques comparables — ne sont pas les mêmes. Leurs résultats montrent cependant des similitudes frappantes. Qu'on compare les sens obtenus, présentés ci-dessous selon la hiérarchie de rang:

Enquête Singy & Oberlé	Enquête Cruchaud
a—«animal»	a—«animal»
b—«personne méprisable»	b—«personne méprisable»
c—«pièce d'arme à feu»	c—«pièce d'arme à feu»
d—«charme»	d—«charme»
e—«frange»	e—«cheval»
f—«ornement de meuble»	f—«constellation»
	g—«talon des cartes au tarot»

Tableau 3
Similitudes entre deux enquêtes distinctes

On constate qu'en haut de la hiérarchie — en l'occurrence, les quatre premières positions — apparaissent les mêmes éléments de part et d'autre, et que les résultats divergent à partir de la cinquième position.

---

[80] Selon que l'on fait passer l'informateur du sens à la forme ou de la forme au sens, avec ou sans directivité, le sens étant tantôt paraphrasé, tantôt représenté par référent ou succédané de référent.

[81] A une exception près: pour le mot *guide,* on obtient le sens «personne» dans 14 réponses et le sens «livre» dans 15. Cf. CRUCHAUD & VUILLE, "Variabilité, hiérarchie ...", pp.21-26.

Ceci revient à dire que la signification des mots est à la fois variable et hiérarchisée, et que les divers paliers de la hiérarchie se distinguent en ce qu'ils sont plus constants — en haut de l'échelle — ou plus variables — en bas. Autrement dit, le contenu sémantique des mots est plus ou moins rigoureusement structuré: il a une structure relative.

5.5. Invariants sémantiques?

Peut-on dégager de l'ensemble des traits sémantiques réalisés, un ou plusieurs traits constants? Les recherches empiriques que nous avons menées nous conduisent à répondre par la négative. Considérons le taux des réponses obtenues pour les sens premiers des cinq mots étudiés par Cruchaud et Vuille:[82]

Monèmes	Sens premiers	Taux de réponses
histoire	«conte»	69%
rond	«circulaire ou sphérique»	98%
guide	«personne menant un groupe»	91%
mou	«qui cède au toucher»	88%
assiéger	«assaillir une ville»	68%

Tableau 4
Taux de réponse des sens premiers

Dans aucun de ces cas, on ne relève d'éléments sémantiques qui restent rigoureusement constants, c'est-à-dire des éléments qui apparaissent dans 100% des réactions intuitives collectées. Le même constat s'impose à l'examen de l'enquête de Cruchaud. Et on peut multiplier les exemples à souhait.

C'est en cela que se révèlent irréalisables nombre de projets en sémantique — tant structurale que post-structurale:[83] ceux-ci sont fondés sur la présomption que dans l'infinité des variantes réalisées, on trouve un ou un ensemble de traits sémantiques constants qui constituent le signifié saussurien. Présomption qu'aucun argument empirique ne vient étayer.

---

[82] Cf. CRUCHAUD & VUILLE, "Variabilité, hiérarchie ...", pp.21-26.
[83] On en citera quelques-uns dans l'ordre chronologique: R. Jakobson, L. Hjelmslev, L. Prieto, N. Chomsky, Ch. Fillmore, A. Martinet.

5.6. Y a-t-il un lien organique entre les sens d'un mot?

Souvent l'invariant sémantique — le signifié — consiste en un construit homogène, un élément abstrait dont est censée dériver toute la gamme des variantes sémantiques.[84]

Considérons — en reprenant les données obtenues par enquête — quelques unes des réalisations sémantiques d'un mot, par exemple *histoire*: «conte», «science des événements passés» et «mensonges». La question que nous posons ici est de savoir quel lien le sujet parlant établit entre ces sens. Y en aurait-il un parmi eux, doté d'une priorité logique ou chronologique dont seraient issus les autres? Si oui lequel? Pourrait-on construire un signifié abstrait dont dériveraient les sens observés? La pratique courante en sémantique n'apporte pas de solution à ces problèmes. Et *histoire* n'est pas un cas unique; il en va de même pour des mots comme *rond* («circulaire», «ivre», «entier»), *guide* («personne menant un groupe», «brochure»), *mou* («qui cède au toucher», «sans énergie») et *assiéger* («assaillir qqc.», «harceler qqn.»), qui ont aussi fait l'objet d'une analyse précise dans nos enquêtes.

Nous estimons que les signifiés abstraits ne sont pas des constructions adéquates en sémantiques pas plus que les dissertations ingénieuses qui les accompagnent ne sont convaincantes. Elles n'apportent aucune réponse à des questions fondamentales comme celles-ci: par quel cheminement l'abstraction est-elle obtenue? Comment procède le sujet parlant pour passer de la notion abstraite à la variante sémantique réalisée? Pourquoi une autre solution — un autre signifié abstrait, par exemple — ne conviendrait-elle pas?

Dans certains cas, le lien organique postulé entre les sens semble provenir du credo que le signe linguistique a nécessairement un signifié constant, d'une abstraction telle qu'il n'est pas directement observable, et qu'on doit le construire. Pareilles constructions sont, au mieux, des hypothèses dans l'attente d'arguments empiriques. Ailleurs, la thèse de lien organique est — implicitement ou explicitement — admise indépendamment de la thèse de l'invariabilité du signifié, voire par opposition à celle-ci.

Les évidences empiriques mènent à la conclusion que la signification que véhicule un mot peut consister en un ensemble disjoint de sens. En d'autres mots, si par le *signifié* d'un mot, on entend la classe abstraite de ses sens,

---

84 Comme est présentée la structure sémantique des cas russes par Jakobson (cf. Roman JAKOBSON, "Beitrag zur allgemeinen Kasuslehre. Gesamtbedeutung der russischen Kasus" in *Travaux du Cercle linguistique de Prague*, 6, pp.240-288) ou la description sémantique de l'article défini ou du passé composé par Martinet (cf. André, MARTINET, *Grammaire fonctionnelle du français*, Paris: Hatier, 1979).

ceux-ci peuvent ne pas être unis par un lien de parenté substantielle (ou lien organique).[85]

5.7. Liste ouverte des traits sémantiques

Les traits sémantiques dont est formée la signification d'un mot sont-ils en nombre fini?

Si l'on se fonde sur les données empiriques réunies par enquêtes, on doit apporter à cette interrogation une réponse négative. On constate d'une part que les réactions sémantiques des sujets comportent variations et disparités, et d'autre part que ces variations et disparités se retrouvent, en dépit de l'affinement des techniques d'enquête, voire à cause d'elles. En effet, plus on affine le mode de questionnement, plus les réactions des informateurs sont variées; du moins en ce qui concerne le bas de la hiérarchies des traits sémantiques.

Voici un exemple: malgré des publics semblables et des techniques similaires, on remarque, si l'on se réfère à nouveau au Tableau 3 ci-dessus (§ 5.4), une instabilité des réactions au bas des hiérarchies obtenues; des disparités apparaissent lorsqu'on fait varier les types de questionnement. Or, le haut de la hiérarchie n'en subit quasiment aucun effet (le sens premier demeure quel que soit le degré de finesse du questionnaire).[86]

La conclusion que nous croyons devoir en tirer est que la structure sémantique étant relative — comme nous l'avons vu au § 5.3 — la limite entre la signification appartenant à la structure linguistique et celle qui lui est extérieure reste floue; et on ne peut trancher à moins d'avoir recours à une certaine approximation. Ainsi, il n'y a pas de solution absolue au problème de savoir si un trait sémantique donné est pertinent (par exemple le sens «cheval» pour *chien* tel qu'il apparaît dans le Tableau 3). Il y en a une si l'on adopte un degré d'approximation où arrêter l'analyse. La description obtenue aura alors une limite, et l'appartenance d'un trait à la signification linguistique pourra être déterminée.

Ainsi, suivant que l'on adopte l'une ou l'autre approximation (par exemple celle retenue pour l'enquête Singy & Oberlé ou bien celle retenue par Cruchaud dans le cadre de recherches ayant des buts généraux différents), le trait précité fait ou non partie de l'ensemble des sens qui forment le signifié de *chien*.

---

[85] Parfois il y a eu une parenté substantielle aujourd'hui disparue, parfois l'évolution phonologique a abouti à la confusion de formes qui avaient historiquement des sens distincts et sans parenté substantielle aucune.

[86] Cf. CRUCHAUD, Signifié et contexte... , §2.3.2.

Rappelons encore que l'attente d'arriver à un nombre fini de traits de sens découle de la conception formelle de la structure sémantique. L'une des conséquences de l'abandon de la structure formelle est que toute structure linguistique est à concevoir comme ouverte sur les structures connexes. A telle enseigne que, dans les zones limitrophes, un élément peut appartenir autant à la langue qu'à la culture, par exemple.

5.8. Liste ouverte et gradation structurale

D'autres conséquences découlent du constat que les traits sémantiques forment un ensemble ouvert et hiérarchisé:

Premièrement, on peut comprendre et expliquer la disparité dont font montre les jugements intuitifs suivant les modifications des techniques d'enquêtes. Que le sujet perçoive différemment le même objet selon le point de vue où il se place n'a rien d'étonnant. Rien d'étonnant non plus à ce que les variations de jugement ne soient pas d'une égale ampleur dans toutes les strates de la structure sémantique. Si l'on se réfère à la place qu'occupent les sens différents dans leurs hiérarchies respectives, on comprend que certains jugements — sur le sens des mêmes éléments , mais obtenus par deux enquêtes distinctes — soient similaires alors que d'autres sont sensiblement différents.

Une autre conséquence de ce constat est la vacuité — pour ne pas dire la vanité — des interminables débats sur la composition sémantique d'une signification. En effet, le débat est sans fin si le descripteur ne prend pas en compte la gradation structurale, ou si l'on préfère les degrés variables d'appartenance des composantes sémantiques à un signifié.

5.9. Hors contexte et situation?

Certes, les conditions d'enquête constituent une situation, comme les questions forment un contexte. Peut-on néanmoins considérer que les réponses des sujets interrogés ne sont pas déformées du fait de ces conditions? Les sens réalisés sont-ils vraiment hors contexte et hors situation? S'il est abusif d'affirmer que les réactions sémantiques ne sont pas influencées par les conditions d'enquête, il serait au moins aussi exagéré d'attribuer toutes les intuitions sémantiques à ces conditions.

En quoi les informations contenues dans le dispositif d'enquête peuvent être pertinentes pour l'attribution de significations aux mots? Il est peu probable que le fait d'interroger un locuteur insuffle du sens à un mot, et — qui plus est — aboutisse à une gamme de sens comparable chez tous les sujets interrogés.

Les conditions d'enquête peuvent favoriser ou inhiber certains sens. Mais cela implique que le mot soit chargé de virtualités sémantiques, et que ces sens virtuels soient hiérarchisés. L'influence des conditions d'enquête se ramène alors à une éventuelle modification de l'ordre hiérarchique des sens (notamment les sens secondaires). Le recours à des techniques complémentaires dans l'enquête permet de mettre en évidence ce genre de réorganisation. De ce point de vue, la seule influence empiriquement attestée et dûment contrôlée est la tendance du sujet parlant à amplifier les aspects valorisants de son comportement linguistique et à escamoter les caractéristiques socialement stigmatisées.[87]

Les résultats de l'étude Cruchaud & Vuille montrent que les changements de hiérarchie touchent essentiellement le bas de l'échelle, partie qui comporte des éléments instables; en ce sens qu'une variante bas placée dans la hiérarchie sémantique est non seulement moins facilement accessible (on n'y accède que par recours à certains modes de questionnement, à la différence des variantes centrales qui sont accessibles quel que soit le mode d'accès), mais elle est également plus sensible aux éléments extérieurs (sa position sur l'échelle hiérarchique varie beaucoup d'une technique à l'autre, ce qui n'est pas le cas pour une variante haut placée, qui est donc aussi plus stable).

De même, une enquête sémantique de Labov a montré que le nom attribué à un récipient malaisément définissable (qui tiendrait à la fois du bol et de la tasse) peut dépendre d'éléments extérieurs, par exemple de ce qu'il contient: si le contenu est du riz, les chances de *bol* croissent; si c'est du café, l'appellation *tasse* est plus probable.[88]

A l'extrême limite, on peut préparer l'enquête de façon à suggérer pour un mot un sens qu'il n'a pas, mais qui pourrait paraître vraisemblable. Ainsi, dans l'une des enquêtes précitées, les sens suivants ont été proposés: pour *assiéger*: «huer, siffler qqn», et pour *rond*: «conciliant».

Ces sens "inventés" n'ont jamais été mentionnés spontanément par les informateurs, et n'ont été acceptés — dans les questions directives — respectivement qu'à trois et quatre reprises (sur les soixante occurrences possibles, on obtient donc le taux de 5% et 7%, alors que le sens le plus faiblement accepté en dehors du sens "inventé" fait l'objet d'un taux d'acceptation bien supérieur. En effet, pour *assiéger*, «harceler» apparaît dans 17% des réponses aux questions directives, et pour *rond*, «entier» figure dans 37% de ces réponses.)[89]

On remarquera que cela se passe à la suite d'une série de questions directives où un champ sémantique se dessine avec lequel le sens "inventé" semble entretenir un lien ne serait-ce que ténu. En outre, l'acceptation du sens

---

[87] Cela vaut aussi bien pour le domaine des unités phoniques. Voir l'hypercorrection dans la petite bourgeoisie new yorkaise telle qu'étudiée par Labov (cf. William LABOV, *Sociolinguistique*, en particulier le chapitre 5).

[88] Cf. William LABOV, The Boundaries of Words …, §4, pp.357 ss.

[89] Cf. CRUCHAUD & VUILLE, "Variabilité, hiérarchie …", pp.23 et 26.

"inventé" se limite à un taux faible, et révèle une instabilité considérable comparé aux sens communément admis.

D'autre part, on notera que les variantes "inventées" présentaient certaines similitudes avec certaines des variantes attestées (on peut en effet rapprocher «conciliant» de «qui agit avec simplicité» donné par le *Petit Robert*, et relever le trait d'«agressivité» commune à «huer» et à «harceler»); cette vraisemblance des inventions explique pourquoi la directivité d'une partie des questions a pu jouer un certain rôle. Des variantes résolument étrangères aux champs sémantiques virtuels du signifié des unités examinées auraient probablement été rejetées encore plus nettement. En somme, si par certaines techniques d'enquête on peut faire admettre un sens "inventé" pour un mot, c'est à un taux d'acceptation très faible, et à la condition que le sens "inventé" se situe dans une relation tangible avec les autres sens du mot.

Tout ceci revient à dire que les conditions d'enquête constituent une situation susceptible d'influencer les réactions des informateurs, mais que cette influence s'exerce de façon inégale selon les techniques utilisées et selon les strates de la hiérarchie structurale.

5.10. Sens du mot et sens du monème

Pourquoi a-t-on cru que le sens était un produit du contexte? La thèse "sens produit du contexte" n'a pas toujours été l'aboutissement d'un seul et même cheminement théorique.[90]

Pour la plupart des structuralistes des deux côtés de l'Atlantique, la phonologie présentait le type même de structure linguistique. Chaque fois qu'on voulait appliquer les méthodes structurales à un quelconque domaine de la linguistique, on se référait à la phonologie comme source d'inspiration, et on cherchait dans le domaine à l'étude des éléments qui soient — de par leur comportement — les pendants des phonèmes: aussi minima que les phonèmes, aussi constants dans leurs occurrences, aussi interdépendants entre eux, aussi limités en nombre. Ainsi, depuis ses fondations, l'étude des unités significatives a porté une attention particulière aux unités minima, les monèmes ou morphème, et parmi ceux-ci, aux monèmes grammaticaux qui par leur nombre restreint et leur degré d'interdépendance — relativement haut en comparaison des lexicaux — s'approchaient des phonèmes. De plus, on les considérait comme les objets prioritaires, si non les seuls objets dignes

---

[90] Dans le cadre de la glossématique, elle résulte de la position formaliste: pour atteindre les catégories générales du langage, abstraction est faite de la substance; signifiant et signifié sont ainsi réduits à des éléments de pure forme, et détachés de leurs réalisations (phoniques et sémantiques, respectivement). Etant donné que cette position n'est guère actuelle, nous ne croyons pas utile de la soumettre à examen.

de l'étude.[91] Or, l'étude sémantique des monèmes grammaticaux rencontre des difficultés particulières. Par exemple, comment circonscrire le sens de l'imparfait sur la foi des réactions, intuitives ou comportementales, du sujet parlant? Comment faire saisir à l'informateur que le segment /i/ dont on cherche à connaître le sens est l'«imparfait» et non le «subjonctif», ni *y* amalgame de la préposition avec le pronom, ni non plus *i'* le pronom (3ème personne du singulier ou du pluriel)?

Si l'on voit la nécessité du contexte pour cerner le sens du monème /i/, il convient de noter que les indications contextuelles ne sont pas également nécessaires pour tous les types de monèmes. Ainsi, *histoire* soumis isolément au jugement des informateurs est reconnu comme nom, de même que *rond* est caractérisé comme adjectif et comme substantif («sou»).[92]

On remarquera par ailleurs que le contexte fournit uniquement des indications quant à l'identité syntaxique du monème /i/; ce qui est distinct de l'apport proprement sémantique du contexte. La clarification du rôle du contexte implique que l'on précise les différents niveaux où se situe sa contribution.[93]

5.11. Aléatoire et formel

Certes, les sens obtenus par ces moyens descriptifs ne répondent pas aux exigences d'une structure formelle; il n'en découle pas pour autant que les données réunies sont nulles et non avenues. Une conclusion possible — que nous faisons nôtre — est que la signification ressortit à une organisation autre que la structure formelle, et qu'elle ne peut être réduite à un nombre fini d'éléments discrets régis par des règles absolues.

D'ailleurs, l'adéquation de lastructure formelle dans d'autres domaines de la linguistiques apparaît aujourd'hui plus que problématique, y compris en phonologie[94] qui a pendant des décennies été considérée comme l'exemple typique de la structure et où on espérait trouver des concepts et des procédures rendant possible une analyse structurale du sens.[95]

---

91 Hall en offre un exemple extrême: son étude consiste à inventorier les éléments grammaticaux et à énumérer leurs variations formelles (cf. Robert A. HALL, *French Morphology, Structural Sketch, n°1:* Baltimore: Language Monographs, n°24, 1948).

92 Cf. CRUCHAUD & VUILLE, "Variabilité, hiérarchie ...", pp.21 et 23.

93 Pour une discussion, voir Mortéza MAHMOUDIAN, *Modern Theories of Language: The Empirical Challenge,* Duke University Press, Durham, 1993, chapitres VII et VIII (notamment VII.3. et VIII.10.).

94 Cf. William LABOV, *Sociolinguistique,* ainsi que Marianne SCHOCH & Nina DE SPENGLER, Structure rigoureuse et structure lâche en phonologie, *La Linguistique,* n°16, fasc.1, 1980 (pp.105-117).

95 Cette quête de concepts et procédures est explicite chez Martinet (cf. Sémantique et axiologie, in *Revue roumaine de linguistique,* XX, 1975, pp.539-549, et L'axiologie, étude des valeurs signifiées, in *Estudios ofrecidos a Emilio Alarcos Llorach,* I, Oviedo, 1977, pp.157-163) et chez ceux qui le suivent. Cf Henriette WALTHER, Sémantique et axiologie:

La coexistence de l'aléatoire et du formel dans le cadre d'une description sémantique n'est pas nécessairement un vice; elle peut — et doit, croyons-nous — être sérieusement examinée en raison des perspectives qu'elle permet d'ouvrir, et aussi parce qu'elle amène à poser les problèmes de la sémantique d'une façon nouvelle. Elle a — entre autres — pour conséquence l'introduction de degrés dans la structure; ceci pourrait être prometteur si l'on pense que l'intercompréhension entre usagers d'une langue présente aussi des degrés. N'y aurait-il pas un rapport entre les deux échelles? Dans l'affirmative, ce serait un gain d'adéquation pour la description sémantique.

5.12. Le mot en énoncé

Considérons l'énoncé comme le contexte minimum où s'insère le mot, et où il entre en contact avec d'autres unités. On peut circonscrire les effets sémantiques du contexte si l'on connaît le comportement des mots isolés. Le problème est de savoir quelles significations influencent lesquelles, dans quelles conditions et dans quelle mesure. On peut présenter le problème sous la forme de 3 questions:

— les sens hors contexte permettent-ils de prévoir les sens en énoncé? (La réponse à cette question comporte en fait l'appréciation de la parcelle de sens qu'apporte l'unité à l'énoncé, on en traite aux § 5.13. et 5.14.);
— les sens des éléments du contexte permettent-ils de prévoir les sens de l'unité? (Il s'agit là de mesurer l'influence qu'exerce le contexte sur l'unité. Cf. § 5.15.);
— Les sens d'un monème conditionnent-ils en retour les sens des monèmes qui en forment le contexte? (C'est un autre aspect de l'apport sémantique de l'unité qui est en jeu ici, à savoir: comment par son sens, elle contribue aux réalisations sémantiques des unités environnantes. Voir § 5.16.).

5.13. Le sens de l'énoncé, prévisible par le sens hors contexte?

Les sens hors contexte d'un mot permettent-ils de prévoir le sens qui lui est attribuable dans un énoncé?

Si c'est le cas, il en découle que la signification la plus probable d'un énoncé provient de la combinaison des sens les plus probables des unités qui la composent. Soit les mots *rond* et *mou,* ayant chacun une hiérarchie de sens. On doit s'attendre à ce que le sens le plus haut placé dans la hiérarchie des sens attribués à l'énoncé *il était rond et mou* soit celui qui se compose des sens les plus haut placés dans la hiérarchie du signifié des deux constituants. Les résultats de l'enquête montrent que c'est bien le cas ici: en effet, les sens

---

une application pratique au lexique du français, *La linguistique,* 21, 1985, p.275-295 et Jorge MORAIS-BARBOSA, Les prolongements de la phonologie pragoise, *Actes du XVIII^è Colloque international de linguistique fonctionnelle,* Prague, Université Charles, 1992, p. 70-80.

premiers de *rond* et *mou* sont respectivement «circulaire» et «cède au toucher», et le sens premier de *il était rond et mou* «il était circulaire et cédait au toucher». Il est intéressant de noter que dans la hiérarchie des sens de cet énoncé, la deuxième place est occupée par le sens «il était potelé et apathique» où se réalise le deuxième sens et de *rond* et de *mou*.[96]

Sur la foi de ces données empiriques réunies, on peut donc affirmer que — dans une certaine mesure — la hiérarchie des sens hors contexte permet de prévoir dans quel ordre hiérarchique apparaissent les significations virtuelles de la phrase.[97]

5.14. Limites de la prévision

Le sens le plus probable de chaque énoncé ne procède pas toujours de la combinaison des sens les plus probables de ses constituants. Ce qu'on peut illustrer par les exemples suivants:

Soit l'énoncé: *le guide racontait des histoires.* De la hiérarchie des sens de ses composants, on pourrait croire que le sens le plus probable de cet énoncé serait «la personne menant le groupe racontait des contes». Or, l'enquête révèle que «la personne menant le groupe racontait des anecdotes» est le sens le mieux accepté de l'énoncé. Cela revient à dire que dans la construction du sens, le sujet ne se fonde pas uniquement sur ses connaissances sémantiques; il a également recours à d'autres types de savoirs (culture, croyances, etc.).

Il en va de même pour *le chien parle* ou *le livre marche*, pour lesquels le premier sens prévisible serait, d'après la signification des éléments constitutifs, respectivement «le mammifère domestique s'exprime» et «le volume imprimé avance à pied». Mais les enquêtes montrent que les sens les plus probables sont «l'animal domestique produit des sons interprétés comme porteurs d'une signification» et «l'imprimerie et ses produits fonctionnent, ont l'effet souhaité». On voit que la prévision du sens de l'énoncé à partir des sens hors contexte a des limites : en effet, si dans le cas des derniers exemples, la hiérarchie des sens de l'énoncé ne correspond pas à celle des sens de ses constituants, il arrive aussi — et c'est le cas pour l'énoncé *il était rond et mou* dans l'enquête citée — que certains des sens les plus probables de l'énoncé concordent avec les hiérarchies de ses constituants (en l'occurrence les deux premiers de chaque hiérarchie: cf. «de forme circulaire» et «cédant facilement au toucher» puis «corpulent» et «sans énergie»).[98]

---

[96] Cf. CRUCHAUD & VUILLE, "Variabilité, hiérarchie …", pp.23, 25, 56, 64, xix et xxi.

[97] Cf. CRUCHAUD & VUILLE, "Variabilité, hiérarchie …", pp.56 et 64.

[98] Alors que les sens suivants dans la hiérarchie de l'énoncé ne concorde pas forcément (cf. «ivre», de rang 4, et «sans énergie», de rang 2); cf. CRUCHAUD & VUILLE, "Variabilité, hiérarchie …", Chapitre III.

5.15. Influence du contexte sur l'unité

Le sens des éléments du contexte permet-il de prévoir le sens de l'unité?

Dans l'affirmative, la réalisation sémantique d'un monème doit se passer de la façon suivante. Soit un monème doté d'une hiérarchie de sens. Le contexte sélectionne[99] l'un et/ou l'autre des sens de l'unité selon ses propres compatibilités; ce qui a pour conséquence que, dans le sens le plus haut placé de l'énoncé, se réalise un des sens du mot qui n'occupe pas nécessairement le sommet de la hiérarchie des sens du mot. C'est le cas de *histoire* dans *le guide racontait des histoires*. Comme le montrent les résultats de l'enquête,[100] pour le mot *histoire* soumis isolément au jugement de l'informateur, on obtient des sens hiérarchisés comme suit:[101]

```
1) conte
…
4) anecdote
5) mensonge
…
```

Tableau 5
Hiérarchie des sens de *histoire* (mot isolé)

Or, la hiérarchie des sens de la phrase *le guide racontait des histoires* est telle qu'indiquée dans la table 6:

| 1) «l'homme racontait des anecdotes amusantes» |
| 2) «l'homme disait des mensonges» |
| 3) «l'homme racontait des contes et des fables» |
| 4) «la brochure racontait des anecdotes amusantes» |
| 5) «la brochure contenait des informations inexactes» |
| 6) «la brochure racontait des contes et des fables» |

Tableau 6
Hiérarchie des sens de *Le guide racontait des histoires*

On constate que les sens de *histoire* sont, dans le contexte sémantique de l'énoncé ré-ordonnés (ou re-hiérarchisés), ainsi:

---

[99]Nous discuterons ci-dessous – § 5.20. – de la notion de "sélection".

[100] Cf. CRUCHAUD & VUILLE, "Variabilité, hiérarchie …" pp.21, 56, 64, xix et xxi.

[101] Dans les tables 4, 5 et 6 ne sont indiquées que les données présentant un intérêt pour la présente discussion.

1) anecdote 2) mensonge 3) conte

Tableau 7
Hiérarchie des sens de *histoire* en énoncé

Ce qui permet de conclure[102] que le contexte responsable du glissement du sens de *histoire* est le contenu sémantique de *guide* qui a pour sens premier «personne menant un groupe».

5.16. Influence de l'unité sur le contexte

Le sens d'un monème conditionne-t-il en retour le sens des monèmes qui l'entourent?

Restons encore un instant avec le même exemple. Les contraintes matérielles qui pesaient sur la réalisation de l'enquête nous ont conduit à restreindre sérieusement les contextes. De ce fait, le contexte contrôlé se ramène à un seul élément lexical. Dès lors, tous les faits empiriques données aux paragraphes 5.13. et 5.14. peuvent être considérés comme autant de témoignages de l'influence de l'unité sur le contexte. En effet, autant *guide* constitue un contexte pour *histoire,* autant *histoire* forme un contexte pour *guide*. C'est dire que si *guide* conditionne la réalisation sémantique de *histoire*, il en subit aussi l'influence dans sa réalisation sémantique.

Si nous ne disposons pas de données expérimentales pour illustrer l'influence de l'unité sur des contextes plus larges, ni l'influence qu'exercent ceux-ci sur l'unité, nous pouvons citer des exemples non soumis à un contrôle empirique, qui illustrent clairement les points développés jusqu'ici.

Prenons le contexte suivant:

> *L'homme est debout devant la [...] couchée. C'est la première [...]. Ah! le premier [...], ah! la première [...], ah! les gestes tâtonnants vers le [...] inconnu, merveilleux, prometteur de jouissances infinies! Ah! la fascination d'une [...] vierge!*[103]

L'interdépendance des termes prenant place dans ces lacunes est évidente dans ces quelques lignes et illustre l'interdépendance d'une unité et de son contexte; en outre, le choix du premier de ces termes influera de manière sensible sur le taux de probabilité des autres unités possibles dans les lacunes restantes. Le choix de *bête*, de *page* ou de *femme* pour la première case vide

---

102 Avec une approximation raisonnable dans l'élaboration du questionnaire, on a essayé d'éviter l'influence d'autres facteurs comme «sg»/«pl».
103 Etienne BARILER, "Exercice lacunaire", in *Archipel*, n°5, Lausanne, mai 1992. Le texte intégral, ainsi que la solution proposée par l'auteur sont donnés en annexe du livre.

aura en effet des conséquences sémantiques nettes pour le reste des éléments du contexte.

Par ailleurs, Cruchaud a remarqué dans son enquête — portant elle aussi sur des énoncés à deux termes — la propension des informateurs à faire entrer les traits centraux d'un signifié dans plusieurs combinaisons sémantiques différentes. On donnera l'exemple suivant: pour l'énoncé *le chien parle*, le sens premier de *parle* est combiné avec plusieurs sens différents de *chien* (quatre sens différents). De manière moins attendue, on constate que si l'on range les différents sens d'un monème — *parle* , en l'occurrence — selon le nombre des combinaisons qui leur sont reconnues avec les sens des autres monèmes, les sens les plus haut placés sont ceux qui occupent le haut de la hiérarchie des sens attribés au monème *parle,* isolé. [104] Tout se passe comme si le sujet ayant choisi une variante sémantique, tente de la combiner avec toutes les potentialités contextuelles qui sont, peu ou prou compatibles avec elle. Ainsi, on aperçoit ici comment le sens d'un monème peut conditionner en retour le sens des monèmes qui l'entourent.

5.17. Procédure descriptive

A ce point de l'exposé, nous croyons devoir expliciter la procédure que nous avons appliquée dans la description développée aux paragraphes 5.13. à 5.16.

Partant du principe que toute réalisation sémantique est la résultante de l'interaction entre diverses significations, nous avons analysé la signification d'unités lexicales en un ensemble de sens, et hiérarchisé cet ensemble, *i.e.* attribué à chaque sens un rang dans la hiérarchie. Nous avons ensuite combiné ces unités et soumis à une analyse analogue les sens des énoncés. Sur la foi des données empiriques ainsi obtenues, nous avons essayé d'envisager l'interaction dont pourrait résulter pareils sens pour l'énoncé. C'est là le type même de l'explication des variations sémantiques par recours au contexte. L'analogie avec les variations phonologiques est révélatrice et frappante: les unités dont est constitué le contexte sont *caractérisées*, et leurs actions réciproques *décrites* et *contrôlées*. Ce n'est qu'à cette condition que le transfert des concepts et méthodes de la phonologie en sémantique peut être fructueux.

La description telle qu'elle est présentée ici renferme quelques approximations; il en est ainsi du contexte de *guide* dans *le guide racontait des histoires*, qui a été réduit à la seule unité *histoire*. Or, dans cet énoncé, d'autres éléments le côtoient — tels que le verbe *raconter*, des grammaticaux «défini», «indéfini», «singulier», «pluriel», «temps», «aspect» — qui pourraient en influencer la réalisation sémantique (par exemple, le comportement sémantique de *histoire* n'est pas le même au contact du

---

104 Cet exemple n'est d'ailleurs pas isolé, cf. Yvan CRUCHAUD, "Signifié et contexte... ", §3.2 et 3.3.

«singulier» ou du «pluriel»). Ces influence potentielles, nous avons essayé de les apprécier dans une pré-enquête, et d'en tenir compte lors de l'interprétation des résultats.[105]

5.18. Structure et processus sémantiques

Des données expérimentales présentées ci-dessus — § 5.1.—5.17. — on se gardera par dessus tout de conclure que la sémantique est le domaine du chaos ou de la circularité, et qu'aucune règle d'une certaine généralité ne régit les faits de signification. Pour assembler les pièces du puzzle, nous esquisserons dans ce qui suit le contour général de la structure sémantique et du processus par lequel le sujet récepteur peut reconstituer le sens *hic et nunc* en partant de la signification linguistique abstraite. Nous soutenons que — étant donné la multiplicité et l'hétérogénéité sémantiques des signes ou séquences de signes — l'appariage et la réalisation des sens font appel à deux autres types de savoirs: connaissances culturelles et connaissance des circonstances de l'acte de parole.

5.19. Circularité du processus sémantique?

Commençons par examiner une objection possible à la conception du processus sémantique esquissé ci-dessus. Si le sens de l'unité est conditionnée par le sens du contexte et à la fois conditionne celui-ci, le processus n'est-il pas circulaire? En effet, pour reconstituer le sens de l'unité on doit tenir compte du contexte sémantique; or, pour saisir le contexte, on doit se référer aux unités qui le composent. Le sujet parlant — en l'occurrence, le récepteur — n'est-il pas enfermé dans un cercle? Si oui, on doit en arguer l'invalidité du processus proposé comme lien entre une signification abstraite et sa réalisation concrète.

L'objection serait valable si les termes de ce conditionnement réciproque étaient des entités simples (ou du moins des ensembles homogènes). Ceci n'est de loin pas le cas. Chacun des termes de cette interaction — tant le sens de l'unité que son contexte — consiste en un ensemble hiérarchisé d'éléments variables et hétérogènes. Ainsi conçue, l'interaction entre unité et contexte est non un cercle, mais plutôt une spirale: les phases successives de la réalisation du sens se caractérisent par des changements de paliers; à chaque phase, on passe d'un niveau hiérarchique à un autre.

La prise en compte de ce fait crucial a des implications considérables dont nous devons discuter dans les paragraphes qui suivent.

---

105 Pour plus de détails ainsi que d'autres exemples, on consultera le rapport circonstancié: cf. CRUCHAUD & VUILLE, "Variabilité, hiérarchie …".

5.20. Sélection ou appariage de sens?

Le conditionnement sémantique ne consiste pas en la sélection qu'un élément — soit unité soit contexte — opérerait parmi les sens de l'autre.

Une telle sélection n'est pas possible, étant donné que chaque signe possède un ensemble de sens, et que cet ensemble contient des éléments incompatibles. Dire que le mot *commerce* conditionne (ou sélectionne) le sens de *marche* dans *le commerce marche,* c'est ne rien dire de précis. En effet, *commerce* a parmi ses sens et «l'action d'achat et vente» et «la corporation». Or, par son imprécision, la formule "le mot *X* conditionne le sens de *Y* " réduit le contenu sémantique du mot *X* à un seul sens. Il est ainsi possible de considérer la réalisation sémantique de *Y* comme l'effet de la sélection opérée par — ou de l'appariage avec — *X*.

Si sélection il y a, elle est double, composée d'un tri parmi les sens de l'un, qui entraîne un tri parmi les sens de l'autre, de façon telle que le couple — ou l'appariage — ainsi formé soit le plus vraisemblable des sens possibles de l'énoncé. Considérons *le chien parle.* Ce n'est pas l'ensemble des sens de *chien* qui sélectionne l'un des sens de *parle,* mais bien un (sous-ensemble des) sens de *chien* qui appelle l'un ou l'autre des sens de *parle.*[106]

5.21. Appariage et réorganisation hiérarchique

Si, parmi les sens de *chien,* est sélectionné «personne méprisable», il en découle la sélection de «révéler ce qu'on tient caché» comme sens de *parle.* En revanche, si la sélection porte sur le sens «animal» pour *chien,* il s'ensuit que *parle* signifie «produire des sons interprétés comme porteurs d'une signification». A strictement parler, l'apport sémantique de tout énoncé est un ensemble d'appariages[107] hiérarchisés (en ce qu'ils n'ont pas la même vraisemblance ou probabilité).

Reprenons quelques exemples.[108] Pour l'énoncé *le livre marche,* hors contexte discursif, la combinaison sémantique la plus probable, la plus vraisemblable — au vu du taux d'acceptation de 91% dont elle fait l'objet auprès des informateurs consultés — est L1M5, qu'on paraphrasera par

---

[106] Cf. CRUCHAUD, *op. cit.,* Chapitre III.

[107] Nous employons le terme d'*appariage,* dont l'étymologie n'est pas fâcheuse en l'occurence, puisque nous avons limité notre examen à l'interaction entre deux termes seulement. Il est certes possible, voire nécessaire de considérer des triplets, quadruplets et autres n-tuplets, auquel cas, il conviendra mieux de parler d'*assortiments.*

[108] Cf. CRUCHAUD, "Signifié et contexte... ", §2.4.2. Les chiffres accompagnant l'initiale de l'unité concernée indiquent le rang du sens en question dans la hiérarchie des sens possibles — mais non équiprobables — de l'unité considérée isolément (cette hiérarchisation des différents traits constitutifs du signifié des unités évoquées résulte elle-même d'une enquête préalable).

«l'ouvrage écrit se vend bien». Vient ensuite la combinaison L8M5, «l'imprimerie et ses produits se portent bien», avec un taux global de 54%.[109]

L'effet le plus remarquable de l'appariage est la modification que peuvent subir les sens de chaque constituant dans leur ordre hiérarchique propre. Le tableau ci-dessous illustre les différents genres de modifications que ces hiérarchies sémantiques peuvent subir (alors que leurs taux d'acceptation sont, en l'occurrence, assez proches).

Type de modification	Combinaison	Paraphrase possible	Rang de l'appariage	Taux d'acceptation
forte	L8M5	«l'édition prospère»	2	54%
moyenne	C1P7	«l'animal émet des sons compréhensibles»	1	68%
quasi nulle	C1M3	«l'animal se déplace au pas»	1	69%

Tableau 8
Modifications des hiérarchies sémantiques dans les appariages

5.22. Culture et appariage

La réorganisation de la hiérarchie des sens virtuels d'un mot lorsque celui-ci entre en contact avec un autre a une implication non négligeable: l'appariage des sens ne repose pas uniquement sur les savoirs linguistiques que sont les signifiés (ou les significations abstraites). Si c'était le cas, les appariages devraient être hiérachisés en rapport direct avec la résultante des hiérarchies des sens appariés. Cette vue idéalisée des mécanismes d'appariage purement sémantique peut être schématisée comme suit:

---

[109] Puis suivent , *decrescendo*, L1M11 (38%), L1M3 (25%), L1M7 (19%), L1M9 (13%), L10M11 (13%), L3M11 (7%), L1M6 (7%), et L4M11 (4%) illustrant ainsi la hiérarchisation des appariages possibles, leur probabilité.

Mot X	+	*Mot* Y	$\Rightarrow$	*Énoncé* X, Y
«Sens premier»: $S_1(X)$	+	«Sens premier»: $S_1(Y)$	$\Rightarrow$	$S_1(X), S_1(Y)$
«Sens 2»: $S_2(X)$	+	«Sens 2»: $S_2(Y)$	$\Rightarrow$	$S_2(X), S_2(Y)$
«Sens 3»: $S_3(X)$	+	«Sens 3»: $S_3(Y)$	$\Rightarrow$	$S_3(X), S_3(Y)$
...				
«Sens n»: $S_n(X)$	+	«Sens n»: $S_n(Y)$	$\Rightarrow$	$S_n(X), S_n(Y)$
NB. $S_n(X)$ renvoie au n-ième sens du mot X (n étant un rang dans la hiérarchie)				

Tableau 9
Appariage sémantique stricte des constituants de l'énoncé

Ce qui n'est pas toujours le cas, comme on vient de le voir. Il en découle que les sens des mots d'un énoncé sont appariés par recours à des savoirs qui sont extérieurs à l'énoncé. Ces facteurs extérieurs ne peuvent se réduire aux connaissances du contexte et de la situation (*hic et nunc*). Et les résultats des enquêtes l'ont bien montré: hors contexte et situation, les sujets privilégient certains appariages comparés aux autres.

Force est d'admettre que ces facteurs consistent en un ensemble de croyances acquises par la vie sociale, et qu'on peut considérer comme relevant de la *culture* d'une communauté linguistique[110]. Les appariages sémantiques sont fondés sur ces croyances. Ainsi le sujet francophone "sait"[111] qu'un quadrupède domestique de la famille des canidés ne peut manifester sa pensée par des sons d'une langue naturelle articulée. Dès lors pour *le chien parle,* il se refuse à apparier le sens premier de *chien* avec le sens premier de *parle* pour procéder à un autre appariage qui cadre mieux avec son arrière-plan de savoirs et de croyances. Il sera ainsi amené ou bien à maintenir le sens premier de *parle* et choisir un des sens possibles de *chien* qui soit compatible avec celui-ci (ce qui donne pour l'énoncé le sens «la personne méprisable parle»), ou bien à maintenir le sens premier de *chien* et à l'apparier avec un sens compatible de *parler* (d'où l'interprétation «le chien s'exprime par des moyens non langagiers»). De même, les francophones ont la certitude qu'un assemblage de feuilles imprimées formant un volume n'est pas capable de se déplacer d'un point à l'autre en faisant des pas. Et par le jeu de compatibilité et conflit fondé sur le savoir culturel, l'énoncé *le livre marche* se voit attribuer un appariage — correspondant à une paraphrase du type: «ce livre se vend bien», appariage faisant l'objet d'un taux global d'acceptation de 91% dans l'enquête Cruchaud. D'autres appariages sont probables, mais inégalement («l'industrie du livre fait de bonnes affaires», à 54%, ou «son

---

110 La culture est conçue comme l'ensemble des "mode[s] établi[s] de pensée ou de comportement observé par un groupe d'individus (c'est-à dire une société) [...]" A. Kardiner (cité d'après l'*Encyclopaedia Universalis,* sous "culturalisme").

111 Ce savoir n'est pas nécessairement exempte de variations psychiques et sociales; mais nous en faisons abstraction pour un instant.

livre avance bien», à 38%, pour citer deux des huit autre appariages mis en évidence dans l'enquête mentionnée ci-dessus)[112].

5.23. L'inventaire des appariages sémantiques

Les appariages sémantiques forment-ils une liste fermée? Peut-on les inventorier exhaustivement?

Nous ne croyons pas. Les sens dont la combinaison aboutit à l'appariage n'étant pas en nombre fini, de leur combinaison ne peut résulter un inventaire fini. On remarquera d'ailleurs que les arguments évoqués au sujet de l'inventaire des traits pertinents — Cf. § 5.7. — valent ici aussi.

Par conséquent, l'inventaire des appariages ne peut être établi que par un nouveau recours à l'approximation, comme c'est le cas pour les traits pertinents sémantiques.

5.24. Le sens dépend des circonstances

Un appariage de sens n'est pas une réalisation sémantique, mais un candidat à la réalisation, à l'actualisation effective comme sens d'un énoncé. Parmi les appariages possibles se réalisent celui ou ceux qui sont favorisés par les circonstances dans lesquelles est produit l'acte de parole. Point n'est besoin d'insister sur les différents sens que peut avoir un seul et même énoncé en fonction des circonstances; à savoir par qui la parole est proférée? quand? où? à l'adresse de qui? dans quel enchaînement d'interaction? accompagnée de quel événement non langagier?, etc. Ce, à condition que les circonstances soient connues des protagonistes, leur présence physique n'étant pas à elle seule pertinente. La connaissance des circonstances peut être acquise par observation directe des faits extralinguistiques; on parle alors de *situation*. Elle peut aussi être médiatisée par le langage; ce qu'on range souvent sous *contexte*. Situation ou contexte ont pour conséquence de jalonner un univers du discours dans lequel l'un ou l'autre des appariages sémantiques se trouveraient actualisés.

Le sens réalisé d'un énoncé ne correspond pas nécessairement à l'appariage le plus haut placé hors circonstances. Les informations que recueille le récepteur — par observation directe des circonstances ou par médiation langagière — peuvent aboutir à la modification de la hiérarchie des appariages. Ainsi de la phrase suivante:

> (11) *Les hommes passaient vider de temps en temps leurs crânes fendus, leurs carcasses démembrées (...)*[113]

---

112 Cf. CRUCHAUD, "Signifié et contexte... ", pp.39 et 51.
113 Jean ECHENOZ, *Lac*, Paris: Minuit, 1989, pp.103-104.

Pour cet énoncé, l'actualisation effective de tel ou tel appariage possible des sens de ses constituants ne sera pas la même suivant qu'il est prononcé relativement à la guerre dans les républiques de l'ex-Yougoslavie ou aux allées et venues des employés d'un abattoir à viande (que les circonstances de son énonciation soit indiquées verbalement ou par observation directe importe peu). On imagine aisément que les modifications, en fonction des circonstances, de la hiérarchie des appariages possibles comptent également plusieurs degrés, allant d'une re-hiérarchisation quasi nulle à un chamboulement complet de la vraisemblance et de la probabilité de voir actualiser tel ou tel appariage.

5.25. Les réalisations sémantiques ne sont pas en nombre fini

Prenons un nouvel exemple:

(12) *Je mange du pain blanc.*

Quel est le sens probable de *blanc* ici? Sûrement pas «de couleur indéterminée et destinés aux Blancs». Pourtant, c'est le sens qu'il véhicule dans *Moi, un Noir.*[114]

Autre exemple:

(13) *J'ai repris mon portefeuille.*

On nous accordera sans doute que dans les circonstances habituelles, *mon portefeuilles* ne signifie pas «le portefeuilles que je croyais mien et qui n'était pas à moi». Néanmoins, énoncé dans des circonstances précises, il lui arrive de porter ce sens.[115]

Ces exemples sont certes extrêmes; ils montrent cependant l'ampleur que peuvent prendre les variations sémantiques, et par là même, l'impossibilité d'examiner toutes les réalisations sémantiques virtuelles d'une unité ou d'un énoncé et de les regrouper dans une classe abstraite. Nous croyons devoir en conclure que les réalisations sémantiques d'un énoncé ne relèvent pas d'inventaires finis. Et c'est là — insistons-nous — la cause des difficultés que rencontrent les tentatives visant à prévoir ou calculer l'ensemble des sens

---

114 John H. GRIFFIN, *Black like Me*, Boston, 1961.

115 Cf. Wolfgang HEYDRICH, Janos PETÖFI *et alii*, *Connexity and Coherence*, Berlin: De Gruyter, 1989, où l'on trouve l'exemple suivant (pp.11-12): "During the recent transit strike, a young man was walking home from work through the park. It was late and he was alone. In the middle of his treck he saw someone approaching him on the path. There was, of course, a spasm of fear: He veered, the stranger veered. But since they both veered in the same direction, they bumped in passing. A few moments later the young man realized that this could hardly have been an accident, and felt for his wallet. It was gone. Anger triumphed and he turned, caught up with the pickpocket and demanded his wallet. The man surrendered it. When he got home, the first thing he saw was his wallet lying on the bed. There was no way of avoiding the truth: He had mugged somebody."

hic et nunc d'une unité ou d'une séquence.[116] Un tel calcul suppose que soient inventoriées exhaustivement les circonstances susceptibles d'influencer les réalisations sémantiques des énoncés. A notre connaissance, personne n'a dressé un tel inventaire, et — qui plus est — on ne voit pas comment on pourrait l'établir. Ceux qui reconnaissent l'influence des circonstances de l'acte de parole sur le sens réalisé se refusent souvent à mener une étude précise,[117] ou se contentent d'énoncer que, pour extraire de la masses des faits sémantiques la classe abstraite que serait le signifié d'un énoncé, il faut en observer le sens dans toutes les circonstances;[118] ils ne s'attardent pas sur des détails "subalternes", ne se posant pas le problème de savoir si un tel examen peut être exhaustif, si l'exhaustivité est matériellement possible, et, dans la négative, comment on peut poser une limite à cet examen.

De ce fait, le débat sémantique s'est transformé pendant de longues années en une polémique stérile où un chercheur — grâce à son ingéniosité — marquait des points face à un adversaire, en attendant qu'un autre, par des arguments plus ingénieux, lui dame ses pions.[119]

5.26. Toute réalisation sémantique comporte approximation

Selon une conception assez courante, le sens *hic et nunc* d'un énoncé est un fait précis, et résulte de l'exclusion de toutes les virtualités sémantiques à l'exception d'une (ou de deux en cas d'ambiguïté, par exemple). Nous ne la soutiendrons pas.

Le processus de réalisation sémantique doit être conçu comme un rapprochement de deux types de données: connaissance des appariages possibles d'un énoncé et connaissance des circonstances de l'acte de parole. La première livre les éléments candidats à l'actualisation, la seconde fournit les critères d'un choix parmi ces candidats. Un des problèmes que doit résoudre le récepteur est celui-ci: étant donné les circonstances, lequel des appariages est le plus vraisemblable? Il se peut que dans un cas ou un autre, les circonstances permettent d'exclure tous les appariages sémantiques sauf un.

---

[116] Comme exemple, on peut citer Robert Martin pour qui "[…] une des finalités assignables à la théorie sémantique est la prévision des liens de vérité qui unissent les phrases. Cela revient à dire que le modèle doit être en mesure, quelles que soient les phrases que l'on se donne, pour peu qu'elles soient bien formées et sémantiquement interprétables, de *calculer* la relation logique que ces phrases entretiennent." (Robert MARTIN, *Pour une logique…* , p.11.) Ses recherches le conduisent à la conclusion qu'étant donné la relativité et le flou du sens, un tel objectif n'est pas accessible et qu'un objectif plus modeste serait d'y chercher une assise formalisable, ce dont «On […] est loin.» *Op. cit. p 246.*

[117] Ainsi Martinet, qui constate l'influence du contexte sur le sens sans en préciser la portée ni les limites.

[118] C'est le cas de Prieto, cf. Luis J. PRIETO, *Principes de noologie, fondements…*

[119] Ainsi Chomsky est critiqué par Fillmore (cf. Charles FILLMORE, "The Case for Case", in Emmon BACH & Robert T. HARMS (éd.), *Universals in Linguistic Theory*, New York: Holt, Rinehart & Winston, 1968, pp.1-88), qui est à son tour critiqué par Platt (cf. John T. PLATT, *Grammatical Forms and Grammatical Meanings*, London : North-Holland, 1971).

Mais en général, plusieurs appariages sont possibles (même si non équiprobables), et le sujet choisit le plus probable. Ce qui revient à admettre que le sens réalisé est un appariage qui s'impose du fait de sa haute probabilité; que les autres appariages, tout en étant moins probables ou compatibles, ne sont pas totalement exclus, et qu'enfin la connaissance des circonstances permet d'établir toute une gamme où les sens appariés sont rangés dans une hiérarchie du plus probable au moins probable.

Or, les circonstances ne sont pas exhaustivement connues. (Pour ne prendre qu'un des facteurs: quel interlocuteur connaît tout de la personnalité de son locuteur: son passé, ses intentions, ses prédispositions à l'égard de l'objet du discours, etc.?) Il en découle que la hiérarchie des sens probables est approximative. Par voie de conséquence, la réalisation sémantique qui est fondée là-dessus comporte une certaine approximation, comme le montre l'exemple cité sous § 5.28.

5.27. Précarité des sens *hic et nunc*

La connaissance imprécise des circonstances a une autre implication de taille: dans la mesure où le sens réalisé est choisi par recours à des critères relatifs, approximatifs, il ne peut être stable. En effet, il est possible qu'au cours d'un échange ou au fil d'un discours les données concernant les circonstances évoluent; la probabilité des sens potentiels varie en conséquence.

> (14) — *Prendras-tu un apéritif? demanda Colin. Mon pianoktail est achevé, tu pourrais l'essayer.*
> *Chick se mit au piano.*

Le lecteur ignorant des circonstances exactes de cette énonciation cherchera probablement à la comprendre comme l'annonce d'un morceau de musique, éventuellement la création d'un pot-pourri musical; il est moins probable qu'il imagine un instrument de musique qui fasse correspondre "à chaque note un alcool, une liqueur ou un aromate", et que "la pédale forte correspond à l'œuf battu et la pédale faible à la glace. Pour l'eau de selz il faut une trille dans le registre aigu" et qu'en fait, l'action de s'asseoir au piano est une réponse au stimulus verbal "*Prendras-tu un apéritif?*"[120] On pourrait multiplier ainsi les exemples[121].

Comme on le voit à travers ce exemple, l'interprétation qui est plus probable au départ, cesse de l'être au fur et à mesure que le récepteur acquiert une connaissance plus poussée des circonstances; à tel point qu'il finit par se

---

120 Boris VIAN, *L'écume des jours*, Paris: 10/18, 1963, pp.12-13.
121 Un bel exemple de la précarité du sens est fourni par le mot *tableau* dans Jean ECHENOZ, *Le méridien de Greenwich*, Paris: Minuit, 1979, où le sens de ce mot se réalise sous divers aspects sémantiques, et varie en fonction des indications apportées au fur et à mesure par le déroulement du récit. Pour une analyse de ceci, cf. Mortéza MAHMOUDIAN, Approximation, vraisemblance…

rendre compte que c'est l'appariage au demeurant le moins probable qui correspond, ici, à l'intention de l'émetteur.

Noter que la connaissance des circonstances n'évolue pas toujours, ni nécessairement, suivant le même schéma. Il se peut qu'une connaissance plus développée des circonstances renforce la probabilité de la réalisation retenue dans la première tentative. Il est aussi possible que l'évolution des données concernant les circonstances ait pour effet de consolider une ambiguïté révélée auparavant.

5.28. Postulats pour l'étude empirique de la signification

Nous pouvons récapituler maintenant les principes qui régissent la constitution du sens, considéré du point de vue du récepteur:

(P_1) Le signifié de tout signe linguistique est un ensemble ouvert et hiérarchisé de sens, qui ne sont pas nécessairement unis par des liens de parenté sémantique.

(P_2) Le signifié de tout énoncé procède de l'assortiment des sens de ses constituants, et consiste en un ensemble ouvert de sens hiérarchisés sur la foi des données culturelles.

(P_3) Le sens *hic et nunc* d'un énoncé est la réalisation de l'assortiment sémantique le plus probable compte tenu des circonstances.

(P_4) Les trois types de connaissance — que sont signifié, culture et circonstances et dont la résultante est le sens *hic et nunc* — entretiennent des relations variables mais hiérarchisées.

6. ENSUITE :

PROBLÈMES EN SUSPENS ET PERSPECTIVES.

6.1. Nouveaux Problèmes.

La présente étude est partie d'un double objectif: éclaircissement du concept *contexte* et appréciation empirique de thèses le concernant. Pour ce faire, nous avons donné une formulation aussi précise que possible des principes généralement admis, à savoir:

(D$_1$) Le contexte d'un segment est l'ensemble des éléments qui l'accompagnent dans l'énoncé.

(H$_1$) Le sens d'un segment subit l'influence du contexte;

(H$_2$) Un énoncé ne peut faire sens que si les éléments dont il est constitué ont des traits sémantiques compatibles.

Nous avons vu que les notions de *contexte* (cf. D$_1$), *influence contextuelle* (cf. H$_1$) et *cohérence* ou *compatibilité* (cf. H$_2$) étaient trop imprécises, et qu'elles ne débouchaient pas sur des hypothèses suffisamment explicites pour permettre un examen empirique. Pour qu'un tel examen soit possible, nous avons dû préciser les concepts *sens de l'unité* et contexte *sémantique*. Il est alors apparu que les deux facteurs étaient complexes, chacun consistant en un ensemble de significations potentiellement contradictoires entre elles. De ce fait, l'influence du contexte peut virtuellement orienter le sens de l'unité dans des directions distinctes, voire opposées. Il en découle que, pour décrire clairement le processus sémantique, on doit tenir compte non pas du contexte sémantique dans sa totalité, mais bien de tel ou tel élément constitutif du contexte. C'est dire que la notion d'influence contextuelle — du moins sous sa forme (H$_1$) — ne contribue guère à décrire ou à expliquer les variations sémantiques. De même, la notion de *compatibilité* ou *cohérence* (H$_2$) n'a pas résisté à un examen poussé. Il est apparu qu'on ne peut juger de la compatibilité de deux sens sans préciser quel en est le critère, et que de façon générale (c'est-à-dire dans le monde factuel), la cohérence d'une combinaison de sens se mesure sur la foi du savoir culturel. Pour parvenir à l'explicitation requise, nous avons dû caractériser tant l'unité que le contexte par leurs traits sémantiques et par la hiérarchie de ceux-ci. La quête de concepts clairs et d'hypothèses explicites ont eu pour effet que la structure sémantique devient passablement plus complexe que dans la conception structuraliste, mais elle permet du coup de mieux prévoir la production du sens. Ceci ne manque pas de soulever de nouveaux problèmes dont il convient de discuter.

6.2. Facteurs culturels, leur légitimité

En cherchant à expliquer le processus sémantique, nous avons dû avoir recours aux connaissances culturelles du sujet. Ceci pourrait susciter des interrogations: Comment connaissez-vous, vous linguiste, la culture d'une communauté, de la francophonie, par exemple ? Comment savez-vous que dans la communauté francophone, les canidés sont considérés comme incapables de communiquer par la langue ? Expliquer les faits langagiers par recours aux faits culturels, n'est-ce pas là expliquer ce que le linguiste connaît peu ou prou par quelque chose qu'il ne connaît pas du tout ?

L'interrogation touche à deux problèmes: la délimitation du domaine d'une science, celle du langage, en l'occurrence, et les hypothèses concernant le savoir du sujet parlant.

6.3. Langage et phénomènes connexes

Que l'étude du langage se doit — comme toute recherche scientifique — de définir son objet est certain. Mais de cette définition ne résulte pas quelque principe sacro-saint. Il est intéressant de remarquer que ceux-là mêmes — comme Bloomfield, Hjelmslev, Martinet ou Chomsky — qui interdisent aux linguistes toute incursion dans les domaines connexes, admettent qu'en soi, le langage n'a pas de limites "naturelles". La conséquence inévitable de ce constat est que toute délimitation d'un objet est provisoire, car tributaire de l'arbitraire du linguiste.[122] C'est dire que, parmi les délimitations possibles, le linguiste en choisit une, ayant — suivant son expérience et son jugement — des chances de regrouper des phénomènes semblables, qui se laissent appréhender par les mêmes régularités structurales, et qui ont des chances d'expliquer l'essentiel des propriétés et du fonctionnement des systèmes linguistiques. Il s'ensuit que toute définition ne vaut que pour une phase donnée de la recherche: au fur et à mesure du développement de notre connaissance du langage, nous nous rendons compte de l'inadéquation de certains aspects de notre définition.

Si l'on constate que certaines régularités dépassent le domaine langagier, quelle attitude doit-on adopter ? S'enfermer dans le cadre d'une définition, la transformer en dogme, et se priver des moyens d'explication ? Ou bien passer outre les jalons posés par une définition provisoire pour pouvoir rapprocher les faits soumis au même type de structures, mais répartis, en tant qu'objets d'étude, dans différentes disciplines ? Nous estimons la seconde préférable. Ainsi, compte tenu du fait que langue, culture et situation présentent des problèmes communs et qu'elles se conditionnent mutuellement, il paraît intéressant d'étudier les phénomènes du point de vue de leurs ressemblances, de leurs interrelations et de leurs influences réciproques.

---

122 Hjelmslev le reconnaît explicitement, cf. Louis HJELMSLEV, *Prolégomènes à une théorie du langage*, Paris: Minuit, 1968, §5.

6.4. Situation et culture

La signification linguistique est généralement considérée comme liée à la situation comme à la culture. De la façon dont sont conçus ces liens dépend la définition de l'objet et de la méthode de la sémantique linguistique. Notre propos ici est de soumettre d'abord à un examen serré les notions de situation et de culture, de proposer ensuite une révision de leur définition et/ou de leur rôle dans l'établissement du (ou des) sens de l'énoncé, ainsi que de leurs interrelations. Nous soutiendrons que 1° la concomitance, avec la parole, d'éléments extralinguistiques en tant que faits physiques n'est pas pertinente; ce qui l'est, c'est la connaissance de ces éléments; 2° signification, situation et culture n'ont d'interrelations que dans la mesure où elles consistent toutes en des types de savoir, 3° ces savoirs ne sont pas séparés par des frontières nettes et 4° ces savoirs ne sont ni totalement partagés par les membres d'une communauté linguistique ni susceptibles de variations illimitées. Il en résulte d'une part la complexité de la structure linguistique et de l'autre, l'approximation des réalisations sémantiques; complexité et approximation qui doivent se refléter dans la description de la signification.

6.5. Le terme et ses acceptions

Le terme de situation est loin d'être univoque. Il est normal que dans une discipline aussi peu normalisée que la linguistique, les concepts varient selon les présupposés des courants et tendances. Mais, l'ambiguïté de ce terme dépasse les différences entre écoles et auteurs: elle révèle des hésitations et imprécisions dans la conception même de l'appareil descriptif et des concepts théoriques qui les sous-tendent; et de ce fait, un examen pourrait faire apparaître les causes de certaines difficultés rencontrées par la linguistique structurale, entre autres, dans la description sémantique, mais aussi dans l'explication du processus de communication.

6.6. Du côté de chez Bloomfield ...

Le recours à la notion de situation remonte au moins à Leonard Bloomfield. Le terme de situation n'est pas défini dans *Le langage*[123] comme le sont la plupart des termes techniques; il figure cependant dans l'index[124]. Avant de discuter concept, il paraît utile de le replacer dans son cadre théorique pour en faire ressortir les spécificités ainsi que les liens avec d'autres concepts.

Bloomfield distingue — comme on sait — dans tout acte de parole trois parties: A) le *stimulus,* événements pratiques avant l'acte de parole, B) la *parole* et C) la *réaction,* événements pratiques après l'acte de parole[125].

---

[123]Paris, Payot, 1970.
[124] qui renvoie à *stimulus.*
[125] *Op. cit.,* § 2.2.

Ailleurs, il emploie le terme *situation (du locuteur)* pour désigner ce qui précède la parole.[126].

Comme on le voit, *situation* est pour Bloomfield synonyme de *stimulus*[127]. Par ailleurs, le concept de situation entretient des rapports étroits avec la signification; rapports qui ne sont pas exempts d'ambiguïté. Ainsi les concepts de signification et stimulus (ou situation) sont parfois identifiés[128], alors que dans certains passages, la signification est présentée comme la somme des stimuli du locuteur et des réactions de l'auditeur[129]. Dans l'ensemble, il paraît que Bloomfield établit un lien étroit entre sens et stimulus tout en reconnaissant une certaine pertinence aux réactions de l'auditeur[130].

6.7. ... et chez les structuralistes européens

Le terme de situation est généralement employé dans le sens large, et englobe tant les stimuli que les réactions. Ainsi, Frédéric François définit la situation comme "l'ensemble des éléments extra-linguistiques présents dans l'esprit des sujets ou également dans la réalité physique extérieure au moment de la communication et auxquels on peut assigner un rôle dans le conditionnement de la forme ou de la fonction des éléments linguistiques"[131] ou Claude Germain comme "l'ensemble des faits connus par le locuteur et l'auditeur au moment où l'acte de parole a lieu."[132] On trouve des définitions analogues chez Eric Buyssens, André Martinet, Georges Mounin[133] et même Luis Prieto[134]. Et c'est sur la situation ainsi comprise que porte la présente discussion.

---

126 *Op. cit.*, § 5.1. Cf. aussi §§ 9.4., 10.1.et 17.2.

127 Encore qu'il y ait des contextes où le terme peut être considéré comme porteur du sens large stimuli+réactions. Cf.*Op. cit.*, p. 143, 144, 159.

128 Cf.*Op. cit.*, § 10.7. et §17.2.

129 *Op. cit.*, § 10.1.

130 Cf. *Op. cit.*, § § 9.4.. Voir aussi Leonard BLOOMFIELD, Un ensemble de postulats pour la science du langage, in André JACOB, *Genèse de la pensée linguistique*, ...

131 Frédéric FRANÇOIS, Contexte et situation in André Martinet *et al.*, *La linguistique, Guide alphabétique* , Paris, Denoël, 1969, p 65-66

132 Claude GERMAIN, *La notion de situation en linguistique*, Ottawa, Ed. de l'Université d'Ottawa, 1973, p. 26.

133 Germain donne un aperçu des diverses conceptions de la situation dans l'ouvrage cité, chapitre II.

134 Dans la défintion que donne Prieto de la situation, seule la connaissance de l'auditeur est mentionnée; mais dans dans sa pratique la connaissance du locuteur est aussi prise en compte dans la mesure où la pertinentisation des traits est le fait d'émetteur. Cf. ses *Principes de noologie* , La Haye, Mouton, 1964.

6.8. Sens et situation

Le concept blomfieldien de situation pose plus d'un problème; son contour mal défini et ses applications *ad hoc* ont eu des effets dont les prolongements hypothèquent encore aujourd'hui les recherches sémantiques. Ci-dessous, nous examinerons quelques uns de ces problèmes.

Une différence notable oppose les deux acceptions — américaine et européenne: dans un cas, la signification est fréquemment identifiée à la situation[135] alors que dans l'autre, la signification reste distincte de la situation et existe indépendamment de celle-ci, même si elle en subit l'influence. En effet, si la situation consiste — pour employer la terminologie et l'exemple de Bloomfield — en "événements pratiques" (tels que vue de la pomme, contraction de muscles, sécrétion d'humeurs chez Jill et cueillette de la pomme par Jack, etc.), il y a une trop grossière approximation à dire qu'elle *est* le sens de l'énoncé produit par Jill. Le sens d'un signe linguistique *pomme* n'est pas un objet, mais bien une idée, un concept ou une image mentale dans la terminologie saussurienne.

Ce n'est pas la quête de l'objectivité qui serait à l'origine de cette confusion[136] mais bien les positions physicalistes et mécanistes de Bloomfield, dont il découle que tout fait mental ou psychique échappe au contrôle objectif, et reste en conséquence entaché de subjectivité. Cette prise de position a un inconvénient majeur : en toute conséquence, elle conduirait à admettre qu'il n'existerait aucun élément "objectif" dans le langage, pas même le phonème — pourtant considéré par Bloomfield comme phénomène langagier éminemment objectif —, dont la définition comporte un recours à ce que connaissent et reconnaissent les sujets parlants.

Autre inconvénient: en théorie, le refus des faits mentaux ne donne pas au linguiste le droit de décider de son propre chef ce à quoi correspond une forme linguistique dans les stimuli et réactions des usagers. C'est pourtant ce qui se produit en pratique, ainsi que le montre l'attitude de Bloomfield quand il discute du sens [137]. Il apparaît que l'exigence d'une objectivité trop stricte[138] ouvre la voie pour réintroduire la subjectivité du descripteur comme seul accès au sens.

---

135 Cf. *Le langage,* § 9.8., fréquemment mais non exclusivement. Témoin le passage sur le sens limité où Bloomfield semble admettre implicitement l'existence indépendante de la signification comme le montre la définition citée au § 4.7.

136 Contrairement à ce que semble soutenir Noam CHOMSKY Cf. ses *Aspects de la théorie syntaxique,* Paris, Le Seuil, 1971, ch. 1.

137 Par exemple, quand il discute de la signification lexicale et du discours déplacé. Cf. *Le langage,* § 9.3.

138 Par objectivité trop stricte, on entend celle qui vise à exclure non seulement la subjectivité du descripteur mais aussi celle de l'usager de la langue. Une telle visée est utopique, et d'avance vouée à l'échec, dans la mesure où il est impossible de mener des observations qui soient libres de toute subjectivité. Un objectif réaliste, et généralement adopté dans les sciences de la nature, consiste à limiter et à expliciter la subjectivité du chercheur. Dans les

6.9. Situation *vs* connaissance de la situation

On peut vouloir définir la situation comme les circonstances extralinguistiques qui entourent ou précède l'acte de parole. La concomitance seule suffirait-elle à les rendre pertinentes dans la communication linguistique ? Un élément peut bien être physiquement présent lors d'un discours sans jouer un rôle ni exercer une quelconque influence sur la signification. Pour qu'il soit pertinent, il faut que locuteur et auditeur aient connaissance de sa présence. Autrement dit, la situation n'est pertinente que dans la mesure où elle est connue de l'émetteur et du récepteur. Ainsi dans le cas de l'énoncé *donne-moi le rouge,* la présence physique de plusieurs volumes dont un de couleur rouge n'a d'influence sur le sens réalisé que si les interlocuteurs en sont conscients.

Souvent, on parle de situation comme si les éléments qui la constituent sont évidents et directement observables. C'est pourquoi nous croyons devoir insister sur le fait que l'usage du terme situation est soit impropre soit un raccourci pour *connaissance de la situation.* Et c'est en tant que savoir que la situation peut exercer une influence sur le sens, qui, lui aussi, est un savoir du sujet parlant.

Dire que la situation joue un rôle dans la réalisation sémantique, en favorisant l'une des significations virtuelles revient à reconnaître que le sujet connaît une gamme de sens pour un signe, qu'il connaît aussi la situation du discours et qu'il sélectionne parmi les sens possibles celui qui est le plus probable dans la situation telle qu'il la connaît. Dès lors, la pertinence de la situation implique l'interaction de deux facteurs : savoir linguistique et savoir situationnel.

6.10. Situation ou culture?

Un problème que soulève la délimitation de la situation est de savoir : quels sont les éléments de la situation dont la connaissance est pertinente pour la réalisation du sens. Trois facteurs entrent en ligne de compte pour déterminer le degré de pertinence de ce type de savoir : la coïncidence de ce savoir avec l'instant de l'acte de parole, la prégnance de ce savoir et la relation entre ces deux types de savoir.

D'abord, comment déterminer l'épaisseur temporelle de la concomitance: un événement pratique ayant eu lieu une heure, un jour, une semaine,... avant l'acte de parole devra-t-il être exclu de la situation ? En optant pour l'acception restreinte, c'est-à-dire en limitant la situation aux éléments strictement concomitants, on risque d'écarter tout ce qui précède l'acte de

---

sciences du langage comme dans l'autres sciences humaines il apparaît que la subjectivité des locuteurs est partie intégrante de l'objet de l'étude.Cf. Linguistique et Sociolinguistique , Mortéza MAHMOUDIAN, *La linguistique ,* 26 (2), 1990, p.47-76.

parole, y compris les faits qui aurait déclenché la réaction verbale. L'acception large a pour conséquence d'intégrer à la situation tout le savoir acquis par l'expérience passée. Comme nous verrons, on a intérêt à distinguer culture (c'est-à-dire savoirs provenant d'expériences *in abstentia*) et situation (i.e. savoirs liés à l'expérience *in presentia*). Le problème est délicat, et il ne semble pas qu'on puisse y apporter une solution unique, valable dans tous les cas.

Ensuite, il est probable que des événements importants — séisme, carnaval, etc. — déterminent, conditionnent la signification linguistique bien en-deça ou au-delà de la concomitance stricte; ce qui n'est pas le cas des événements sans importance de la vie quotidienne comme le café ou le métro d'hier matin.

Cependant, il ne semble pas possible — au risque de confondre savoir culturel et savoir situationnel — de faire économie d'une délimitation entre les deux pôles que sont d'un côté la connaissance de la situation et de l'autre la culture, ne serait-ce que provisoire et approximative.

Enfin, pour interagir, le savoir linguistique et le savoir situationnel doivent partager certains traits, porter sur un domaine commun, comme nous le verrons au § 6.12.

6.11. De la finitude et de l'exhaustivité

L'une des exigences auxquelles tente de satisfaire Bloomfield semble être l'exhaustivité. Les éléments qui occupent une place importante dans la structure linguistique sont — selon la conception bloomfieldienne — en nombre fini[139]. Dès lors, sont considérés comme marginaux les éléments qui ne revêtent pas ce caractère. Le nombre illimité des éléments de la situation est l'une des raisons qui amènent Bloomfield à les exclure de l'objet de la linguistique.

Cette hypothétique finitude est censée rendre possible une description exhaustive de la structure. Mais aucun argument théorique, aucune description de faits ne vient étayer ce postulat. Un examen attentif des descriptions proposées par Bloomfield met en évidence les difficultés que rencontre ce postulat dans la pratique. En effet, si l'anglais est une langue, les formes (morphèmes, mots, syntagme, ...) de l'anglais — et *a fortiori* les phonèmes qui les composent — seront en nombre fini, et il sera possible de les énumérer exhaustivement. Or, quand il s'agit d'étudier les phonèmes de l'anglais, Bloomfield n'en donne pas un inventaire exhaustif pour la langue dans sa totalité; il se contente d'en considérer une variété — l'anglais américain, par ex. — et se borne à examiner un seul usage, celui de

---

139 Cf.Postulats..., «14. Hypothèse 3. Les formes d'une langue existent en nombre finie»

Chicago[140]. Il y a là une incohérence flagrante: on postule d'une part que les unités sont en nombre fini, et — à la page suivante[141] —, au lieu d'énumérer les unités d'une langue, on se borne à répertorier les unités d'un de ses innombrables usages. Et qui plus est, l'inventaire ainsi établi comporte approximations et lacunes[142]. Étant donné les variétés qui coexistent à l'intérieur d'une communauté linguistique, cette pratique descriptive ne nous semble pas critiquable; ce qui l'est, c'est la théorie qui renferme une inadéquation dans la conception de la structure linguistique

Notons encore que, malgré ces imprécisions, les descriptions phonologiques ont des avantages certains et rendent d'indéniables services. C'est que l'usage même du langage comporte — comme paradoxalement le remarque Bloomfield — imprécisions et fluctuations. Dès lors, la description linguistique, si elle se veut reflet de l'usage, doit les prendre en compte. La conclusion que nous croyons devoir tirer de ces remarques est que de même que le manque d'exhaustivité n'a pas empêché les études phonologiques d'être fructueuses, de même il n'y a aucune raison de considérer comme dépourvues d'intérêt les études sur le sens et la situation — même non exhaustives et lacunaires.

6.12. Situation pertinente

Une connaissance — qu'elle relève de la situation ou de la culture —peut n'avoir aucune influence sur la réalisation sémantique. Est-il probable que le sens actuel de *pomme* dans un dialogue soit influencé par la connaissance qu'ont les protagonistes de la texture du costume du chef l'état, du statut familial du président de la cour suprême ou des propriétés de l'algèbre booléenne ? C'est dire que toute situation n'est pas pertinente; et qu'il importe de faire un tri parmi les composants d'une situation pour mettre en évidence ceux qui jouent un rôle dans la communication et les distinguer des éléments non pertinents.

A cet égard, les définitions courantes de la situation laissent souvent à désirer: soit elles ne font pas état de la distinction entre éléments pertinents et éléments non pertinents, soit elles sont tautologiques[143], soit encore elles fondent le tri sur l'idée implicite que les éléments de situation sont en nombre fini[144].

---

140 Cf. *Le langage,* § 8.2.
141 Le hasard a voulu que cela soit littéralement vrai. Cf. *Le langage,* p. 122 et 123.
142 Cf. William LABOV, Why Chicagoans don't understand Chicagoans? Communication au Colloque Nwave XVIII, octobre 1989 à Duke University, USA.
143 Dire à l'instar de Prieto, par exemple, que "la situation pertinente est celle qui influence la réalisation du sens" revient à dire que "la situation pertinente est celle qui est pertinente".
144 Luis, J. PRIETO , *Principes de noologie...*

6.13. Récapitulation

Les problèmes qui viennent d'être évoqués mettent en évidence un aspect important du phénomène "situation": les facteurs dont il est constitué sont multiples et virtuellement conflictuels. D'où la possibilité d'étayer des thèses diamétralement opposées sur des faits empiriques. D'où aussi les difficultés qu'on rencontre quand on tente de proposer des principes, valables pour tous les faits d'une langue donnée. En soi, cela ne poserait aucun problème si l'on ne cherchait pas à caser à tout prix signification et situation dans le cadre rigide d'une distinction binaire où tout phénomène doit être soit pertinent soit non pertinent. En dehors d'un tel cadre, on peut tout à fait concevoir qu'un facteur ait un certain degré de pertinence. Ce qui suppose que les facteurs qui entrent en jeu quand se produit un événement peuvent avoir un lien plus ou moins direct avec cet événement; le rôle qu'ils y jouent peut être plus ou moins déterminant.

Le principe de pertinence absolue semble découler de la conception de structure finie. L'idée de finitude se prolonge jusqu'au niveau du processus par lequel est émise ou perçue la parole; processus conçu comme comportant un nombre fini d'étapes, soumises à un ordre strict. C'est là, la conception classique de la linguistique structurale, certes. Mais bon nombre de ceux qui la critiquent n'y échappent pas. Souvent, les solutions proposées visent à remplacer une conception du processus par une autre. Ce, sans remettre en cause le nombre fini et l'ordre contraignant de ses étapes.

Pour ce qui est de la signification et de la situation, il est généralement admis que le processus comporte les étapes suivantes: [145]le signe linguistique offre des significations virtuelles, la situation favorise l'une et/ou l'autre d'entre elles. Dans cette perspective, un problème — de taille, s'il en est — reste non résolu: "Comment le récepteur saisit-il que dans l'infinité des faits situationnels, le message prend appui sur tel fait précis et non sur tel autre ?"[146]. Poser cette question revient à poser le problème du tri entre les éléments de la situation pour en dégager ceux qui sont pertinents. La recherche de solution à ce problème rencontre des difficultés dont les causes sont — pensons-nous — imputables à la nature même et de la situation et de la signification

Si l'on reconnaît situation et signification comme deux types de savoir, on conçoit aisément que le rôle que chacune est appelée à jouer dans l'actualisation du sens, dépende de son interaction avec l'autre. Plus précisément, le sujet doit avoir recours au signifié pour déterminer quels éléments de la situation sont susceptibles de contribuer à l'établissement du

---

145 Pour simplifier l'exposé, nous nous plaçons au point de vue de l'auditeur dans l'examen du sens. Cela n'implique pas que le point de vue du locuteur soit non pertinent ou symétrique.
146 A ce problème — souvent éludé — aucune solution satisfaisante ne smeble avoir été proposée comme le montre l'examen des définitions courantes de la situation

sens *hic et nunc*. Il doit par ailleurs avoir recours à la situation pour dégager les éléments sémantiques pouvant se réaliser. Autrement dit, le contenu linguistique confère pertinence à certains éléments de la situation, et il est — en retour — actualisé par ceux-ci.

Pour illustrer les rapports situation/signification, prenons le mot *pomme* dans un énoncé comme *veux-tu me chercher une pomme ?* L'interaction entre signification et situation suppose que le récepteur connaisse les virtualités sémantiques de *pomme* (telles que "fruit comestible", "accessoire d'arrosoir", ...), et qu'il cherche dans la situation le ou les élément(s) susceptible(s) de favoriser l'une ou l'autre d'entre elles. Si le locuteur est en train de finir son repas et qu'il ait l'habitude de prendre un fruit pour dessert, l'auditeur sera orienté vers une interprétation; mais vers une autre si le locuteur, occupé au jardinage, cherche à arroser ses semis.

6.14. Des virtualités sémantiques au sens *hic et nunc*

Les relations signification/situation — telles que nous les avons esquissées — posent plus d'un problème. En voici un: comment la situation contribue-t-elle à la mise en évidence du sens actuel ? La conception classique (selon laquelle le signe comporte une gamme de sens, la situation en favorise un ou plus d'un) n'est pas défendable. Car, en dernière analyse, elle est fondée sur l'hypothèse — implicite ou explicite — que les éléments constitutifs du signifié linguistique sont en nombre limité. Or, à notre connaissance, aucune proposition satisfaisante n'a été faite pour en déterminer les limites. Comment peut-on, doit-on terminer l'énumération des sens du mot *pomme* ? Certes, en fait partie le "fruit du pommier". Mais n'y a-t-il pas d'autres éléments — mis à part ceux que nous avons évoqués plus haut: *pomme d'amour, pomme de pin, pomme d'arrosoir* — qui relèvent de ce signifié ? Lesquels ? Considérons *la pomme d'un chenet, la pomme d'un chou, la pomme d'Adam, ma pomme, pomme de terre, tomber dans les pommes,* etc. Y a-t-il lieu d'inclure au signifié de *pomme* le sens qui leur est attribuable dans ces contextes ? A notre avis, exclure ces éléments du signifié de *pomme* serait une décision arbitraire qu'aucun principe théorique ne vient étayer. Ces éléments revêtent-ils la même importance que le premier ? Nous ne croyons pas; même ceux des francophones qui connaissent la totalité de ces propriétés sémantiques[147] ne les manient pas toutes avec une égale facilité, et n'y ont pas accès avec la même aisance et rapidité.

A cela s'ajoute la part variable du signifié, de la situation et de la culture dans l'actualisation du sens. On notera que la connaissance de la situation n'est pas d'une absolue nécessité pour l'appréhension de tous les éléments sémantiques. (Ainsi, si mes tribulations m'amenaient à Tombouctou, Ouagadougou ou un autre lieu que je ne connais pas, je saisirais une partie du sens de l'énoncé

---

[147] C'est pour la clarté de l'exposé que nous introduisons cette restriction, permettant de contourner les variations sociales.

Veux-tu me chercher une pomme , même proféré par quelqu'un que je rencontre pour la première fois. Autre exemple : proféré au bazar de Marrakech, un énoncé comme *qu'est-ce que j'aimerais manger une andouillette* demeure compréhensible, même si sa signification ne trouve aucun ancrage dans la situation immédiate. C'est dire que l'actualisation du sens ne fait pas nécessairement appel à la situation. A l'opposé, le rôle que joue le signifié dans l'actualisation sémantique est variable. A la limite, la part du signe (linguistique ou autre) peut se réduire à la portion congrue, voire être quasi nulle[148].)

Ainsi, si j'aborde le vendeur – que je ne connais pas – d'un kiosque – où je ne suis jamais allé acheter des cigarettes – en lui demandant : "j'aimerais un paquet de Gauloises Blondes". Il y a toutes les chances pour que le vendeur comprenne mon énoncé sans avoir recours à ses connaissances de la situation. En effet, il peut tranquillement se reposer sur ses connaissances culturelles qui veulent qu'un quidam qui dit "j'aimerais un paquet de Gauloises Blondes" à un vendeur d'un kiosque a certainement l'intention de lui signifier qu'il veut acheter un paquet de cigarettes. Mais attention, cet exemple ne fonctionne que pour autant que les interlocuteurs partagent le même savoir culturel. En l'occurrence, cette interaction ne pose aucun problème en Suisse. Par contre, allez aborder le vendeur d'un kiosque en France et dites-lui : "j'aimerais un paquet de Gauloises Blondes", il y a de fortes chances pour qu'il vous regarde avec de grands yeux, signe de son étonnement et de son incompréhension : en France, les cigarettes s'achètent dans les bar-tabacs. C'est dire que l'actualisation du sens ne fait pas nécessairement appel à la situation.

A l'opposé, si un directeur de revue, dont la phallocratie est bien connue, dit à son chef du personnel à propos de son nouveau spectacle : "j'aimerais un paquet de Gauloises blondes", ce dernier devra sans doute faire appel à ses connaissances sémantiques et à ses connaissances de la situation pour comprendre un tel énoncé. Cela signifie que l'influence des facteurs tels que signifié, situation et culture peut varier : l'importance d'un type de savoir peut fluctuer entre le presque tout et le presque rien suivant les cas.

6.15. L'aboutissement du processus sémantique

Autre problème posé par les rapports situation/signification: Comment l'acte de parole peut-il aboutir à un sens *hic et nunc* si et les traits sémantiques et les éléments de la situation sont en nombre illimité ?

En effet, nous avons soutenu que d'une part, la pertinentisation de la situation dépend des virtualités sémantiques, et d'autre part, le sens est réalisé grâce à la situation. Dans ces conditions, tout énoncé devrait rester ambigu. Or,

---

148 Ainsi dans une salle d'opération le signe gestuel (la main tendue) du chirurgien signifie "requête". C'est la situation qui permet à ses auxiliaires de déterminer le reste.

l'expérience montre que dans une très large mesure la communication réussit, et que le récepteur parvient à reconstituer l'intention significative du locuteur. Il convient de noter que 1° les traits sémantiques ne forment pas des classes homogènes, mais consistent en ensembles hiérarchisés. Les différents sens d'un mot lui sont plus ou moins étroitement liés. Dans l'approximation à laquelle procède l'interprétant, abstraction est faite des éléments du bas de l'échelle hiérarchique. Ainsi, *pomme* évoque plus immédiatement le "fruit du pommier" que la "partie de l'arrosoir", 2° les éléments de la situation sont eux aussi hiérarchisés, et au demeurant, l'interprétant part du haut de l'échelle de vraisemblance; ainsi dans nos contrées, l'alternance, toutes, les vingt-quatre heures, entre le jour et la nuit est de loin plus vraisemblable que la journée-saison des régions arctiques, 3° la réalisation sémantique (qui consiste en l'actualisation d'un des appariages sens-culture) s'effectue sur fond de savoirs situationnels. Ainsi, énoncé à Paris, *le jour le plus long* ne prend pas normalement le sens qu'il aurait dans les zones arctiques pendant l'été à moins que des indications expresses ne l'indiquent et 4° il ne faut rien absolutiser: l'interprétation de l'auditeur n'est jamais une reconstruction fidèle de l'intention du locuteur ni en tout point conforme à elle; elle comporte de l'approximation[149], et laisse donc des résidus[150].

6.16. Complexité de la signification

De ce qui précède l'image de la transmission de la signification sort comme douée d'une impressionnante complexité, la saisie du sens d'un énoncé — si simple soit il — faisant appel à un assez grand nombre de facteurs et aux interactions de ceux-ci. La façon dont interagissent ces facteurs est, elle aussi, complexe; à telle enseigne qu'il est difficile sinon impossible d'esquisser, même à grands traits l'ordre dans lequel les divers facteurs entrent en jeu. La difficulté tient — nous semble-t-il — à ce que le poids dont pèsent les facteurs est susceptible de varier d'un cas à l'autre; variabilité qu'on peut illustrer par les rapports entre situation et culture[151]. Nous avons dit ci-dessus que le jeu des influences réciproques signifié/culture est réglé par recours au savoir situationnel et à la vraisemblance qui en découle. Mais cela ne veut pas dire que le sujet apparie nécessairement d'abord un sens et un élément culturel pour ensuite apprécier la vraisemblance de cet appariage à l'aune des données situationnelles. Nous concevons que le processus suit normalement cet ordre; c'est-à-dire que des couples sens/savoir culturel sont formés d'abord et qu'ensuite l'un d'entre eux est retenu sur la foi des données situationnelles. L'ordre inverse n'étant pas exclu, il est certes possible de trouver des exemples pour étayer l'une ou l'autre hypothèse concernant l'ordre de cette interaction. Mais on ne peut valider des hypothèses en se

---

[149] Bloomfield l'admet comme le font bien d'autres.

[150] Toute théorie sémantique propose au moins une catégorie comme réceptacle de ces éléments résiduels, appelés faits non pertinents, connotations, variantes, etc.

[151] Nous employons ici le terme de culture dans son acception large, englobant tout savoir sur le monde.

fondant sur des exemples isolés, ni même en accumulant des quantités d'exemples. En pareils cas, on doit poser clairement le problème pour chercher ensuite des moyens d'un examen empirique. En ce qui concerne les rapports culture/situation, la question est: dans quelles conditions le processus sémantique suit un ordre plutôt qu'un autre ? La question est ambitieuse; en attendant, on pourrait peut-être poser un problème plus simple: lequel des ordres envisageables est le plus fréquent, le plus probable, le plus normal ?

A strictement parler, un exemple ou une collection d'exemples ne prouve qu'une chose: que tel phénomène — par exemple, l'ordre culture-situation — est réel; on ne peut en arguer que le phénomène opposé —en l'occurrence, l'ordre situation-culture — est exclu.

C'est là, l'un des défis que nous lance une structure complexe: deux phénomènes en conflit virtuel peuvent exister au sein d'un même système, chacun étant appelé par des facteurs dont le rôle et la portée doivent être déterminés.

6.17. Accès au savoir culturel

Une fois admis la pertinence des facteurs culturels dans l'interprétation sémantique, on doit 1° énoncer des hypothèses concernant ces relations et 2° chercher des méthodes propres à les vérifier. C'est une tâche à laquelle nous ne nous sommes pas attaqué.[152] Dès lors, l'affirmation qu'il y a chez le sujet parlant telle croyance reste ici une hypothèse dont la validité doit être vérifiée empiriquement.

Noter que les recherches sur les savoirs sociaux ne datent pas d'hier,[153] et ont abouti à d'intéressants résultats; elles montrent entre autres que le savoir partagé n'est pas monobloc; qu'il présente variabilité et hiérarchie.[154] On voit dès lors les difficultés que nous avons à rapprocher nos hypothèses de pareilles donnée empiriques: pour qu'un tel rapprochement soit possible, il faut que les recherches de part et d'autres soient orientées vers les mêmes sphères, et qu'elles réunissent leurs matériaux auprès de la même population.

---

[152] Encore que nous ayons toujours eu soin de préciser nos hypothèses concernant le savoir culturel, allant ainsi dans le sens de l'exigence 1°.

[153] Cf. Eleanor ROSCH & Barbara B. LLOYD, *Cognition...* Roger GIROD, *Le savoir réel de l'homme moderne. Essais introductifs*, Paris: P.U.F., 1991.Et aussi, LAKOFF, G. HEDGES : A study in meaning criteria and the logic of fuzzy concepts in *Papers from the Eight Regional Meeting, Chicago Linguistics Society,* Chicago, University of Chicago Linguistics Departement, 1972. ZADEH, L. A., *Fuzzy Sets, information ans control,* 1965.

[154] Sans opérer une reconversion terminologique, nous estimons claire notre allusion à la prototypicalité.

6.18. Limites du contexte

Le contexte tel qu'il a été délimité dans la partie empirique de cet exposé pose des problèmes dont deux retiendront notre attention ici: la distinction entre contexte phrastique et contexte discursif d'une part, et les liens entre situation et contexte discursif de l'autre; nous en examinerons également les prolongements.

6.19. Phrase et discours[155]

Pour que l'envergure des recherches projetées restent dans des dimensions raisonnables, nous avons dû limiter notre contexte aux énoncés (=phrases), et restreindre l'examen au comportement sémantique de deux mots seulement. L'extension de l'analyse aux interactions sémantiques de plus de deux termes ne nous semble pas poser de problèmes particuliers. La différence essentielle réside dans la complexité que présente l'étude quand on doit examiner les interactions de plusieurs ensembles de traits sémantiques. En d'autres mots, la seule complexité supplémentaire provient de l'accroissement des facteurs pris en compte. Les conclusions que nous avons tirées du jeu d'interaction de deux mots ne semblent pas devoir en subir des conséquences. De même, en passant de la phrase au texte, la complexité croissante procède de la multiplication des facteurs en jeu; et nous ne croyons pas que les mécanismes du processus sémantique s'en trouvent essentiellement modifiés.

Les liens entre phrase et discours ont fait l'objet de longs débats; ceux-ci restent chargés de nombreux malentendus. L'unicité des mécanismes phrastiques et discursifs du sens ne vaut que si l'on admet que 1° le sens de la phrase est la parcelle du savoir linguistique qui se réalise en accord avec la connaissance provenant de la culture et de la situation, et non point indépendamment de celle-ci[156] et 2° le discours n'est pas un amas inorganisé de phrases, mais bien une suite de phrases organisée telle que le sens de l'une peut être condition et conséquence de celle des autres. Il n'est pas rare que dans un texte, le sens des premiers mots se trouve élucidé par celui des derniers ou *vice versa.*[157] Cette conception est loin — nous insistons sur ce point — de celles où l'on estime l'étude de la langue achevée une fois fini l'étude de la phrase, et où l'on croit pouvoir obtenir le sens du discours par le cumul des sens individuels des phrases qui le composent. Cela serait aussi absurde que de considérer — nous l'avons récusé plus haut — le sens d'une phrase comme la simple résultante de l'appariage sémantique de ses constituants. Également absurde de concevoir que le texte, en tant qu'un tout,

---

[155] Par discours ou texte, nous entendons tout ensemble organisé de phrases (ou d'énoncés) sans distinction de substance (oral, écrit, ...)ni de genre (récit, dialogue, monologue, etc.).

[156] Comme le conceveraient la plupart des structuralistes et générativistes. Voir à ce propos le débat entre Searle et Katz. Cf. John SEARLE, *Sens et expression,* ..., chapitre 5.

[157] Nous en donnons des illustrations parcellaires dans "Approximation, vraisemblance et structure sémantique" (à paraître).

peut conférer du sens à la phrase. Une telle conception rencontre les mêmes difficultés que la thèse "sens produit du contexte".

6.20. Situation et discours

Retenir comme objet d'étude le contexte de la phrase relègue au rang du savoir extérieur à cet objet toute les informations contenues dans son entourage linguistique ou le discours. Vus sous cet angle, discours et situation jouent le même rôle en ce que — tout en étant extérieurs à la phrase — ils fournissent des indications pour son interprétation.

Cette délimitation ne relève pas d'un choix arbitraire du descripteur ou de l'analyste. Elle vise à déterminer ce qu'apportent à l'édification du sens de l'énoncé les constituants tant par leurs significations propres que par la compatibilité de celles-ci. Le résultat du processus d'interprétation sémantique, dans cette phase, n'est pas encore le sens *hic et nunc* , mais un (ensemble d') appariage(s). Les appariages sont fondés sur la vraisemblance des combinaisons notionnelles, jugée sur la foi des savoirs et croyances qui relèvent de la culture. Signification et culture sont des connaissances — respectivement, linguistiques ou extralinguistiques — qu'on peut qualifier de *in absentia,* car elles peuvent agir sans être appelées par un quelconque fait ou événement autre que l'acte de parole. Par opposition aux savoirs culturels, nous avons groupé sous la rubrique de circonstances, les connaissances et croyances, d'origine linguistique (*contexte discursif)* ou extralinguistique (situation), connaissances qui ne sont actualisées que dans et par les conditions de production de l'acte de parole. En tant que telles, les circonstances peuvent être considérées comme *in præsentia,* ce que résume le tableau suivant:

	CIRCONSTANCES	ACQUIS
	in præsentia (actuel)	in absentia (virtuel)
extra-ling.	1° situation	2° culture
linguistique	3° signification discurs.	4° signification phrastique

Tableau 10
Situation et contexte discursif

6.21. Les circonstances, catégorie hétéroclite?

Faut-il réunir au sein d'une catégorie unique, appelée circonstances, des faits relevant du langage et d'autres qui n'en ressortissent pas? De même, doit-on répartir l'apport extralinguistique en deux catégories: culture et situation? N'en résulte-t-il pas des catégories hétéroclites, englobant des phénomènes disparates? Nous ne croyons pas. Car une telle catégorisation est nécessaire à l'appréhension des faits sémantiques, et appelée par la complexité qu'ils renferment. Elle permet de combler certaines lacunes de la conception classique du signifié, du sens et de leurs liens.

Selon la conception classique,[158] le sujet récepteur part de la signification abstraite (ou le signifié), qui est une classe de sens concrets unis par des liens de parenté (au niveau de la substance sémantique). Par recours aux indications fournies par le contexte (linguistique) et la situation (extralinguistique), il choisit l'élément le plus adéquat: c'est le sens actuel. Dans cette optique, des problèmes apparaissent dès que l'on pose des questions précises comme: le signifié est-il attribuable à l'énoncé ou aux mots ? Le signifié de l'énoncé se constitue-t-il par l'assemblage des signifiés des mots ? Comment s'opère la sélection qui aboutit au signifié de l'énoncé ?

Les réponses classiques ne sont pas unanimes ni explicites, et demandent sur plus d'un point exégèse et commentaire. Dans une interprétation qui ne pèche pas par excès de pessimisme, le signifié est attribuable tant aux mots qu'à l'énoncé, celui-ci tirant son signifié de la combinaison de ceux de ses constituants. Sur les critères de sélection auxquels fait appel cette combinaison, les théories classiques restent particulièrement discrètes: par le contexte et/ou la situation. Restons un instant sur cette dernière position pour en examiner les tenants et aboutissants.

6.22. Signifié de la phrase *vs* signifié de ses constituants?

On remarquera d'abord que si le processus sémantique consiste en la sélection d'un élément de la classe abstraite qu'est le signifié par recours au contexte et/ou à la situation, on rencontre au moins deux difficultés. Premièrement, le mécanisme contextuel en devient inopérant, car vicié par sa circularité (cf. § 4.13. et 5.19.). Deuxièmement, les seuls facteurs linguistiques ne sont pas susceptibles d'expliquer la sélection. S'ils l'étaient, on devraient obtenir pour chaque énoncé une classe abstraite de sens, prévisible à partir de la constitution sémantique de ses éléments. Mais les données empiriques montrent que ce n'est pas souvent le cas (cf. § 5.13. et 5.15. : Tableau 7).

Cette circularité vaut aussi pour la connaissance des circonstances. Étant donné que les éléments de circonstance sont très nombreux, et que leur connaissance n'est pas également partagée, le récepteur ne les prend pas tous

---

158 Qui, si elle n'est pas "fausse" en soi, est par trop simpliste.

en compte, mais seulement ceux qui peuvent être pertinents, c'est-à-dire ceux dont la prise en compte pourrait l'aider à reconnaître l'intention significative de l'émetteur.

6.23. Le contexte phrastique et le sens concret

Ici apparaît un problème plus fondamental encore: dire que le contexte phrastique contribue à l'actualisation de la signification des mots comporte une confusion entre deux types de faits sémantiques: signifié abstrait et sens concret.

Comparons les significations de *écrire* dans deux énoncés: *Jean écrit* et *Jean écrit un livre*. Il va sans dire que la présence ou l'absence de *livre* exerce une influence sur le contenu sémantique de *écrire* .

Considérons l'énoncé *Jean va composer un cocktail.* Il est évident que le contenu sémantique de *cocktail* varie si l'on ajoute à cet énoncé *au bar* ou *au piano.* Mais cette variation est fonction de ce que connaît le sujet parlant de sa langue et du monde. Il en va tout autrement si le récepteur voit Jean se diriger vers le piano (ou vers le bar) quand il entend cet énoncé; le processus est différent, même si le résultat est le même. Ici, la reconstitution du sens prend appui sur ce que connaît le sujet des situation particulières de l'échange linguistique: temps, espace, émetteur, environnement, et ainsi de suite; pour les variations sémantiques liées à la présence ou l'absence de *au bar* ou *au piano,* le seul point d'appui du récepteur est constitué par les connaissances socialisées, partagées par toute une communauté. Nous croyons fondamentale la distinction entre ce qui est particulier, individuel et ce qui est général, social. Cette distinction — qui, elle aussi, marque les deux pôles d'un continuum — implique la partition du processus sémantique en deux phases: une première phase où en partant du signifié des mots, on procède à l'appariage de sens en se servant des connaissances culturelles comme pierre de touche et une deuxième phase dans laquelle, on se laisse orienter par la connaissance des circonstances pour choisir l'appariage à actualiser, comme l'illustre le schéma suivant:

SIGNIFIÉ DU MOT —CULTURE —> SENS APPARIÉS —CIRCONSTANCES —> SENS RÉALISÉS
NB! —·····—> désigne *sélection opérée sur critère de...*

En considérant ce schéma à la lumière de l'exemple (11) vu plus haut ("Les hommes passaient vider de temps en temps leurs crânes fendus, leurs carcasses démembrées [...]"), on obtient à peu près ceci :

SIGNIFIÉ DU MOT	—CULTURE—>	SENS APPARIÉS
«adj. possessif»	—*degrés de possession*—>	«qu'ils possèdent»
		«qu'ils portent»
SENS APPARIÉS	—CIRCONSTANCES—>	SENS RÉALISÉS
«que les hommes possèdent»	—*guerre*—>	«leur corps blessé»
«que les hommes portent»	—*abattoirs*—>	«les os de boucherie»

Tableau 11
Exemple d'appariage (11)

On peut multiplier aisément les exemples, nous nous contenterons d'en donner encore un:

(15) "—*Permettez, protesta l'inventeur. (...) C'était ce qu'on avait convenu au départ, avec un jour de repos par semaine, le dimanche. Aujourd'hui c'est dimanche.*
—*Il se débrouille bien, fit Joseph avec aigreur. Avec cette histoire de méridien, il y a deux dimanches par semaines ici. Il s'arrange bien. Salaud.* "[159]

SIGNIFIÉ DU MOT	—CULTURE—>	SENS APPARIÉS
«7ème jour de la semaine»	—*7 jours distincts*—>	«deux» +
	—*jour de repos*—>	«un seul dimanche /
semaine»		
SENS APPARIÉS	—CIRCONSTANCES—>	SENS RÉALISÉS
«2 + 7ème jour»	—*méridien*—>	«2 jours de congé / sept»

Tableau 12
Exemple d'appariage (15)

Ce genre de problèmes n'a suscité par le passé que peu de réflexions et de débats. Dans l'ensemble, on a l'impression que le rôle et la place précis des facteurs constitutifs du sens n'intéressent pas beaucoup les courants structuralistes ou générativistes. Et ceux qui s'y intéressent procèdent comme s'il n'y avait pas la moindre parcelle de vérité dans les acquis des recherches antérieures.[160] Une critique exagérée de la conception classique conduit en fait à l'excès inverse, qui revient à minimiser à outrance l'apport sémantique du mot à la signification de la phrase.

---

159 Jean ECHENOZ, *Le méridien...* , p.141.
160 Cf. M. REDDY, "The Conduit Metaphor", in ORTONY, A. (éd.), *Metaphor and Thought*, Cambridge: Cambridge University Press, ainsi que Gilles FAUCONNIER, *Les espaces mentaux: aspects de la construction du sens dans les langues naturelles*, Paris: Minuit, 1984 et leur critique de la conception ferroviaire du sens.

6.24. Le monde factuel, seul univers du discours?

Le processus proposé ne fait-il pas la part trop belle à la culture au détriment de la langue ? Ne risque-t-on pas d'attribuer au langage une puissance sémiotique indûment limitée, si l'on admet que tous les sens virtuels sont mesurés à l'aune de l'expérience partagée de la communauté ?

Disons tout de suite qu'il n'est pas question de restreindre les possibilités communicatives du langage au cadre du monde factuel ni de faire abstraction de ce qui est extérieur à ce cadre. Au niveau de la recherche empirique, il est apparu que dans leur réaction intuitive, les informateurs ne se sont quasiment jamais référé à un monde contrefactuel ou fantastique pour juger des sens possibles. Cette observation conforte la thèse que les mondes possibles ne sont pas tous également probables, mais bien qu'ils présentent une hiérarchie. Nous pensons que sauf indication contraire — et les résultats d'enquêtes semblent le conforter —, le sujet assoit le message reçu dans le monde factuel. Or, dans certaines directions d'étude sémantique, la primauté du monde factuel semble négligée voire ignorée.

Le sujet doit — pensons-nous — disposer de bonnes raisons pour décoller le contenu d'un discours du monde factuel et le transporter ailleurs, par exemple dans un monde fantastique. Une de ces raisons peut être les incompatibilités des éléments constitutifs du discours, marquant une invraisemblance, surtout quand celle-ci est assez persistante pour écarter l'hypothèse de lapsus ou de malentendu. La littérature en fournit de bons exemples. Ainsi, dans *Tous les matins du monde,* des événements incompatibles se côtoient, permettant de saisir le caractère fantastique du récit.[161]

Or, pour déterminer le caractère contradictoire des énoncés, le sujet se sert des connaissances acquises par la vie sociale. Ce qui revient à admettre la médiation obligée des savoirs culturels pour ancrer le contenu sémantique des énoncés dans un monde fantastique. Rappelons encore qu'il n'y a pas d'équivalence entre savoir culturel et expérience du monde factuel. Après tout *dragon, farfadet, fée, gnome, hydre, loup-garou, lutin,* etc. sont parties

---

[161] La femme de M. de Sainte colombe, dont on sait qu'elle est morte depuis des années, vient lui rendre visite. Pascal QUIGNARD, *Tous les matins du monde,* Paris: Gallimard, 1991. Nous en avons discuté plus en détail dans "Approximation, vraisemblance et structure sémantique".
Il en va par ailleurs de même des contes de fée persans, qui commencent et terminent par des formules contradictoires. Voici la formule initiale:*yeki bud yeki nabud* (litt.) "il y avait quelqu'un, il n'y avait pas quelqu'un" et la formule finale :
bâlâ raftim mâst bud
qesse-ye mâ râst bud
pa'in ratim duR bud
qesse-ye mâ doruR bud
"nous sommes allés en haut, il y avait du yaourt, notre histoire était vraie. Nous sommes allés en bas, il y avait du bat-beurre. Notre histoire n'était pas vraie."

intégrantes de la culture française. Relèvent-il pour autant du monde factuel ?

6.25. Limites floues entre signifié, circonstances et culture

La délimitation précise de la culture par opposition aux circonstances pose des problèmes, comme l'illustre l'exemple suivant:

> (16) *Suzy, bien sûr, n'était pas folle quand elle était petite, c'est juste qu'elle baptisait les organes de son corps: son estomac s'appelait alors Simon,...* [162]

On comprend ici que Suzy donne des noms aux parties de son corps; et ces appellations ne semblent avoir aucune autre implication. Que se passe-t-il si l'on ajoute (17) à la suite de (16) ?

> (17) *..., son foie Judas,...*

Cette adjonction ne changera vraisemblablement rien.[163] Il en va de même si l'on ajoute (18) à la suite (16+17)

> (18) *…, ses poumons Pierre et Jean.*

Il est fort probable que le récepteur trouvera par contre à la dénomination suivante une signification:

> (19) *son estomac s'appelait alors Simon, son foie Judas, ses poumons Pierre et Jean. Son cœur changeait à volonté d'identité, ayant d'abord à l'âge de quatorze ans pris celle d'un nommé Robert...*

En effet, le lecteur se doute que Suzy et Robert sont liés par un sentiment d'amour ou de tendresse, et que cette dénomination a un effet de sens précis, ce que conforte la suite du texte:

> (20) *...qui avait été le premier à l'embrasser. (...) Après Robert, la succession des prénoms attribués au cœur de Suzy n'était plus très distincte, elle se souvenait de ceux du frère de sa correspondante anglaise, puis du fils d'un officier de gendarmerie, pas mal de brun dans l'ensemble dont un maître-nageur assez mou mais très, très, très marrant, Gérard. (...)*

Si la suite (16+17) était placée après ce passage, (17) aurait quelque chance d'être chargé de signification — comme allusion, par ex., aux crises de foie

---

162 Jean ECHENOZ, *Le méridien...* , p.82.
163 Excepté si le lecteur a des connaissances particulières en histoire biblique, ce qui serait alors un exemple de l'influence que peuvent jouer des connaissances culturelles particulières dans les interactions contextuelles.

qui vous prennent en traître — ce qui ne serait probablement pas le cas pour (16) dans ce contexte-ci.[164]

6.26. Signifié vs culture

Qu'est-ce qui expliquerait pareils comportements sémantiques ?

Voici une explication possible: dans le cas de (19), le rôle des facteurs culturels est évident dans la mesure où, dans la communauté francophone, on croit que l'amour a son siège dans le coeur.[165] Il n'en va pas de même si les traditions culturelles situent les passions dans un autre organe (par exemple, dans le foie, comme en arabe classique). De même il en va autrement pour le nom attribué au ventre qui a, sous ce rapport, un statut différent de celui du coeur dans la culture francophone.

Mais cette explication n'est pas la seule possible. On pourrait dire aussi que parmi les traits constitutifs de la signification de *coeur*, figure «amour» comme en témoignent des constructions comme *conquérir des coeurs, gagner des coeurs, mon coeur vous est acquis, bourreau des coeurs, mon coeur, mon petit coeur*, etc. Dans ce cas, le savoir culturel n'intervient que pour permettre d'apprécier les appariages plus ou moins vraisemblables.

Les deux tentatives prennent pour acquise une frontière nette entre signifié et culture; or, ceux qui admettent une distinction claire et sans bavure entre les deux domaines ne semblent pas être en mesure de proposer des définitions précises et des critères opérationnels. Nous pensons que — comme l'ont montré les débats des années '60 —'70 entre différents courants de pensée linguistique — le problème des liens entre connaissance linguistique et connaissance extralinguistique reste théoriquement insoluble, étant donné la façon dont il est posé.[166]

Si l'on conçoit signifié et culture comme deux types de savoir, ne peut-on envisager que chacun possède en son centre un faisceau de phénomènes typiques où leur distinction ne pose pas de problèmes, et que dans des zones marginales, les faits atypiques des deux — signifié et culture — se ressemblent fort et s'enchevêtrent inextricablement?

---

[164] Nous n'avons pas procédé à une enquête en bonne et due forme. Ces réactions sémantiques ont été recueillies par un sondage auprès de 6 informateurs.

[165] Ou l'on a cru que le coeur était le siège de l'amour, et la locution a gardé les traces de cette croyance ancienne.

[166] Ceci est surtout le cas des concepts qui ne peuvent être acquis, maniés et transmis que par la médiation langagière. Sont-ce là des éléments du signifié linguistique? Ou bien relèvent-ils de la culture?

6.27. Signifié vs circonstances

Le cas de (17) est plus complexe, comme nous l'avons vu au §6.25. Que, placé après (20), il reçoive une motivation ne peut être simplement imputé aux circonstances, étant donné que les mêmes facteurs ne produisent pas cet effet sur (16). Force est de reconnaître que le rôle des circonstances se limite à favoriser l'actualisation de certaines virtualités que possède (17). Or, (16) ne comportant pas de virtualités analogues à celles de (17), les circonstances ne peuvent y apporter des modifications parallèles.

6.28. Circonstances vs culture

La distinction n'est pas plus facile entre culture et circonstances, ainsi qu'il en a été question au § 6.10. Considérons un exemple:

> (21) *Ils s'allongèrent sur ce nouveau lit de feuilles vernies, et roulèrent enlacés entre hier et demain, et jouirent d'un indatable aujourd'hui.*[167]

Cette phrase fait-elle sens ? Si oui, dans quelles circonstances ? Le sens sera sans doute plus clair si l'on signale les circonstances en précisant le cadre spatial de l'événement à travers lequel passe le méridien de Greenwich. Le serait-il pour tous les francophones ? On peut en douter. Le problème se pose dans les mêmes termes pour les phrases suivantes:

> (22) *Il y a deux dimanches par semaines ici.*[168]

> (23) *Dans ce pays la veille et le lendemain sont distants de quelques centimètres.*[169]

En fait, les difficultés que rencontre la distinction entre culture et circonstances sont prévisibles: la culture est définie comme un savoir socialisé, général, alors que dans le cas des circonstances, il s'agit de non partagé, de particulier. Où passe la limite entre le savoir social et le savoir particulier ? A partir de quel degré de socialisation le savoir circonstanciel se transforme-t-il en savoir culturel ?

Ci-dessus, nous avons essayé de fonder la distinction contexte/circonstances non sur leur nature linguistique ou extra linguistique mais bien sur leur rôle dans la constitution du sens. Même dans ce cas, des problèmes subsistent.

6.29. Limites de nos recherches empiriques

L'examen empirique que nous avons mené sur les phénomènes touchant au contexte en sémantique n'a pas été complet. Certaines limites sont dues à des

---

[167] Jean ECHENOZ, *Le méridien...* , p.11.
[168] Jean ECHENOZ, *Le méridien...* , p.141.
[169] Jean ECHENOZ, *Le méridien...* , p. 10.

facteurs matériels: avec des moyens plus développés, il aurait été souhaitable de soumettre certaines autres hypothèses au verdict de l'empirie.

D'autres limites sont dues à des facteurs théoriques. Toute recherche expérimentale réduit l'objet à certains de ses aspects et en laisse d'autres hors du cadre d'étude. C'est à cette condition qu'elle parvient à contrôler les facteurs en jeu, et à apprécier le rôle et la portée de chacun. Dès lors, on ne peut s'attendre à ce que de l'expérimentation ressorte l'image absolument fidèle de la réalité linguistique. L'image qu'on obtient est nécessairement partielle. Il s'ensuit que dans les conclusions qu'on en tire, on doit être très prudent. Ainsi, si aucune des interprétations sémantiques observées dans une enquête ne renvoie à cet univers, on ne peut en conclure que le sujet n'est pas capable de se référer à un univers fantastique; on peut émettre l'hypothèse que le sujet ne situe le contenu d'un message dans un monde merveilleux que dans des conditions précises, lesquelles n'ont pas été satisfaites dans notre enquête.

6.30. Sens, équilibre instable de facteurs multiples

Récapitulons. Le processus de la restitution (ou de l'interprétation) du sens d'un énoncé fait appel — comme on vient de le voir — à des facteurs multiples qui s'interpénètrent et se trouvent, sous un aspect ou un autre, en conflit virtuel. Le processus de l'interprétation sémantique vise à extraire de tous les sens virtuels (le signifié ou la signification) un ou un ensemble compatible avec l'expérience qu'a le sujet du monde (la culture) et la connaissance qu'il a des conditions de l'acte de communication (ou les circonstances). Toute réalisation sémantique procède de la levée des incompatibilités pour conférer à l'énoncé un sens plausible. Ainsi s'engage un jeu complexe entre diverses connaissances, toutes comportant des éléments nombreux, variables mais hiérarchisés.

Une telle esquisse pourrait donner l'impression que le processus de perception du sens est conçu comme une opération soumise à un ordre rigide et suivant un scénario unique, un peu comme ceci:

Signifié =>culture=> appariages =>circonstances=> sens actuel

Il y a de sérieuses raisons de croire que dans certains cas, le sujet peut faire — ou fait effectivement — économie de certains critères, de certaines opérations. Dans une campagne électorale, par exemple, il suffit d'entendre des bribes d'énoncé pour percevoir l'intention significative d'un orateur, pour peu que l'on connaisse son orientation politique. Dans un tel cas, certains chaînons du schéma seraient superflus.

De façon générale, les facteurs en présence ne pèsent pas d'un poids égal dans le processus, ni n'entretiennent entre eux des relations hiérarchiques préétablies, constantes. D'où la variété des processus de perception sémantique.

Cependant le processus sémantique qui est proposé ici présente un intérêt en ce que 1° il montre la complexité de la structure sémantique, 2° il met en évidence la possibilité d'un modèle sémantique susceptible d'un contrôle empirique et 3° il permet d'éviter les prises de positions extrêmes, résultant de l'échec de tentatives fondées soit sur une conception trop simple de la structure soit sur une prise en compte partielle — partiale? — des facteurs du sens.

7. AU FOND :

PENSÉE ET LANGAGE.

7.1. De la pensée et du langage

En essayant de clarifier la nature du contexte linguistique, nous avons été amené à tenir compte des savoirs du sujet parlant, de leur variété et de la façon dont ces savoirs agissent les uns sur les autres dans le processus de la construction du sens.

Le problème des liens entre langage et pensée n'a rien perdu de son actualité. La recherche linguistique du XXᵉ siècle n'a guère directement contribué à éclairer ce débat ou du moins la position du problème. Mais d'importantes conclusions peuvent être tirées des travaux qui *a priori* n'ont pas une visée philosophique, et qui se donnent pour tâche l'étude d'objets scientifiques tels que structure syntaxique et/ou sémantique.

Par un cheminement technique — c'est-à-dire en empruntant l'itinéraire d'un raisonnement linguistique — nous voulons mettre en évidence quelques difficultés que rencontre la linguistique structurale prise dans son acception la plus large. On ne pourra aplanir — pensons-nous — ces difficultés en peaufinant les techniques descriptives. Dès lors, s'impose une refonte des bases théoriques de la linguistique. Pareille entreprise conduit à concevoir les langues douées d'une structure, non formelle et simple, mais bien relative et complexe.

Cette conception est riche en implications tant pour la théorie linguistique que pour les modèles descriptifs et explicatifs. L'une des conséquences de cette conception est qu'il n'y a pas de solution de continuité entre domaines objectifs; ainsi, langage et pensée apparaîtront non comme deux ordres de faits séparés par un *no man's land*, mais bien comme situés sur un continuum où l'on opère des découpages — arbitraires mais indispensables — en fonction des besoins de la recherche et selon l'état de nos connaissances à un moment donné. Une autre implication de cette complexité est que le langage, la pensée et leurs rapports seront à considérer comme hétérogènes. C'est dire d'une part que langage et pensée sont des systèmes constitués de strates hétérogènes, et d'autre part que les parties des systèmes linguistiques n'entretiennent pas le même type de rapport avec les parties des systèmes de pensée.

7.2. Place de la pensée dans la théorie linguistique

Les rapports entre langage et pensée ont suivi un étrange destin dans la linguistique — structurale comme post-structurale. Le point de départ fut le divorce d'avec les thèses millénaires qui considéraient le langage comme un reflet de la pensée, déterminé par celle-ci si non identique à elle. Dans le développement de la linguistique, on peut distinguer deux courants: le premier consiste à inverser les rapports, en postulant que c'est le langage qui détermine la pensée, conditionne la "vision du monde". L'autre courant, par souci d'objectivité et de pureté méthodologique, tente d'exclure du domaine de la recherche linguistique toute référence, tout recours à la pensée.

Pour commencer, nous examinerons les deux positions afin d'en mettre en évidence les conséquences pour la recherche linguistique. Ces positions — certes extrêmes et diamétralement opposées — ont curieusement abouti à un résultat similaire: présence occulte de la pensée dans la pratique de la recherche linguistique.

7.3. "Vision du monde"

L'hypothèse Sapir-Whorf est extrême, en ce qu'elle prend le contre-pied des thèses classiques: l'interdépendance entre les deux ordres de fait[170] n'est pas remise en cause, mais les rôles changent. On reconnaît l'existence autonome des catégories linguistiques en terme desquelles on devrait déterminer la pensée et ses catégories.

Cette remise en question est en elle-même positive: si l'on prétend que la pensée conditionne la structure des langues, on doit admettre que les différences dans la structuration linguistique — surtout aux niveaux syntaxique et lexical — reflètent des différences de la pensée. Dès lors, on est amené à reconnaître que la pensée humaine n'est pas une; et qu'elle varie d'une communauté à l'autre. Il y a là une hypothèse intéressante, même si dans la perspective Sapir-Whorf, il ne semble pas possible de l'étayer par des arguments théoriques convaincants et/ou par des faits empiriques incontestables. Car le cadre théorique ne fournit pas de la pensée une définition adéquate pas plus qu'il n'indique les moyens appropriés d'y accéder.

Tout bien considéré, l'hypothèse Sapir-Whorf est constructive si on la ramène à ses justes proportions, soit 1° la pensée humaine est loin d'être universelle et homogène et 2° le parallélisme partiel entre pensée et langage ne nous autorise pas à conclure que l'une conditionne l'autre. Au-delà, elle est passible des mêmes critiques que les thèses classiques. Dans les deux cas, les données invoquées sont toutes de nature linguistique, la pensée n'est prise en compte que sous ses aspects accessibles par la médiation langagière. En toute rigueur, on ne peut donc en arguer que la pensée est conditionnée par le langage ni qu'elle le conditionne.

---

170 On trouve l'interdépendance entre langage et pensée ou «la conaturalité des catégories de la pensée et catégories grammaticales» chez de nombreux auteurs dont Aristote, Husserl, Kant, Brøndal, ...Cf. fernando GIL, in *Encyclopedia Universalis*, sous "catégories".

7.4. Contourner la pensée?

La linguistique structurale — s'étant donné pour tâche la quête d'une connaissance scientifique — s'est efforcée au respect de l'objectivité. Partant du principe que la pensée n'est pas directement observable, elle a tenté de délimiter son objet de façon à éviter tout recours à la pensée. Ainsi est proclamée l'autonomie de la linguistique qui doit étudier "la langue en elle-même et pour elle-même"[171].

Les discussions théoriques sont peu éclairantes sur la façon dont le programme structuraliste envisage de faire abstraction de la pensée. On remarquera que si le terme "pensée" est soigneusement évité dans la définition de l'objet de la linguistique, la notion y est présente mais affublée d'autres termes. Par ailleurs, au niveau de la description, l'intuition est mise à contribution à un titre ou un autre.

Ainsi, Bloomfield — qui combat le mentalisme — ne se refuse pas à fonder ses descriptions sur l'intuition du sujet, qui n'est en général autre que le descripteur lui-même. Dans certains cas, il va jusqu'à affirmer ce que serait la réaction intuitive du sujet si on l'interrogeait sur les faits de signification[172]. C'est littéralement jeter aux oubliettes l'objectivité tant prônée: non seulement il a recours à l'introspection, mais se croit en outre autorisé à prévoir le jugement introspectif des autres sujets.

De façon générale, si l'on refuse le droit de cité à l'intuition, de deux choses l'une: ou bien on adopte l'attitude paradoxale qui consiste à supplanter l'intuition du sujet parlant par la sienne propre, comme le montrent les cas cités; ou bien on se trouve obligé de limiter indûment l'objet de la linguistique pour le ramener au signifiant seul, comme c'est le cas dans la perspective d'un distributionnalisme strict tel celui de Harris[173].

De même, tous ceux qui — au nom de la pureté méthodologique — réclament l'autonomie du langage et rejettent tout recours à la pensée, introduisent des éléments psychiques sous d'autres termes. C'est ce que fait Bloomfield, quand il emploie des termes comme "situation du locuteur" ou "réaction de l'interlocuteur" pour évoquer des faits de nature psychique tels que la signification ou le savoir culturel. Les exemples peuvent être multipliés à souhait.

D'aucuns, parmi les structuralistes, bravent ce tabou, et font état d'une dimension cognitive dans les langues. Mais souvent, la différence s'arrête là, au niveau terminologique quasiment. Ainsi un Prieto, qui reconnaît que la

---

171 Ferdinand de SAUSSURE, *Cours de linguistique générale*, p. 38
172 Leonard BLOOMFIELD, *Le langage*, …, § 9.3.: «Il est à remarquer que si un observateur étranger demandait la signification de *j'ai faim*, l'enfant et la mère le lui définiraient toujours, dans la plupart des cas, dans les termes du sens donné par le dictionnaire.»
173 Zelig S. HARRIS, *Structural Linguistics*, Chicago: Chisago University Press, 1951

langue est une connaissance, mais ne pose pas le problème de la marche à suivre pour observer cette connaissance[174]. Ce qui revient à attribuer sa propre subjectivité au sujet parlant, à la légitimer ainsi, et à l'universaliser.

Les difficultés que rencontre la linguistique structurale dans son approche des rapports entre pensée et langage relèvent de trois ordres au moins:

a) arbitraire linguistique vs *homogénéité de la pensée.* La pensée est conçue comme un phénomène homogène et universel. A l'opposé, la structure linguistique est conçue comme *sui generis;* les faits de langue peuvent donc varier d'une communauté à l'autre. Dans ces conditions, quels liens pourraient exister entre une catégorie linguistique et une catégorie de la pensée?

b) Langue, structure formelle vs *pensée amorphe.* On part du principe que la structure d'une langue est formelle, c'est-à-dire constituée d'un nombre limité voire fini d'éléments régis par des règles absolues; somme toute, une structure simple[175]. Or, à la pensée on attribue une richesse et une complexité infiniment plus grandes quand on ne va pas jusqu'à la considérer comme non structurée ou comme une nébuleuse "amorphe"[176]. Quelles correspondances significatives pourrait-on concevoir entre des faits aussi incommensurables?

c) Relations simples ou absence de relations. Les relations possibles entre langage et pensée sont aussi conçues comme simples. Dès lors, le problème est présenté comme une alternative: est-ce le langage qui conditionne la pensée ou bien l'inverse? Ce qui exclut la recherche de relations multiples et complexes entre les deux ordres de faits.

7.5. La linguistique post-structurale
La crise de la linguistique structurale dans les années '60 lève l'hypothèque sur la pensée, ou du moins contribue à la lever. De nouvelles orientations apparaissent, dont deux retiendront notre attention: recherches formelles et recherches sur situation et savoir extra-linguistiques.

7.6. Recherches formelles
Dans cette perspective, on peut citer la grammaire générative transformationnelle, qui marque son originalité face à la linguistique structurale classique en reconnaissant droit de cité à la pensée et en mettant en évidence ses liens indissolubles avec le langage. Mais Chomsky et ceux qui le suivent consacrent l'essentiel de leurs efforts à la découverte des bases universelles, innées de la pensée humaine qui est censée déterminer la structure profonde des langues. Dans ce nouveau cadre conceptuel, ne sont remis en cause ni la finitude ni la simplicité qui caractérisent la structure

---

174 Luis J. PRIETO,*Principes de noologie...*, et *Pertinence et pratique,* Paris, Minuit, 1975
175 Ce principe est explicite chez HJEMSLEV, Cf. ses *Prolégomènes...*
176 SAUSSURE, *Cours ...,* p. 155

formelle. Critiquant la linguistique structurale pour son caractère peu formalisé, la grammaire générative transformationnelle pousse l'élaboration formelle plus loin pour ramener les langues à la structure la plus simple, la plus générale. Elle espère parvenir ainsi à mettre à jour les liens universels et innés de la pensée avec le langage.

Comment la grammaire transformationnelle en arrive là? Car, au demeurant, la direction de recherche ainsi esquissée est prometteuse; on peut s'attendre au décloisonnement du domaine linguistique, à la prise en compte des phénomènes de pensée[177]. Beaucoup y placent de grands espoirs. Très tôt, la perspective est bouchée par des obstacles de taille, dus — croyons-nous — à deux postulats qui constituent le pari — audacieux, s'il en est — de Chomsky, à savoir:

a) Innéité et universalité. L'essentiel du langage humain est inné, donc universel.

b) Simplicité. La structure du langage humain est simple.

Dès lors, Chomsky et les chomskyens consentent de gros efforts pour la recherche de la structure la plus simple, censée être la plus adéquate au langage humain. Sur le plan des techniques descriptives, ces postulats permettent de faire appel à des procédures telles que:

i) recours à la seule intuition du descripteur; ce qui se justifierait par l'homogénéité et l'universalité;

ii) distinction compétence/performance; censée faire le départ entre ce qui est universel, essentiel et ce qui n'est que spécifique aux langues particulières;

iii) transformations; supposées mettre à jour les régularités générales, occultées par les caprices des différences superficielles.

Il reste, dans un tel cadre théorique, peu de place pour les faits de pensée; ceux-ci se résument en deux ordres de faits qui consistent d'une part en ce que le linguiste puise dans sa propre pensée (si tant est qu'elle se reflète dans l'introspection et le jugement intuitif du linguiste); et d'autre part en ce que les procédures transformationnelles permettent de généraliser. Somme toute, le sort réservé à la pensée dans la grammaire générative n'est guère différent de celui que lui réservait la linguistique structurale.

Par ailleurs, il y a quelque chose de paradoxal dans cette démarche: d'une part, on se méfie de la forme signifiante, en faisant valoir — à juste titre — que tous les éléments du contenu sémantique n'ont pas nécessairement de contrepartie dans l'expression; ce qui permet de dégager de nouvelles

---

177 Le titre d'un ouvrage de Chomsky — *Language and Mind,* New York: Harcourt, Brace & World, 1968 — semble conforter ces espoirs.

catégories sémantiques. D'autre part, on attribue, à ces mêmes catégories, des propriétés formelles comme critères d'identification; ainsi quand la différenciation ou le regroupement des catégories syntaxiques sont fondés sur un type de transformation. Parce qu'après tout, rien ne garantit le parallélisme forme/sens à ce niveau plus qu'à un autre. N'est-ce pas là une survivance du behaviorisme? Ou une façon de perpétuer le principe du primat de la forme sur le sens?

Il n'est pas étonnant qu'un Postal[178], générativiste, admette — tout comme un Prieto[179] — que la structure de la langue est une connaissance, sans se soucier de la façon dont on doit s'y prendre pour l'observer. Le contraste est frappant entre le luxe de détail avec lequel les générativites débattent des techniques descriptives (transformationnelles, ou autres) d'une part et de l'autre, la légèreté avec laquelle ils traitent de la connaissance du sujet. On retrouve ici la même confusion entre l'intuition du descripteur et le savoir du sujet parlant.

7.7. Situation et savoir extra-linguistiques

Sous un tout autre aspect, la linguistique post-structurale a connu une nouvelle perspective: des études ont été consacrées à un ensemble de phénomènes — jusqu'alors souvent relégués au rang de faits non pertinents — tels que le savoir culturel, la connaissance des circonstances de l'acte de communication, les moyens auxquels a recours l'interlocuteur pour reconstituer l'intention significative du locuteur. Quelles qu'en soient l'origine et l'appellation — énonciation, pragmatique, actes de langage, analyse du discours ou du dialogue, cohérence, cohésion, ... —, ces courants témoignent d'un regain d'intérêt pour certains faits de pensée. Ils montrent à l'évidence le rôle des savoirs non linguistiques ainsi que la complexité du processus sémantique. On prend du recul par rapport à la conception simple qui réduit indûment la part du linguistique dans l'étude de la signification. Le linguiste ne peut plus estimer sa tâche accomplie, une fois attribué à chaque signe un signifié (abstrait); mais se doit d'examiner la façon dont s'y prend l'interlocuteur pour traduire dans un ou des sens (concrets) ce signifié. Considérons un exemple, souvent cité:

A — *il fait frais*
B — *je vais fermer la fenêtre*

Décrire le sens des mots dont est le composé l'énoncé de A ou le sens littéral de son énoncé ne suffit pas à montrer par quel cheminement B est parvenu à saisir l'intention de son interlocuteur. A l'évidence, ici des facteurs entrent en jeu dont présupposés, connaissance des conditions d'échange, croyances, etc.

---

178 Cf. Paul POSTAL, Epilogue, in JACOBS & ROSENBAUM, *English Transformationnal Grammar,* Waltham, Zerox College, 1968.
179 Cf. PRIETO, La découverte du phonème, in *Pertinence...*

Si l'on fait abstraction de défauts mineurs (tels certains dogmes du structuralisme classique qui restent encore en vigueur, du moins chez certains de ceux qui se réclament de ces courants; ainsi quand on fonde sur des critères transformationnels la caractérisation et le classement des actes de langage, comme si expression et contenu étaient en l'occurrence co-extensifs ou isomorphes), on doit reconnaître que dans l'ensemble, cette direction de recherche a des apports appréciables: elle permet des analyses précises grâce au recours au savoir — lié au contexte, à la situation, aux croyances, à la connaissance du monde, à la culture, ... — dont disposent les interlocuteurs, mais qui n'est pas véhiculé par l'énoncé[180]. Le descripteur prend souvent pour objet de l'étude des matériaux linguistiques effectivement réalisés, passant outre l'interdiction — décrétée par les transformationnistes — de recours au corpus. Ces recherches mettent aussi fin à l'expectative où se trouvaient les descriptions visant à dégager une structure sémantique purement linguistique, non entachée de vestige du contexte, de la situation ou autres recours hérétiques aux phénomènes censés relever de disciplines connexes.

Cette direction nous apporte tout un ensemble d'études détaillées montrant le cheminement complexe qui aboutit à la réalisation du sens *hic et nunc*. Le problème majeur que soulèvent ces recherches est le manque de perspective globale. On conçoit bien la nécessité du recours à des techniques différentes pour l'observation et la description des objets aussi divers que le texte littéraire, le langage enfantin, le débat scientifique, la communication homme-machine, etc. Mais par delà les techniques descriptives complémentaires quelles sont les caractéristiques partagées qui forment la base commune, la plate-forme de la discipline linguistique? Bien que l'écart entre différents courants théoriques se soit considérablement réduit depuis, il n'est toujours pas facile de répondre à cette question. Sans doute, l'atmosphère d'âpre polémique où se sont développées les nouvelles orientations ont conduit leurs initiateurs à durcir quelque peu leurs positions. En outre, la plupart des études manquent de perpective et quand elles en présente une, elle n'est esquissée qu'à grands traits.

7.8. Aspects des rapports langage/pensée

On peut étudier les relations du langage à la pensée à plusieurs niveaux; ce qui conduit à formuler toute une gamme de problèmes dont nous citerons quelques uns en vrac: les mécanismes linguistiques ont-ils des corrélats au niveau de la pensée? Et dans l'affirmative, de quelle nature est cette corrélation? Les structures linguistiques sont-elles accessibles à la conscience du sujet parlant? Si oui, la conscience linguistique est-elle également répartie sur les différents types d'élément linguistique: signifiant, signifié, signe? Est-

---

[180] Nous nous gardons de qualifier d'extra-linguistique ce savoir, étant donné le caractère flou de la frontière entre le savoir linguistique et le savoir extra-linguistique.

elle également répartie sur les différents niveaux d'articulation linguistique, c'est-à-dire indépendamment de la taille des éléments, soit phonèmes, syllabes,... pour le signifiant; et pour signe ou le signifié: monèmes, mots, syntagmes, énoncés, ...)? L'intuition linguistique du sujet peut-elle servir de critère pour identifier ou distinguer les éléments langagiers? L'intuition peut-elle — outre équivalence ou différence entre deux ou plusieurs formes linguistiques — révéler les propriétés que possèdent celles-ci?

Ces problèmes ont tous leur pertinence; ils sont en outre liés entre eux, et chacun a des implications considérables et des ramifications multiples. Mais c'est un ensemble trop vaste pour permettre un examen poussé. Dans ce qui suit, nous centrerons d'abord notre attention sur le statut de la signification dans le langage et dans la pensée (§ III). Nous essaierons de voir par la suite si et dans quelle mesure le concept de structure et les méthodes d'analyse dans le domaine d'autres faits linguistiques ne doivent subir une refonte analogue (§ IV).

7.9. Accès au sens

Comment peut-on observer le sens? Quels sont les éléments — monèmes, mots, énoncés, textes, etc. — qu'on peut et doit prendre en compte dans l'étude sémantique? Quelle est la part linguistique dans ce qui se réalise de sens dans les échanges langagiers? La signification linguistique est-elle douée d'une structure? Quelle est le contour de cette structure?

Les réponses à pareilles questions sont trop diverses pour qu'il soit possible de les ramener à un commun dénominateur pour toute la linguistique du XXe siècle sans tenir compte des différences d'écoles[181].

7.10. Les structuralistes

Les positions les plus généralement défendues par les structuralistes peuvent être récapitulées ainsi:

a/ Le sens ne peut être observé que dans le comportement du sujet parlant.

b/ L'observation ne peut porter sur les unités isolées, mais bien sur les énoncés échangés entre usagers d'une langue.

c/ On ne peut attribuer de sens aux éléments constitutifs de l'énoncé qu'en tenant compte de leur apport à la signification globale de l'énoncé

---

[181] Et en tenant compte des différences d'école, il faut procéder à de fastidieux exégèses et commentaires. Nous avons discuté de certains aspects de ces problèmes dans Mortéza MAHMOUDIAN, *Modern Theories...* (chap. V-VII), ainsi que dans Structure du signifié... et Où en est la sémantique?, in *La linguistique*, 25, 1989-1, p.5-13.

d/Parmi l'ensemble des éléments de sens qui se réalisent dans tout acte de parole, certains sont pertinents mais d'autres non, car réalisés grâce au contexte ou à la situation. Par conséquent pour mettre en évidence la part linguistique du sens, il faut faire abstraction des éléments non pertinents.

e/La signification linguistique est douée d'une structure formelle (c'est-à-dire constituée d'unités discrètes en nombre fini et de règles absolues).

Ainsi, la structure linguistique est conçue comme un système clos. Ce dans une acception double: ses éléments constitutifs forment un ensemble fermé d'une part et d'autre part, l'objet langage constitue un domaine nettement délimité, et la linguistique une discipline autonome.

Suivant ces principes, l'étude de la signification vise en premier lieu à dégager pour toute unité ou séquence un signifié — noyau sémique constant à travers toutes ses réalisations — et de le distinguer clairement des effets de sens qui s'y ajoutent grâce au contexte et à la situation. Dans une description quelque peu exigeante, on signale aussi certaines des variantes du signifié. Rares sont les cas où l'on s'intéresse au cheminement qui mène du signifié à ses réalisations multiples et variées. Nous ne discuterons pas plus en détail de ces thèses qui sont souvent explicitement énoncées, et dont nous avons donné un examen plus poussé ailleurs[182].

Cette récapitulation ne tient pas compte des positions extrêmes (comme les courants qui vont jusqu'à récuser l'existence d'une structure aux faits de sens, et par voie de conséquence, la possibilité d'une étude scientifique sur le sens[183]; ou ceux qui considèrent les faits sémantiques comme doués d'une structure formelle, mais attribuent à la substance — sémantique, en l'occurrence — si peu de pertinence que l'objet se confond avec la structure est résorbé par elle[184]). Elle ne reflète pas non plus les contradictions inhérentes aux théories structurales[185]. Ni non plus les hésitations ou les contradictions dues à l'évolution d'une théorie[186].

---

[182] Cf. Mortéza MAHMOUDIAN, *Modern Theories ...,* § VI.11. où l'on examine la description sémantique que donne Roman JAKOBSON des cas russes.

[183] Cf. Zelig S. HARRIS, La tructure distributionnelle, ..., p. 15-34.

[184] C'est la position de Hjelmslev quand il dit que "tant l'objet que ses parties n'existent qu'en vertu de ses rapports de dépendances; [...]" Et plus loin " Les «objets» du réalisme naïf se réduisent alors aux points d'intersection de ces faisceaux de relations; [...] Ces relations [...] sont la condition nécessaire pour qu'existent des points d'intersection.". Cf. Louis HJELMSLEV,*Prolégomènes* ..., § 9.

[185] Ainsi, un Bloomfield qui prône que l'étude du sens soit fondée sur l'observation des stimli et réactions, mais dans ses propres études agit comme s'il était permis d'imaginer ces stimli et réactions.

[186] Ainsi André Martinet, qui vers les années '60 émet des doutes sur la possibilité de l'étude scientifique du sens (Cf. *Eléments de linguistique...*), dans les '70 propose un modèle pour l'analyse l'analyse de la signification (Cf. "L'axiologie, ...") pour revenir en 1989 à ses positions des années '60 (Cf. *La linguistique* 25/1 (1989), p. 136).

Cependant, la discussion ne perd pas de son intérêt dans la mesure où l'on tente d'évaluer les thèses sémantiques (et non de retracer de façon précise l'itinéraire suivi par la linguistique au cours de son évolution).

7.11. Courants post-structuraux

Les positions prises par des courants post-structuraux peuvent être caractérisées par un réexamen des principes structuralistes qui, pour finir, s'étaient transformés en dogmes. Ainsi est remise en cause l'existence même du noyau sémique constant à travers tous les emplois d'un mot, mais aussi l'existence de liens organiques — ou de liens de parenté au niveau de la substance sémantique — entre les différentes réalisations d'un signe linguistique. C'est là un net progrès par rapport aux positions classiques où le descripteur met à profit toute son ingéniosité pour grouper sous le même chef un ensemble disparate de réalisations sémantiques, et où l'on a l'impression qu'au lieu d'être fondée sur un objet et des méthodes bien définis, la description se justifie par un credo: celui de l'existence d'une structure formelle dans le domaine du sens. L'apport appréciable des recherches qu'on peut grouper sous le terme général de pragmatique consiste — comme nous l'avons vu ci dessus, Cf. § 7.7. — essentiellement en l'abandon de certains dogmes, et en la prise en compte de nombre de facteurs qui sont à la base de la richesse et de la variété des sens potentiels. Ce qui aboutit à l'éclatement du carcan de la structure formelle et à l'ouverture de la description sémantique sur des faits volontairement ignorés jusqu'alors.

Prenons un exemple. Dans *Les mots du discours*, Ducrot montre bien que le sens de l'énoncé ne peut être toujours obtenu par l'assemblage des significations individuelles de ses constituants; selon Ducrot, l'énoncé véhiculerait des indications concernant les conditions de son énonciation, livrerait donc la clef de sa propre interprétation. Ainsi, *mais* ne relierait pas deux propositions douées de significations opposées; il indiquerait seulement qu'il y a entre les faits relatés par ces propositions une incompatibilité dont il faudrait chercher les raisons dans les circonstances où il a été produit (d'où le caractère instructionnel de la sémantique telle que la conçoit Ducrot)[187]. Ainsi dans *Pierre est là, mais Jean ne le verra pas* et *Pierre est là, mais ça ne regarde pas Jean*[188] .

Dans ces deux exemples *mais* établit une opposition entre deux entités sémantiques qui n'ont aucun rapport direct avec les segments qu'il relie[189].

Dans cette perspective, on ne pourrait observer la signification de la phrase ni du mot. La seule donnée observable serait le sens de la phrase, réalisée

---

187 "La La phrase dit seulement ce qu'il faut faire pour découvrir le sens." Ducrot, *Les mots du discours*, Paris, Minuit, 1980, p. 17; cf. p. 121.9-14.
188 DUCROT, *Les mots du discours*, …
189 O. DUCROT, *Les mots du discours*, …, cf. p. 15-16

dans une situation déterminée. La signification serait un construit qui se justifierait si elle permettait de prévoir le sens de la phrase dans telle ou telle situation d'emploi. Ce serait une justification indirecte. Elle serait encore plus indirecte dans le cas du mot, étant donné que sa signification devrait être construite par l'examen de son apport à la signification de la phrase laquelle signification permettrait censément de prévoir le sens de l'énoncé.

Quels sont les présupposés qui permettent de concevoir de la sorte la signification du mot? Quel est le postulat — sous-jacent à cette conception — concernant le statut de la signification (dans le psychisme et dans la société) et les conditions de son observation? A certaines de ces questions, on peut trouver des réponses explicites. Ainsi, Ducrot part du principe que le sujet parlant ne peut «évoquer directement [sa] connaissance [de la signification de la phrase], la rappeler à la conscience, sans avoir à étudier l'utilisation que lui-même ou d'autres en font dans l'interprétation d'énoncés, donc de discours.»[190] A *fortiori,* «on ne saurait s'appuyer sur une intuition du mot pris hors situation[pour mettre en évidence sa signification]. Mais, en plus, on ne peut pas recourir à l'observation pour déterminer la valeur du mot en situation [...]»[191]

Ces positions soulèvent des problèmes que nous nous proposons d'examiner à la lumière des données empiriques d'abord, et sur la foi d'arguments théoriques, ensuite.

7.12. Peut-on observer les sens du mots?

Le mot a-t-il un sens hors contexte? Les sens du mot peut-il être observé en situation? Les réponses négatives apportées à ces deux questions semblent fondées sur des préjugés d'évidence uniquement. Elles sont rendues caduques par les résultats de recherches empiriques, dont nous citerons trois instances[192]:

I/ Singy et Oberlé font une enquête sur la signification — hors contexte, hors situation — d'un certain nombre de mots lexicaux et grammaticaux dont *congé, chien, avec, sans...* Les résultats de leur enquête montrent que

— les sujets parlant peuvent attribuer des sens aux mots en puisant dans leur intuition;

— ces jugements intuitifs se corroborent dans une large mesure;

— pour certains sens les réactions sémantiques varient, les informateurs faisant montre d'une dissension entre eux;

---

[190] O. DUCROT, *Les mots du discours,* ..., p. 8
[191] O. DUCROT, *Les mots du discours,* ..., p. 9
[192] Instances et non moments, étant donné que ces recherches ne sont pas présentées dans l'ordre chronlogique.

— on constate aussi des contradictions et incertitudes dans les jugements sémantiques d'un même individu;

— dans une large mesure les dissensions et les contradictions se situent dans les mêmes domaines.

III/ Dans son enquête sur angl. *cup* "tasse", *mug* "gobelet, grande tasse", *bowl* "bol" *et vase* "vase", Wiliam Labov demande à ses informateurs de nommer les dessins représentant des récipients qui diffèrent dans leur forme:

— par la section (circulaire, triangulaire, ...)
— par la proportion entre largeur et hauteur
— par la présence ou l'absence de l'anse
— par la présence ou l'absence du pied.

Dans une autre phase de l'enquête, les informateurs sont invités à nommer les mêmes objets dessinés pour lesquels sont indiqués l'usage (pour contenir des fleurs ou des aliments), le contenu (denrée liquide ou solide), etc.

Les résultats de cette enquête montrent — comme les recherches précitées — l'observabilité du sens ainsi que ses régularités et ses variations; en outre, elle met en évidence que ces variations dépendent des conditions d'emploi: le même récipient contenant des fleurs a plus de chance d'être appelé *vase* que s'il contient des aliments. L'appellation *bowl* est plus probable quand le contenu est une denrée solide, alors qu'un contenu liquide favorise l'appellation *mug*.

On peut multiplier les exemples qui montrent la régularité et la plausibilité du jugement intuitif du sujet concernant les propriétés sémantiques du mot, ainsi que les variations que subissent celles-ci en fonction de la situation. Qu'est-ce qui permet au linguiste de récuser la validité de ces jugements intuitifs?

7.13. Une sémantique sans recours au psychique?

Du point de vue théorique, nous poserons la question de savoir si l'on peut contourner la dimension psychique des faits sémantiques. Si oui, comment? Pourquoi?

Pour illustrer la démarche, nous reprenons l'exposé de Ducrot: «Le concept d'énonciation dont je vais me servir n'a rien de psychologique, il n'implique même pas l'hypothèse que l'énoncé est produit par un sujet parlant. [...] ce dont j'ai besoin, c'est que l'on compte parmi les faits historiques le surgissement d'énoncés en différents points du temps et de l'espace. L'énonciation, c'est ce surgissement.»[193]

---

[193] O. DUCROT, *Les mots du discours*, ..., p. 34

Quels sont les autres faits historiques auxquels il se réfère? Et quel rôle jouent-ils dans l'établissement du sens? Nous trouvons des éléments de réponse dans le passage où Ducrot traite de l'interprétation de phrases. Pour *Pierre est là, mais Jean ne le verra pas,* il donne deux interprétations possibles: «Le fait que Pierre soit là pourrait amener à *penser* que Jean va le rencontrer, mais malgré cela, la rencontre n'aura pas lieu»[194] et «étant donné que je veux bien te dire, à toi, ami de Jean, que Pierre est là, tu pourrais être amené à *penser* que j'accepterais une rencontre entre Pierre et Jean, ce qui n'est pas le cas.»[24] Pour *Pierre est là, mais ça ne regarde pas Jean:,* il donne la "lecture factuelle" suivante: «Le fait que Pierre est venu ici, où habite Jean, pourrait t'amener à *penser* que Jean doit être mis au courant de sa venue, ce qui est faux.»[24]

Ces citations montrent à l'évidence que les "faits historiques" invoqués englobent l'intention du locuteur, le sens probable que l'interprétant serait tenté d'attribuer à l'énoncé, la connaissance qu'a le locuteur de cette interprétation probable en fonction de laquelle le locuteur module son énoncé et tente de prévenir un malentendu possible. Tout semble indiquer que le terme *faits historiques* est là pour éviter l'emploi de termes comme *pensée* ou *réalité psychique* . Par ailleurs, les énoncés que l'on examine dans ce cadre sont — du moins en partie — imaginés par l'analyste.

Quelle qu'en soit la motivation — le respect de l'autonomie de la linguistique, le refus préventif d'éventuelles conclusions qui résulteraient d'une recherche psychologique ou psycholinguistique, etc. — la démarche de Ducrot présente d'étranges similitudes avec celle du structuralisme classique (Cf. § 7.4.)

7.14. Le dilemme de la subjectivité

Au vu de ce qui précède, il ne faut pas une forte dose de malice pour caricaturer les positions prises par certains courants en sémantique structurale ou post-structurale :

Le linguiste ne pourrait ni ne devrait s'occuper de la psychologie, ni non plus chercher à déterminer le statut des processus sémantiques dans l'esprit du sujet parlant. Cette quête ne mènerait d'ailleurs nulle part, étant donné que l'usager de la langue ignore quels énoncés il produit, et *a fortiori* ce qu'il fait quand il énonce des phrases. Mais le linguiste sait:

    — quels énoncés produit le sujet parlant;
    — quelle marche suit le sujet parlant dans l'énonciation d'une phrase;
    — ce que le sujet parlant pense de son propre énoncé;
    — ce que le sujet parlant pense que son interlocuteur pourrait donner comme interprétation à son énoncé;

---

194 O.DUCROT, *Les mots du discours,* …, p. 16. C'est nous qui soulignons *penser.*

— ce que le sujet parlant fait pour que l'interlocuteur interprète autrement l'énoncé.

Il est légitime de demander aux tenants de pareilles positions: *"Qu'en savez-vous?"* Notre propos, en posant cette question, n'est pas d'exclure le psychique, mais de provoquer le sémanticien, de l'inviter à réfléchir à cette question: pourquoi ne pas "incorporer notre expérience dans notre conceptualisation"?[195]

La quête de l'indépendance de la sémantique face aux faits psychiques trouve sa justification dans l'idée — héritage de Bloomfield (?) — que seul le sens concret de l'énoncé est accessible à notre observation. Dans l'orthodoxie bloomfieldienne, on doit tenir compte de la réaction comportementale du sujet parlant, à l'exclusion de tout jugement intuitif de sa part. N'était ce dogme, rien ne nous empêcherait d'admettre qu'en vertu du jugement intuitif du sujet parlant, des sens sont directement attribuables aux mots. Or, la prise en compte de l'intuition constituerait une transgression à l'autonomie de la linguistique; ce serait une incursion inadmissible dans le domaine des faits psychiques, et ce faisant, le linguiste s'aventurerait dans des parages où il perdrait pied.

En pratique, la conséquence d'une telle position est que toutes les données sémantiques proviennent du seul jugement intuitif du descripteur. On tombe ainsi le piège de sa propre subjectivité, du fait — pensons-nous — qu'on se refuse à reconnaître le rôle de l'intuition du sujet parlant, et qu'on tente de la contourner.

L'examen critique qui précède porte sur un fragment restreint d'un seul ouvrage. Ce, dans le but de présenter une argumentation explicite sur des thèses précises. Un examen de nombreuses autres études sémantiques — portant sur les actes de langage, les opérations argumentatives,... — conduirait à des constats analogues.

De façon plus générale, il nous semble que les positions prises par nombre de courants post-structuraux procèdent d'un curieux mélange de refus et de conservation des principes structuralistes.

On veut intégrer — à l'encontre des préceptes structuralistes — à la description, les circonstances de la production de l'énoncé, mais on se refuse à prendre en compte tant la dimension psychique que la dimension sociale. Que reste-t-il alors des conditions de l'énonciation?

---

195 «Par une exigence subite, le physicien contemporain nous demandera d'associer à l'idée pure de simultanéité l'expérience qui doit prouver la simultanéité de deux événements. C'est de cette exigence inouïe qu'est née la relativité. Le Relativiste nous provoque [et] nous contraint à incorporer notre expérience dans notre conceptualisation.» Gaston BACHELARD, *Le nouvel esprit scientifique*, Paris P. U. F., 1934 (14-ème édition 1978), p 47-48.

7.15. Structure formelle vs structure complexe

Dans bien des cas, le refus de recours aux dimensions psychique et sociale est — explicitement ou implicitement — fondé sur la nécessité de structure formelle. Par exemple tous ceux qui rejettent l'intuition en raison de la complexité qui en découle, partent du principe que, pour être valable, une description doit aboutir à un nombre limité d'éléments et de règles.

7.16. Langage, pensée et leurs variétés

Dans la conception classique, qui jouit du crédit d'une tradition vieille de plus de deux mille ans, la pensée humaine est une, et régie par des lois universelles que la logique formelle vise à circonscrire. Or, la structure des langues — que la linguistique tente de décrire et d'expliquer — est, elle, régie, comme nous venons de le voir, par des lois tendancielles. Dès lors, la rupture opérée par l'avènement de la linguistique structurale n'est en rien étonnante: dans la mesure où chaque langue a sa structure *sui generis,* on ne saurait lui faire correspondre une pensée ou logique universelles. Pas étonnantes non plus, les positions plus ou moins radicales prises par différents courants de pensée linguistique, qui tendent soit *a)* à évacuer le problème des liens entre langage et pensée, soit b) à nier la possibilité d'une pensée sans langage.

a) Nombreux sont les linguistes qui évacuent le problème des liens entre langage et pensée par un choix théorique. C'est le cas de W. D. Whitney qui soutient que la pensée — ce qui se passe dans "l'organisme cérébral" —, «c'est l'affaire du physicien [...], c'est l'affaire du physiologiste [...], du psychologue»[196]. C'est aussi le cas de Ch. Serrus qui écrit : «ce débat sur la portée exacte de la grammaire et sa relation à la pensée, on peut bien dire que la linguistique contemporaine, prudente comme la science [...] l'a abandonné à la philosophie, [et que] les plus autorisés de nos linguistes, MM. de Saussure, Meillet, Vendryes... avouent qu'il est de la compétence de la logique et de la théorie de la connaissance»[197].

D'autres se refusent à prendre en compte les faits de pensée, par une attitude tactique, avec pour visée l'hygiène méthodologique. Ainsi Bloomfield. En tant que linguistes, dit-il en substance, nous sommes démunis pour étudier la pensée; en outre: «Les découvertes du linguiste auront d'autant plus de valeur pour le psychologue qu'il ne les aura pas déformées par quelques préventions psychologiques.»[198]

A la quête de pureté méthodologique semble dans certains cas se mêler une attitude défensive, une sorte de prévention contre des arguments empiriques

---

[196] D. H. WHITNEY, *La vie du langage*, Paris, Germer-Baillère, 1880, p. 12.
[197] Ch. SERRUS, *Le parallélisme logico-grammatical*, Paris, Alcan, 1933, p. 387.
[198] Leonard BLOOMFIELD, *Le langage*, ..., p. 35.

procédant de recherches en psychologie. A telle enseigne que l'on attribue à l'objet des propriétés, on s'empresse de dire que ces propriétés ne valent que dans le cadre des techniques descriptives élaborées par les linguistes, qu'elles n'ont pas de réalité — ni même de vraisemblance —psychologiques. Le risque est grand de voir s'évanouir l'objet langue et ses caractéristiques définitoires. C'est le risque qu'encourt Martinet, par exemple. Qu'on considère sa thèse selon laquelle «chaque unité suppose un choix»; thèse qu'il illustre par l'énoncé *c'est une bonne bière* :«Pour arriver à ce résultat [la mise en évidence du statut de /bɔn/ *bonne* comme unité significative], il a fallu constater que /bɔn/, dans ce contexte, correspond à un choix spécifique entre un certain nombre d'épithètes possibles; la comparaison d'autres énoncées français a montré que dans les contextes où figurent /bɔn/ se trouvent aussi /ekselãt/ (*excellente*), /mɔvez/ (*mauvaise*), etc. Ceci indique que le locuteur a, plus ou moins consciemment, écarté tous les compétiteurs qui auraient pu figurer entre /yn/ et /bier/, mais qui ne se trouvaient pas convenir. Dire de l'auditeur qu'il comprend le français implique qu'il identifie par expérience les choix successifs qu'a dû faire le locuteur, et qu'il reconnaît /bɔn/ comme un choix distinct de celui de /yn/ et de celui de /bier/, et qu'il n'est pas exclu que le choix de /bɔn/ au lieu de /mɔvez/ influence son comportement.»[199]

Le choix a-t-il une réalité dans le comportement et/ou l'intuition du sujet parlant? C'est ce qu'il semble affirmer dans le passage cité; or, quelques pages plus loin, il écrit: «Il faut noter que [...]l'emploi du mot *maison* n'entraîne pas nécessairement l'évocation d'une expérience vécue. Il est même vraisemblable qu'il n'y a rien de tel dans la plupart des cas et qu'un énoncé ne s'accompagne pas, en général, d'une série d'évocations ou de prises de conscience correspondant à chacune des unités significatives. Ce ne serait guère compatible avec la rapidité du discours. Mais ce n'est pas au linguiste à se prononcer en la matière.»[200] En l'affirmant, Martinet n'est-il pas en train d'ôter toute valeur au *choix* comme critère d'identification des unités, et par là-même à la *double articulation* comme caractéristique définitoire des langues? La stricte observance de cette position aurait — nous semble-t-il — pour conséquence de réduire la recherche linguistique à la construction ou la contemplation de "la théorie pour la théorie".

b) Il n'est pas rare dans la littérature linguistique de soutenir qu'il n'y a pas de pensée sans langage. Ainsi, Martinet se demande «si une activité mentale à qui manquerait le cadre d'une langue mériterait proprement le nom de pensée.»[201]. C'est aussi la position de Benveniste[202] et de bien d'autres encore.

---

199 André MARTINET, *Eléments de linguistique...* , § 1.19.
200 MARTINET, *Eléments de linguistique...* , § 2.8.
201 MARTINET, *Eléments de linguistique... ,* , § 1.4.
202 Cf. Emile BENVENISTE, *Problèmes de linguisatique générale*, Paris, Gallimard, 1966, où l'on trouve cette position tranchée, mais aussi des positions plus nuancées voire opposées.

Comme le fait remarquer Georges Mounin[203], de nombreux faits montrent que la pensée — sous certains de ses aspects du moins — peut fonctionner indépendamment du langage (comme c'est le cas des symbolismes logique et mathématique), voire se former indépendamment du langage: «Il semble bien qu'aujourd'hui la psychologie expérimentale a montré qu'il y a chez les très jeunes sourds-muets non encore rééduqués, des constructions de schèmes opératoires qui manifestent des analyses de la réalité, et des modèles intériorisés stables de comportements élaborés à partir de ces analyses, qui sont de l'intelligence et qui sont de la pensée non encore objectivée ni conservée au moyen de la verbalisation linguistique, ou d'une autre forme décrite de codage symbolique. Et l'école de Piaget fournit maints exemples analogues chez les très jeunes enfants normaux.»[204]

7.17. Abandon de la structure formelle en linguistique

Depuis plus de deux décennies, le problème des interrelations entre langage et pensée revient au devant de la scène des recherches linguistiques. Deux évolutions semblent y avoir contribué de façon significative: d'une part, la conception de la langue comme structure pure et dure a été abandonnée par la majorité des linguistes; d'autre part, la diversification de la logique a débouché sur l'apparition de systèmes logiques relatifs, visant à rendre compte de la pensée quotidienne et des mécanismes qui la sous-tendent.

L'abandon de la structure formelle en linguistique peut être constaté dans les recherches en sociolinguistique et — en partie — en psycholinguistique.

7.18. Relativisation de la logique

Il n'est nullement dans notre intention — ni non plus dans notre compétence — de faire un exposé sur l'évolution de la logique. D'excellentes études en retracent le cheminement. Nous nous bornons à renvoyer aux directions de recherche où l'on conçoit la logique comme un ensemble de structures variables, et que la pensée et ses mécanismes ne sont pas réductibles à un modèle unique, logico-mathématique, par exemple. Nous empruntons notre premier exemple à la logique naturelle de Jean-Blaise Grize et ses collaborateurs[205].

On peut constater que la pensée d'un seul et même individu a des aspects distincts selon le type d'activité: raisonnement mathématique ou discours

---

[203] Georges MOUNIN, *Linguistique et philosophie,* Paris, PUF, 1975, troisième partie, Le langage et la pensée, notamment §4. La pensée sans langage.

[204] Georges MOUNIN, *Linguistique et philosophie...,* p. 129.

[205] Cf. Jean-Blaise GRIZE & Gilberte PIÉRAUT-LE BONNIEC, *La contradiction, Essai sur les opérations de la pensée,* Paris: P.U.F., 1983. Voir aussi Marie-Jeanne BOREL, Jean-Blaise GRIZE et Denis MIÉVILLE, *Essai de logique naturelle,* Berne, Francfort, New York, Peter Lang, 1983.

quotidien. Chacune de ces activités a sa rationalité propre. On appelle *logique naturelle* «le système que forment les opérations de pensée» qui entrent en jeu «dans la construction des discours quotidiens» [206]. Plus précisément, chaque fois qu'un locuteur *A* fait un discours à l'intention de l'interlocuteur *B* sur le thème *T,* «on a [...] affaire à des activités logico-discursives aussi bien du côté de *A* que de *B* et rien ne permet de supposer que la schématisation proposée par *A* et celle reconstruite par *B* sont rigoureusement isomorphes.[...] La logique naturelle est l'étude de ces opérations de schématisation.»[207]Il convient de noter que la logique formelle est constituée «des paradigmes adultes de la pensée logico-mathématique[208]», qu'elle n'est pas sans rapport avec la logique naturelle, et qu'elle a joué un rôle important dans la compréhension de la pensée quotidienne, de sa genèse comme de ses mécanismes. Mais, à vouloir ramener toute la pensée au modèle logico-mathématique, on passe à côté «de nombreux aspects de la rationalité de la pensée»[209]. L'une des spécificités de la pensée quotidienne est qu'elle comporte des «notions indéterminées»[210] et où «l'on a rarement affaire à des catégories bien tranchées.»[211] Dès lors, «il est impossible de lire un texte écrit dans une langue naturelle sans un travail d'interprétation, [et] rien ne permet d'affirmer que d'autres lectures ne sont pas possibles.»[212]

La logique naturelle ainsi conçue vise «la construction d'un modèle théorique»; tâche dont l'envergure n'échappe pas aux auteurs qui précisent que les résultats de leurs recherches «ne s'élèvent guère au-delà de classifications»[213]. Et encore, ces classifications sont limitées à certains types d'activités logico-discursives telles que contradiction, analogie et exemple[214]. Pour apprécier la valeur de leur modèle, ces chercheurs ne se contentent pas du fait qu'il est apte à expliquer les données réunies, encore exigent-ils qu'il soit «éprouvé expérimentalement par le psychologue.[215]»

7.19. Catégories de pensée

Outre la logique naturelle, d'autres réflexions et recherches empiriques ont été menées sur la pensée (concepts, catégories,...) indépendamment de la linguistique et de son cadre (plutôt ses cadres) de référence théorique. Nous en citerons quelques exemples:

---

[206] GRIZE & LE BONNIEC, *La contradiction, ...,* p. 7
[207] Marie-Jeanne BOREL, Jean-BlaiseGRIZE et Denis MIÉVILLE, *Essai de logique naturelle,* Berne, Francfort, New York, Peter Lang, 1983, p. 100
[208] GRIZE & LE BONNIEC, *La contradiction, ...,* p. 8
[209] Op. cit., p. 8
[210] Op. cit., p. 9
[211] Op. cit., p. 163
[212] Op. cit., p. 164
[213] Op. cit., p. 165
[214] Marie-Jeanne BOREL, Jean-BlaiseGRIZE et Denis MIÉVILLE, *Essai de logique...*
[215] GRIZE & LE BONNIEC, *La contradiction, ...,* p. 161

Dans le cadre de la psychologie cognitive, Eleanor Rosch et ses collaborateurs entreprennent des recherches pour mettre en évidence la façon dont les sujets établissent des catégories d'objets[216]. Aux termes de nombreuses enquêtes, ces chercheurs arrivent à la conclusion que les catégories ne sont pas des ensembles homogènes, mais comportent — à côtés des membres tout à fait *(proto)typiques* — d'autres qui en relèvent à des degrés variables. Ainsi, une chaise est un meuble typique, alors qu'un poste de radio ou de télévision l'est moins; ou encore l'autruche n'est pas le prototype des oiseaux comme l'est le moineau. Ces recherches apportent une confirmation empirique aux thèses de Wittgenstein selon laquelle les concepts ne sont pas définies par des caractéristiques nécessaires et suffisantes, mais bien par des "airs de famille". Il se peut dès lors que les catégories naturelles comportent à leurs confins des éléments partageant peu de propriétés avec les éléments les plus typiques.

Les positions récentes d'un philosophe comme Hilary Putnam sont proches de celles qu'on vient de voir. Putnam conçoit les propriétés, par lesquelles sont définies les classes, comme "normatives " (qu'il oppose aux propriétés nécessaires et suffisantes). Elles servent à caractériser les membres normaux, mais aussi à inclure les membres plus ou moins anormaux: les tigres ont certes quatre pattes, mais un tigre à trois pattes est quand même un tigre; de même, les citrons sont jaunes, mais un citron desséchée et noirci ou un citron encore vert restent des citrons. Putnam appelle *stéréotype* l'ensemble défini par ces propriétés normatives.

L'un des corollaire des catégories "relatives" est que l'opposition entre les concepts est — comme le relève John Searle — graduelle et non absolue: un énoncé peut être plus ou moins sérieux ou fictif, un problème, plus ou moins central ou marginal. On peut multiplier les exemples en citant — en vrac — Lotfi Zadeh, George Miller, Marc Johnson, voire Jacques Derrida[217] — pour montrer l'intérêt que suscitent les catégories non absolues, dans les recherches récentes ou moins récentes sur la pensée.

7.20. Convergences

Ce qui précède montrent à l'évidence une évolution parallèle, convergente de la conception des faits humains dans des courants théoriques et des disciplines différents. Évolution qui permet de considérer la pensée comme formant une structure complexe, c'est-à-dire relative (en ce que les règles qui la régissent

---

216 Eleanor ROSCH & Barbara B. LLOYD, *Cognition...*
217 Jacques DERRIDA, *Limited Inc,* Paris: Galilée, 1990. Encore que le cas de Derrida appelle des remarques. Il cherche, tout comme Searle, l'incertitude du sens, alors que dans sa polémique avec celui-ci, il exclut approximation et opposition graduelle, tout en admettant que la plénitude qu'il attribue au sens n'est jamais atteinte. On peut dire avec Thomas Pavel que «la différence entre sa position et celle de Searle est d'ordre spéculatif.» et «Il n'est pas sûr, pour l'instant, que le débat [Derrida/Searle] ait véritablement un enjeu.» Cf. Thomas Pavel, Logique de la déconstruction, *Le Monde* du 13 juillet 1990

sont de nature statistique) et ouverte(constituée d'éléments — tant unités que catégories — qui ne sont pas en nombre fini). Ce qui a pour implication, entre autres, que les catégories sont variables; que les éléments constitutifs d'une structure ne peuvent être définis par des propriétés nécessaires et suffisantes; que toute définition comporte approximation; que l'appartenance des éléments aux structures ou catégories est fonction de degré; que tous les éléments, toutes les règles sont susceptibles de variations psychiques (chez le même individu) ainsi que de variations sociales (selon les régions ou les classes).

Cette évolution permet de concevoir la structure de la pensée dans une perspective nouvelle dont découlent les considérations suivantes: tout d'abord, cocevant la pensée comme complexe, on peut et doit admettre la coexistence de strates multiples, superposées au sein de la pensée. Dès lors, on ne peut plus attribuer à la pensée UNE structure, mais bien toute une hiérarchie de structures; puis, ce qu'on cherche à dégager ne sont pas des "lois universelles"* , mais bien des règles variables de portée plus ou moins générale ou restreinte; ensuite, on est amené à admettre la coexistence, au sein d'une structure globale, de structures partielles de caractère conflictuel, antinomique; enfin, l'étude de la pensée sort du cadre de pure spéculation pour s'orienter vers des recherches expérimentales.

7.21. Complexité des rapports langage/pensée

Au niveau des rapports langage/pensée, une telle évolution des concepts logiques a des conséquences non négligeables pour la pratique de la recherche:

1/ D'un contre-exemple, on ne peut plus conclure à l'inanité d'une structure ou d'une règle, ni non plus à la non pertinence du fait évoqué. Car, il se peut que le cas cité marque la limite d'une structure partielle, et relève partant, d'une autre structure partielle, en conflit avec la première.

2/ Aucune analyse ne peut prétendre à exhaustivité. C'est dire que toute analyse est arrêtée à un certain niveau d'approximation, et que l'approximation n'est pas nécessairement un défaut. Elle peut même être une vertu — étant donné que la communication se fait par des discours imparfaits, approximatifs — pour peu que l'analyste parvienne à une approximation analogue, si non identique, à celle qu'opère le sujet.

3/ L'hypothèque de circularité — critique souvent adressée aux recherches portant sur les liens entre langage et pensée — semble pouvoir être levée.

---

* Cette considération trouve sa justification dans le fait que le débat sur l'interaction entre le conditionnement culturel et le développement biologique n'est pas clos. Mais elle ne va nullement à l'encontre des études empiriques qui montrent que les phases du développement de la pensée sont corrélées aux tranches d'âge.

7.22. De la circularité

Mounin relève «la circularité de la démarche qui, des différences de structures linguistiques, déduit les différences entre visions du monde, pour expliquer ensuite, par les différences entre visions du monde, les différences de structures linguistiques.»[218] Cette critique est valable pour les thèses de Whorf qui prend **la** langue en bloc et la confronte à **la** pensée dans son intégralité. Elle vaut aussi pour bien des spéculations philosophiques sur le langage où l'on admet par exemple que le langage humain assure l'expression universelle de la pensée, et l'on conçoit la pensée comme accessible par le langage et par le langage seul.

Cette critique est-elle valable pour toutes recherches portant sur les liens entre langage et pensée? Nous ne croyons pas, car:

a) La recherche sur la pensée ne vise plus à décrire et expliquer la logique dans sa totalité, mais bien l'un ou l'autre de ses multiples aspects (par exemple, contradiction, argumentation, exemplification,...). Et cet aspect est examiné compte tenu de la place qu'il occupe relativement aux autres. Dans la mesure où l'on admet que les strates d'une structure logique sont hiérarchisées (c'est-à-dire certaines d'entre elles ont priorité — logique, chronologique ou les deux selon les modèles — sur d'autres), il est normal qu'une couche donnée soit décrite et expliquée par recours à celles qui la précèdent; normal aussi qu'elle puisse servir de voie d'accès à l'explication de celles qui lui succèdent.

b) De même, dans l'examen d'une structure logique, on peut et doit tenir compte des liens qui l'attachent aux éléments extérieurs (tels que langage, expérience, ...), se servir des acquis linguistiques pour éclairer des faits de pensée. Dans ce cas, on ne se référera pas à la structure globale du langage humain ni même à celle d'une langue particulière, mais bien à une strate déterminée da la structure d'une langue dans la mesure où l'on suppose qu'elle a la priorité sur l'objet à l'étude. Hypothèse qui sera censément soumise à un contrôle empirique.

7.23. Strates de structure

Les deux propositions *mutatis mutandis* valent — comme nous l'avons soutenu dans ce qui précède — pour les structures linguistiques. Nous essaierons d'en représenter la "structure feuilletée" — pour utiliser le terme de Gilles-Gaston Granger[219] — par des schémas et de l'illustrer par des exemples. Soit les phénomènes linguistiques l_i , l_j ,..., l_n , présentés dans l'ordre hiérarchique:

---

218 MOUNIN, *Linguistique et philosophie, ...*,p. 133.
219 Gilles-Gaston GRANGER, *Langages et épistémologie*, Paris, Kliencksieck, 1979.

$$\begin{array}{c} \ldots \\ l_i \\ l_j \\ \ldots \\ l_n \\ \ldots \end{array}$$

Schéma 7.23

Tout phénomène l_j est caractérisé par le fait qu'un phénomène l_i a priorité sur lui, et aussi par le fait qu'il a priorité sur le fait l_k . Transposé au niveau de l'acquisition, cela revient à dire que normalement, l'enfant s'approprie le maniement d'un mot comme *manchot* ou *homme-tronc* après les mots *main, bras, jambe* etc.

7.24. Interactions pensée/langage

Considérés dans leurs rapports avec la pensée, les faits linguistiques peuvent être conçus dans les mêmes types de dépendance. Soit les phénomènes de pensée p_i ,p_j , ..., p_n et les phénomènes linguistiques l_i ,l_j , ... , l_n , présentés dans l'ordre hiérarchique:

$$\begin{array}{cc} \ldots & \ldots \\ l_i & p_i \\ l_j & p_j \\ \ldots & \ldots \\ l_n & p_n \\ \ldots & \ldots \end{array}$$

Schéma 7.24.

On peut concevoir que chaque strate implique la ou les strates – tant linguistiques que logiques – précédentes. Ainsi, dans le schéma ci-dessus, le maniement de l_j implique que soit acquis préalablement non seulement l_i , mais aussi p_i ; de même que l'acquisition de p_j suppose que soit déjà acquis à la fois p_i et l_i .

Il n'y a ici ni cercle ni vice, puisque les rapports d'implication sont conçus non entre langage et pensée, mais bien entre tel élément d'une langue et tel fait de pensée. On ne se pose plus le problème de savoir si le langage détermine la pensée ou le contraire. C'est une nouvelle problématique que celle des rapports langage/pensée, à savoir: quelles parties constitutives d'une structure linguistique exercent une influence sur la structure logique, plus précisément sur quelles parties de celle-ci? Et inversement, quelles zones d'une structure linguistique sont conditionnées par quelles parties de la structure logique?

La critique de circularité, si elle était valable pour la thèse de Whorf, ne vaut pas dans un cadre où les structures sont considérées comme relatives et complexes. On ne peut plus évacuer le problème, de crainte que les recherches portant sur les liens entre langage et pensée ne soient entachées de vices de méthode.

7.25. Liens flexibles

Aux schémas ci-dessus, même éprouvés par des expériences, ne peut être attribuée une validité absolue. Elles sont susceptibles de variations à la fois sociales et psychiques. Rien ne permet de soutenir que les différents processus logiques apparaissent exactement au même âge et dans le même ordre chez tous les enfants indépendamment de leur appartenance sociale. Ni non plus que chez un seul et même individu, la même "loi" logique intervient quels que soient la situation, le contexte et l'objet du discours. Cela revient à dire que le schéma 7.24 peut selon le conditionnement psychique ou social se modifier en schéma 7.25:

$$
\begin{array}{ll}
\cdots & \cdots \\
l_i & p_i \\
l_k & p_k \\
l_j & p_j \\
\cdots & \cdots \\
l_n & p_n \\
\cdots & \cdots
\end{array}
$$

Schéma 7.25.

On voit à quel point l'étude de la pensée et du langage est complexe. Mais cela en vaut la peine, même si la rançon à consentir est lourde.

Dans ce qui précède, nous avons plaidé — non sans ferveur ou provocation — la cause d'interdisciplinarité (ou transdisciplinarité). Cela ne doit pas faire oublier les progrès et réalisations dans cette perspective que nous n'avons pas abordés, et que ne nous proposons pas de faire ici. On peut constater que des recherches de grand intérêt sont conduites par des méthodes analogues, sur des domaines voisins, mais dans des mondes séparés — qui en linguistique, qui en sociologie, qui en logique ou en psychologie. Les parois de séparation sont souvent des survivances dont rien ne justifie la conservation — un peu comme une superstition dont on a du mal à se débarrasser.

Nous aimerions terminer cet exposé par deux interrogations : le cloisonnement encore actuel des disciplines qui se touchent et se chevauchent est-il normale, souhaitable? Faute de mise en commun des résultats potentiellement complémentaires, ne risquons-nous pas de manquer des perspectives prometteuses?

8. ENFIN :

ÉPILOGUE

Notre intention n'est pas de présenter ici nos conclusions, les meilleures étant celle que tire le lecteur. Nous ne tenterons pas non plus de redire en peu de mots ce qui a été présenté et discuté *in extenso*. Pourquoi alors cette épilogue?

C'est que les problèmes du contexte nous ont longuement occupé. Le texte que voilà est le fruit d'une longue gestation. Nous en avons fait une première rédaction qui date de plus de cinq ans, nous en avons fait des exposés. Les réactions et discussions qu'ils ont suscitées justifient ces remarques finales.

8.1. Ambiguïtés des concepts fondamentaux

Le premier problème que nous aimerions aborder touche à certains concepts fondamentaux — tels que mécanisme ou structure — qui sont d'usage fréquent en linguistique, et, de ce fait sans doute, couvrent toute une gamme d'acceptions; ce qui risquerait de nuire à la clarté et à la cohérence de l'exposé.

8.2. Mécanismes sémantiques

Des pièges nous guettent dès les premières pages où l'objet de la sémantique est défini comme l'étude des mécanismes de la signification. La question pourrait se poser de savoir si le langage, la structure linguistique et l'usage des langues ne sont pas conçus dans une perspective mécaniste, physicaliste. Ne serait-ce pas un retour à l'époque héroïque du structuralisme naissant, et encore sous la forme pure et dure de la version américaine? N'y aurait-il pas incohérence entre la quête des mécanismes dans la signification et la critique des vues mécanistes d'un Bloomfield?

Nous ne pensons pas. Par mécanisme, nous entendons que la production et la saisie de la signification obéissent à des règles. Nous estimons que c'est une des tâches de la sémantique de reconstituer le processus par lequel le locuteur A charge son énoncé de signification, ainsi que le processus qui permet à l'interlocuteur B de saisir l'intention significative de A. Dans ces processus interviennent certes les éléments constitutifs de l'énoncé, mais aussi d'autres éléments qui — dans un découpage des sciences humaines — sont dévolus aux disciplines connexes; ainsi la connaissance qu'il a des circonstances de l'échange, de son interlocuteur, de ce dont ils parlent, toutes choses hautement subjectives et dont l'analyse sémantique peut et doit tenir compte. A ce compte, on est loin du «mécanisme [en tant que] philosophie de la nature selon laquelle l'Univers et tout phénomène qui s'y produit peuvent et doivent s'expliquer d'après les lois des mouvements matériels.»[220] Noter que sous mécanisme, on trouve dans *Le Petit Robert*, entre autres: processus, mode de fonctionnement. C'est dans cette acception courante que nous employons le terme.

8.3. Structure ...

La structure n'est pas non plus une notion sans ambiguïté. Dans son acception large, le terme désigne les régularités qui régissent les phénomènes linguistiques, en l'occurrence l'énoncé et sa signification. Dire qu'un énoncé est structuré, c'est admettre que *i)* il est constitué d'éléments plus petits, et *ii)* l'assemblage de ces éléments est régi par des règles. Mais le concept de structure tel qu'il a été conçu et employé en linguistique comporte d'autres traits, à savoir *iii)* unités discrètes, *iv)* éléments en nombre fini et *v)* règles absolues. On peut constater que certains structuralistes partagent d'autres principes. Ainsi, ils admettent que *vi)* les seuls niveaux d'analyse linguistique sont phonologie, morphologie, syntaxe et sémantique.

Ce que nous appelons le structuralisme classique se caractérise par les traits *i)* à *vi)*. La grammaire générative transformationnelle partageant avec le structuralisme classique les principes *i)* à *v)*, nous croyons pouvoir dire avec Ducrot[221] qu'elle est une théorie structurale. Pour notre part, nous employons fréquemment le terme de structure, en précisant qu'il s'agit de structure relative, en ce qu'elle est débarrassée des traits *iii)* à *vi)*. Il s'agit là d'une structure où les unités ne sont pas de caractère discret ni en nombre fini; où les caractéristiques des unités ne sont pas ou bien pertinentes ou bien non pertinentes, où les règles d'assemblage ne sont pas soit applicables soit inapplicables et où les niveaux linguistiques sont loin d'être séparés par des frontières bien marquées. Sous tous ces aspects, la structure présente des différences de degré; et de ce fait, elle est bien plus complexe que la structure formelle. Cette complexité présente un grand avantage dans la mesure où elle fait échos à la complexité des langues dans l'utilisation qui en est faite. L'usage des langues révèle des variations continues et des différences de degré; toutes choses qui demandent un recours à des modèles probabilistes, à des études statistiques. Or, le structuralisme classique soutient l'idée diamétralement opposée, comme en témoigne Bloomfield: «Des groupes importants de gens formulent tous leurs propos à partir du même stock de formes lexicales et de constructions grammaticales. Un observateur linguistique peut par conséquent décrire les habitudes linguistiques d'une communauté sans avoir recours à des statistiques.»[222]

---

220 Joseph BEAUDE, in *Encyclopediae Universalis* , sous "Mécanisme".
221 DUCROT,Oswald *et al.*, *Qu'est ce que le structuralisme?*, Paris, Seuil, 1968.
222 BLOOMFIELD, *Le langage*, ..., p. 40

8.4. ... et système

La question peut se poser de savoir ce que devient le système dans tout cela. La structure n'est-elle pas la structure de quelque chose, par exemple d'un système conçu comme l'ensemble d'éléments organisés en un tout?

Il ne nous paraît pas utile d'avoir recours à deux concepts distincts. L'emploi du couple *structure* et *système* risquerait d'induire en erreur; il pourrait donner à croire que le système a une existence indépendamment de la structure. Or, les éléments linguistiques — qu'il s'agisse de traits pertinents, d'unités ou de séquences d'unités — sont identifiables par les règles qui les lient à d'autres éléments linguistiques (du même niveau, du niveau inférieur, du niveau supérieur) autant que par leurs relations à des éléments "extralinguistiques" (tels que circonstances de l'échange, intention de l'émetteur, subjectivité du récepteur). L'usage du terme système parallèlement à celui de structure risquerait de réifier le concept de système, de le ramener à un ensemble de faits physiques.

8.5. Des concepts et des ismes

Historiquement, les sciences humaines ont emprunté le concept de structure aux disciplines logico-mathématiques[223]. C'est ainsi — pensons-nous — qu'elles ont été conduites à concevoir un seul type de structure: structure formelle, que nous avons caractérisée par les traits *iii)* à *v)*.

En cela, Bloomfield ne représente pas un cas isolé. Nous avons vu qu'avant lui, Troubetzkoy aussi rejetait tout recours aux données statistiques dans le domaine de la phonologie[224], comme l'a fait, après lui, Chomsky[225]. Et la liste pourrait être étendue à souhait.

Que l'on ne se méprenne pas sur notre intention. Ce que nous visons, ce ne sont pas des personnes ou des écoles, mais bien des concepts et des thèses. Souvent les mêmes thèses sont proposées, à une décennie ou un océan d'écart, sous des formes diverses, affublées d'autres terminologies, insérées dans des cadres théoriques différents. Il en existe de multiples versions: des classiques aux post-modernes, ... Nous les considérons ici comme équivalentes dans la mesure où elles sont porteuses d'un même contenu conceptuel. Notre objectif n'étant pas de faire l'histoire de la linguistique, nous ne nous sommes pas intéressé aux facteurs qui causent la genèse, l'évolution, la longévité ou l'abandon des écoles et des oeuvres. Dans notre visée, la thèse de non pertinence de la dimension statistique a les mêmes vertus et — surtout — les mêmes vices, qu'elle soit énoncée par Troubetzkoy, Bloomfield, ou Chomsky ou quelqu'un d'autre. De même, nous estimons que le rejet de

---

[223] Gilles-Gaston GRANGER, *Pensée formelle...*,
[224] Cf. TROUBETZKOY, *Principes de phonologie...*
[225] Cf. *Structues syntaxiques* et *Aspects de la théorie syntaxique.*

l'expérimentation est présent dans des théories tant classiques (d'un Bloomfield, par ex.) que modernistes (comme chez Garfinkel[226]), et y exerce le même rôle: dans les deux cas, on se refuse à instituer des expériences permettant d'observer dans des conditions identiques la récurrence ou les variations de phénomènes étudiés.

8.6. Sens et accès au sens

Il paraît intéressant de s'arrêter un instant sur une thèse singulière pour illustrer un peu plus concrètement notre propos. Soit l'observation de la signification. Elle pose des problèmes: comment peut-on accéder au sens des éléments (monèmes, mots, énoncés, ...)? Quelle(s) voie(s) suivre pour l'observer? Faut-il en choisir une à l'exclusion des autres? Sur quel(s) critère(s) fonder la sélection?

On sait que Bloomfield prônait de décrire le sens en terme des stimuli-réponses des protagonistes de l'acte de parole; stimuli-réponses qui consistent en des "événements pratiques" (c'est-à-dire extra-linguistiques) ou en des "événements linguistiques". Nous avons vu que les événements pratiques se ramenaient toujours dans la démarche descriptive — tant de Bloomfield que de la plupart de ses disciples — à l'image que s'en faisait le descripteur[227]. Cependant dans l'un des prolongements du courant post-bloomfieldien, on a tenté de ne retenir, comme critère d'identification des faits de langue, que la part linguistique des stimuli-réponses. Relèvent de cette lignée, les modèles d'analyse (distributionnelle, transformationnelle, du discours) de Harris ainsi que l'analyse componentielle de Hiz. Ils ont en commun de concevoir le sens comme fonction du contexte (linguistique); thèse que nous avons soumis à un examen serré au chapitre 6 (Cf. notamment § 6.6.). Les versions que nous avons citées lors de cet examen critique étaient celles d'auteurs classiques comme Bloomfield, Hjelmslev, Martinet. Parmi ses versions plus récentes, on peut citer certains modèles qui — explicitement ou implicitement — reposent sur la même thèse, bien qu'ils fassent porter l'analyse sur d'autres types de phénomènes linguistiques. Ainsi l'analyse conversationnelle, où il n'est pas rare de voir le sens d'un énoncé réduit à ses rapports avec ceux qui le précèdent ou suivent.

Si elles sont fondées, les critiques que nous avons adressées à la thèse "sens, produit du contexte" valent aussi pour ce genre d'analyse conversationnelle.

---

226 Comme le fait remarquer Pascal Singy en parlant des thèses défendues par Harold Garfinkel ou ceux qui, comme Alain Coulon, le suivent «[...] cette conception de la signification [...] met hors jeu toute technique d'enquête par questionnaire [...]» Cf. Pascal SINGY, *Les Romands et leur langue*, Thèse soutenue à la Faculté des lettres de Lausanne, § 3. 8. 5.
227 Nous avons discuté des positions de Bloomfield au chapitre 7. Parmi ses disciples on peut citer Hockett et Gleason.

Qu'il nous soit permis d'insister sur un point: la critique du modèle de Bakhtine ou de l'analyse conversationnelle ne concerne qu'un de leurs aspects, et n'implique pas qu'ils sont nuls et non avenus. Nous estimons que sous d'autres aspects, ces mêmes modèles présentent des avantages. Ainsi la prise en compte de phénomènes — tels que l'arrière-plan de croyances et de savoirs et d'autres aspects de la subjectivité des personnes engagées dans le dialogue — qui jusqu'alors n'avaient pas droit de cité dans l'analyse et la description linguistiques, du moins dans maints courants théoriques.

8.7. Linguistique et disciplines connexes

Reconnaître aux facteurs subjectifs un rôle, une pertinence dans le processus sémantique est certes un progrès. Encore faut-il que le modèle descriptif permette d'y accéder. Or, la subjectivité des usagers de la langue est souvent réduite à la portion congrue. D'une part, le cheminement sémantique est décrit par la seule introspection du descripteur. Or, rien ne justifie qu'on accorde une place privilégiée à l'intuition du linguiste relativement à celle d'autres usagers de la langue. D'autre part, les sujets parlants sont ramenés à un sujet-type, doué d'un comportement unique.[228]

Voilà une double réduction qui est souvent commandée par le respect des limites de la discipline; comme si la linguistique avait des frontières naturelles; ou si son domaine objectif était séparé par un *no man's land* de celui des disciplines voisines; idée généralement récusée dans les préalables aux théories linguistiques, mais qui y revient, s'y glisse au moment de l'élaboration des procédures d'analyse ou des techniques descriptives.

Bien sûr, de nombreux linguistes sont engagés dans des recherches interdisciplinaires, et s'efforcent — si non de faire tomber les cloisons — de les rendre au moins un peu plus perméables. Mais souvent, ce sont des tentatives timides, assorties d'une manière d'excuse pour l'excursion et l'ingérence indues. Déjà le terme interdisciplinaire — comme psycholinguistique ou sociolinguistique — risque d'induire en erreur. Il pourrait donner à croire que, dans une phase antérieure, la recherche sur le langage peut et doit se passer de tout recours aux données d'ordre psychologique ou sociologique. Nous pensons qu'il n'en est rien; et que le psychique et le social sont présents dès les premiers moments de l'analyse linguistique. Ainsi dans l'identification et la caractérisation des phonèmes d'une langue, on estime les résultats d'autant plus convaincants qu'ils rendent compte de l'intuition et du comportement du plus grand nombre de membres de la communauté linguistique. Il y a là, à l'évidence, une dimension psychique et en même temps une dimension sociale, même si les données observées ne le sont pas dans les conditions strictes que requerraient des enquêtes rigoureusement contrôlées; même si le descripteur se penche sur les

---

[228] Ce qui semble être le cas des maximes conversationnelles ainsi que des opérations argumentatives, du moins dans certaines de leurs applications.

unités phoniques de sa propre langue, observées au travers de sa propre intuition. Parce que faisant, lui-même, partie d'un milieu social, et partageant avec son entourage la plupart de ses habitudes linguistiques, le phonologue témoigne, par son jugement non seulement de son intuition phonologique, mais aussi dans une large mesure de celles de ses proches.

Il y a toujours une part de psychique dans toute recherche linguistique pure; l'interdisciplinarité en la matière consiste en une prise en compte plus étendue et/ou plus approfondie des facteurs psychiques. La délimitation d'un domaine objectif est un aménagement aussi provisoire que nécessaire. Malencontreusement, on y attache — par suite d'une pratique prolongée? par quête de confort moral? — un caractère sacro-saint qui la transforme en barrière infranchissable.

C'est le cas de ceux qui — en parlant de collègues engagés dans des recherches passant outre les frontières classiques de la linguistique — disent: «Ce qu'il fait n'a rien à voir avec la linguistique» ou «Faisons de la bonne linguistique au lieu de faire de la mauvaise psychologie.»

8.8. Redécouvertes ou thèses récurrentes

Dans cette épilogue — comme tout au long de l'ouvrage — nous nous sommes efforcé de montrer les noyaux conceptuels débarrassés des coquilles terminologiques qui en rendent l'accès difficile, et entravent ainsi leur comparaison.

Cette quête d'explicitation comporte une démarche agressive. Elle conduit à interpréter les thèses récentes, à interpeller leurs auteurs: Que veut dire votre thèse? En quoi est-elle différente de celle exprimée il y a cinquante ans par Untel? Saine provocation à l'adresse de ceux qui croient — en toute bonne foi, sans doute — découvrir des phénomènes nouveaux ou proposer des solutions révolutionnaires.

Que des chercheurs ignorent certains travaux éloignés dans le temps ou dispersés dans les provinces de la linguistique, il n'y a là rien d'extraordinaire. Cela tient aux difficultés de la communication en matières scientifiques, en général[229]. La linguistique n'y échappe pas. D'où la nécessité de séparer la paille du grain par cette provocation.[230]

---

[229] Voici un exemple du domaine des sciences physiques: «La contradiction entre les assertions de ces étranges théories [proposées par des marginaux de la science] et les idées admises est souvent difficile à localiser et les erreurs de raisonnement bien dissimulées. Mais si un étudiant (ou un enseignant!), apparemment fort compétent en relativité einsteinienne, est incapable d'en réfuter les réfutations (c'est généralement le cas), que vaut son savoir?»
Jean-Marc LÉVY-LEBLOND, "Une éloge des théorie fausses" in *Sciences: raison et déraisons*, Lausanne Payot, 1994 (Publications de l'Université de Lausanne, N° 86), P. 54-55. L'auteur estime que «La présentation et la discussion systématique des théories fausses permettent de mettre en lumière de nombreux obstacles pédagogiques et épistémologiques trop souvent

Dans certains courants plus ou moins récents en sémantique, des concepts "classiques" comme *signe linguistique* , *signifié*, *traits pertinents*, etc. sont remis en cause. La critique qu'en font certains auteurs donne à entendre qu'ils abandonnent ces concepts jugés comme foncièrement inintéressants pour décrire et expliquer le processus de la signification. Or, un examen quelque peu détaillé montre qu'il n'en est rien; que dans les descriptions qu'ils proposent, on rencontre ces mêmes concepts, bien que nuancés et relativisés[231]. Il n'est pas de notre propos d'y revenir pour un examen détaillé.

8.9. De la polémique ...

On pourrait voir une attitude polémique dans la recherche des caractéristiques communes aux théories et modèles qui se distinguent voire s'opposent. Soit. Ce n'est pas le terme que nous refusons; s'il renvoie à une critique permettant d'apprécier les vices et vertus respectives de recherches et réflexions linguistiques, il y a de cela dans notre démarche. Mais non, si par polémique, on entend des débats et controverses où chaque protagoniste cherche — en usant de toute son ingéniosité, en faisant flèche de tout bois — à marquer des points, à montrer qu'il a raison. Nous ne voyons aucun intérêt à ce genre de discussions que nous avons essayé d'éviter.

8.10. ... et de l'originalité

Pour terminer, nous aimerions revenir aux difficultés de la communication scientifique. Un autre écueil qu'on rencontre quand on tente de suivre les développements nouveaux est le volume immense des publications scientifiques. Il atteint un point tel qu'il n'est matériellement pas possible de se tenir au courant des travaux récents ou des recherches en cours. Par la force des choses, le chercheur est condamné à ignorer les problèmes posés et les résultats acquis dans maintes directions de recherches ne serait-ce que dans un domaine limité.

Nous-même ne sommes pas à l'abri de ce genre d'ignorance, et nous en prenons acte. Cette ignorance potentielle nous invite à la modestie. Nous ne sommes pas certain que personne n'a conduit des recherches analogues à celles que nous estimons être un aspect original de notre travail.

---

ignoés ou contournés dans l'enseignement traditionnel. Mieux vaut pourtant les affronter explicitement.». Jean-Marc LÉVY-LEBLOND, Op. cit., p. 56

[230] «L'enseignement et la vulgarisation scientifiques ne peuvent contribuer, comme ils le prétendent, à la formation de l'esprit critique que s'ils favorisent la critique *dans* la science même, et lui offrent donc des cibles pertinentes.» Jean-Marc LÉVY-LEBLOND, Op. cit., p. 57.

[231] Nous en avons discuté ailleurs en citant quelques exemples. Cf. "Où en est la sémantique?", ..., p. 5-13. Voir aussi "Structure du Signifié ..."

Nous pouvons simplement affirmer que, eu égard aux publications dont nous avons pris connaissance et aux chercheurs que nous avons rencontrés, les thèses contenues dans ce volume semblaient avoir quelque nouveauté. C'est ce qui justifie le présent ouvrage.

Annexes :

EXERCICE LACUNAIRE.

Vous remplacerez les points entre crochets par le mot *convenable*. Et rappelez-vous que l'imagination n'est pas l'ennemie de la rigueur!

NUIT D'[...]

L'homme est debout devant la [...] couchée. C'est la première [...]. Ah! le premier [...], ah! la première [...], ah! les gestes tâtonnants vers le [...] inconnu, merveilleux, prometteur de jouissances infinies! Ah! la fascination d'une [...] vierge!

Il ne s'agit pas désormais de [...] seulement le sexe de l'ange, mais bien d'en pénétrer, avec autant de force que de délicatesse, le secret offert à sa soif. D'abord, se défaire de tout ce qui encombre son [...]. Etre entièrement [...]. Ensuite, oublier tous les préjugés, tous les interdits, tout ce que la [...] établie nous fait prendre pour la réalité, et qui n'est qu'entrave à la pure contemplation de la [...]. Ensuite, se jeter sur la [...], se jeter en elle, plutôt, comme le nageur dans la mer ou l'amant de la noyade, car y a-t-il [...] qui ne soit immersion, heureuse et dangereuse, voyage sans retour?

Ensuite, aller de chaque parcelle du [...] au [...] tout entier, balancement essentiel, vertigineux, le balancement même du steamer mallarméen, de sa mâture plutôt; se jeter, donc, sur les [...], sur les [...], se jeter surtout, car là réside le mystère que seule résoudra notre union totale, dans la [...] entre les [...], car n'est-ce pas dans les ouvertures, les béances même du [...] que se trouve sa plus émouvante vérité, son secret qu'on ne percera jamais peut-être, mais qui tout en restant lui-même nous révèle à nous-mêmes?

Bien sûr, une partie de la [...] ardemment approchée, un [...] par exemple, n'est pas, en soi, dépourvue de vie ou de sens. Elle peut aisément et à juste titre, même abstraite de l'ensemble, éveiller le désir [...] sens. Mais elle le fait parce qu'au delà d'elle et en elle, l'homme pressent le [...] tout entier, merveille qui, absente à son regard, est présente à son désir. Oh, étreindre la réalité qu'infiniment nous pressentons dans les *membra disjecta* de la [...] couchée sous le regard! Et, cœur de ces membres, le [...] offert, cette lacune essentielle sans quoi la [...] la plus belle ne serait rien!

D'abord, donc, se pencher de si près sur la [...] qu'on ne voit plus l'ensemble, et que, connaissant les membres, on oublie de quel tout ce sont les parties ou les séduisants hiatus. Alors, dans un second temps, dans le retour de balancier de la mâture mallarméenne, reculer, considérer de plus haut, mais avec d'autant plus d'intensité, le [...] tout entier, si bien qu'on ne peut plus vouer tout son être à tel détail, mais qu'en gardant vivace le souvenir sapide de sa beauté limitée, on comprend soudain l'ensemble, dans l'instant qu'il nous fait [...] ses parties. Ce qu'on appelle l'âme du [...] commence alors à transparaître. Sa lumière luit dans les membres de la [...], devenus translucides.

Au moment où tout le [...] lui apparaît comme doué d'âme, où sa lumière se fait vive à travers tous les membres, alors l'homme plein de [...] sent monter en lui une autre lumière sœur de la première, une étrange lumière blanche qui va répondre à la lumière d'ambre de la [...], et qui va, mystérieusement, comme indépendamment de toute volonté délibérée, telle la moelle même de son être propre, jaillir en un éclair, l'éclair même de la [...]. Alors, épuisé, pacifié, heureux, et dans l'espoir attendri que la cause de ses ardeurs connaisse elle-même, dans la paix, la joie muette et pleine de son propre être (y compris celle de son manque essentiel, son manque enfin comblé), l'homme repu de [...] peut se reposer dans le sein même de cette [...] [...], dont on peut bien dire alors qu'il l'a *connue*.

Corrigé possible

NUIT *D'ETUDE*

L'homme est debout devant la *page* couchée. C'est la première *approche*. Ah! le premier *effort,* ah! la première *difficulté,* ah! les gestes tâtonnants vers le *corpus* inconnu, merveilleux, prometteur de jouissances infinies! Ah! la fascination d'une *terre* vierge!

Il ne s'agit pas désormais de discuter seulement le sexe de l'ange, mais bien d'en pénétrer, avec autant de force que de délicatesse, le secret offert à sa soif. D'abord, se défaire de tout ce qui encombre son *esprit.* Etre entièrement disponible. Ensuite, oublier tous les préjugés, tous les interdits, tout ce que la *science* établie nous fait prendre pour la réalité, et qui n'est qu'entrave à la pure contemplation de la *vérité.* Ensuite, se jeter sur la *page,* se jeter en elle, plutôt, comme le nageur dans la mer ou l'amant de la noyade, car y a-t-il *connaissance* qui ne soit immersion, heureuse et dangereuse, voyage sans retour?

Ensuite, aller de chaque parcelle du *texte* au *texte* tout entier, balancement essentiel, vertigineux, le balancement même du steamer mallarméen, de sa mâture plutôt; se jeter, donc, sur les *mots,* sur les *expressions,* se jeter surtout, car là réside le mystère que seule résoudra notre union totale, dans la faille entre les *phrases,* car n'est-ce pas dans les ouvertures, les béances même du *texte* que se trouve sa plus émouvante vérité, son secret qu'on ne percera jamais peut-être, mais qui tout en restant lui-même nous révèle à nous-mêmes?

Bien sûr, une partie de la *phrase* ardemment approchée, un *mot* par exemple, n'est pas, en soi, dépourvue de vie ou de sens. Elle peut aisément et à juste titre, même abstraite de l'ensemble, éveiller le désir *de* sens. Mais elle le fuit parce qu'au delà d'elle et en elle, l'homme pressent le *sens* tout entier, merveille qui, absente à son regard, est présente à son désir. Oh, étreindre la réalité qu'infiniment nous pressentons dans les *membra disjecta* de la *phrase* couchée sous le regard! Et, cœur de ces membres, le *vide* offert, cette lacune essentielle sans quoi la *pensée* la plus belle ne serait rien!

D'abord, donc, se pencher de si près sur la *page* qu'on ne voit plus l'ensemble, et que, connaissant les membres, on oublie de quel tout ce sont les parties ou les séduisants hiatus. Alors, dans un second temps, dans leur retour de balancier de la mâture mallarméenne, reculer, considérer de plus haut, mais avec d'autant plus d'intensité, le *corpus* tout entier, si bien qu'on ne peut plus vouer tout son être à tel détail, mais qu'en gardant vivace le souvenir sapide de sa beauté limitée, on comprend soudain l'ensemble dans l'instant qu'il nous fait *appréhender* ses parties. Ce qu'on appelle l'âme du *texte* commence alors à transparaître. Sa lumière luit dans les membres de la *phrase,* devenus translucides.

Au moment où tout le *texte* lui apparaît comme doué d'âme, où sa lumière se fait vive à travers tous les membres, alors l'homme plein de *zèle* sent monter en lui une autre lumière sœur de la première, une étrange lumière blanche qui va répondre à la lumière d'ambre de la *page,* et qui va, mystérieusement, comme indépendamment de toute volonté délibérée, telle la moelle même de son être propre jaillir en un éclair, l'éclair même de la *compréhension.* Alors, épuisé, pacifié, heureux, et dans l'espoir attendri que la cause de ses ardeurs connaisse elle-même, dans la paix, la joie muette et pleine de son propre être (y compris celle de son manque essentiel, son manque enfin comblé), l'homme repu de *beauté* peut se reposer dans le sein même de cette *création littéraire,* dont on peut bien dire alors qu' il l' a connue.

Etienne BARILIER

BIBLIOGRAPHIE.

BACHELARD Gaston, *Le nouvel esprit scientifique,* Paris P. U. F., 1934 (14-ème édition 1978).

BARILER Etienne, "Exercice lacunaire", in *Archipel,* n°5, Lausanne, mai 1992.

BENVENISTE Emile , *Problèmes de linguisatique générale*, Paris, Gallimard, 1966.

BEVER Thomas G. , Functional Explanation Require Independently Motivated Functional Theories in *Papers from the Parasession on Functionalism,* Chicago, Chicago Linguistic Society, 1975, p. 580-609.

BLOOMFIELD Leonard, A set of postulate for the science of language, in Martin Joos, *Readings in Linguistics,* The University of Chicago Press, 1957.

BLOOMFIELD Leonard, *Le langage*, Paris, Payot, 1970 (original: 1933).

BOREL Marie-Jeanne , GRIZE Jean-Blaise et MIÉVILLE Denis, *Essai de logique naturelle*, Berne, Francfort, New York, Peter Lang, 1983.

BOSSEL Philippe, "Etude de la structure du signifié appréhendée à travers quelques unités lexicales du français délimitées dans le cadre du champ notionnel des âges de la vie humaine" (Mémoire inédit), Faculté de lettres, Université de Lausanne, 1986.

CHOMSKY Noam, *Stuctures syntaxiques*, Paris, le Seuil, 1969.

CHOMSKY Noam, *Le langage et la pensée,* Paris, Payot, 1970.

CHOMSKY Noam, *Aspects de la théorie syntaxique,* Paris, Le Seuil, 1971.

CRUCHAUD Yvan & VUILLE Pierrette, "Variabilité, hiérarchie et approximation dans les mécanismes de la signification", *Bulllll*, n°12, 1992.

CRUCHAUD Yvan, Signifié et contexte, essai d'étude empirique, *Bulletin de l'Institut de Linguistique et des Sciences du Langage de l'Université de Lausanne, Bil*, n°13, 1993.

DERRIDA,Jacques , *Limited Inc,* Paris: Galilée, 1990.

DUCROT,Oswald *et al.*, *Qu'est ce que le structuralisme?,* Paris, Seuil, 1968.

DUCROT,Oswald, *Les mots du discours,* Paris, Minuit, 1980.

ECHENOZ Jean, *Lac*, Paris: Minuit, 1989.

ECHENOZ Jean, *Le méridien de Greenwich*, Paris: Minuit, 1979.

EINSTEIN et INFELD, *L'évolution des idées en physique*, Paris, Flammarion, 1983.

FAUCONNIER Gilles, *Les espaces mentaux: aspects de la construction du sens dans les langues naturelles*, Paris: Minuit, 1984.

FILLMORE Charles, "The Case for Case", in Emmon BACH & Robert T. HARMS (éd.), *Universals in Linguistic Theory*, New York: Holt, Rinehart & Winston, 1968.

FRANÇOIS Frédéric, Contexte et situation in André Martinet *et al., La linguistique, Guide alphabétique* , Paris, Denoël, 1969.

FREEMAN Twadel, On Defining the Phoneme, in Martin Joos, *Readings in Linguistics,* The University of Chicago Press, 1957, p. 55-80.

GERMAIN Claude, *La notion de situation en linguistique*, Ottawa, Ed. de l'Université d'Ottawa, 1973.

GIROD Roger, *Le savoir réel de l'homme moderne. Essais introductifs*, Paris: P.U.F., 1991.

GRANGER Gilles-Gaston , *Langages et épistémologie*, Paris, Kliencksieck, 1979.

GRANGER,G, *Pensée formelle et sciences de l'homme*, Paris, Aubier-Montaigne, 1967.

GRIFFIN John H., *Black like Me*, Boston, 1961.

GRIZE Jean-Blaise & Gilberte PIÉRAUT-LE-BONNIEC, *La contradiction, Essai sur les opérations de la pensée,* Paris: P.U.F., 1983.

GROSS Maurice, *Méthodes en syntaxe,* Paris, Hermann, 1975.

HALL Robert A., *French Morphology, Structural Sketch, n°1:* Baltimore: Language Monographs, n°24, 1948.

HARRIS Zelig S., *Methods in Structural Linguistics*, Chicago: University of Chicago Press, 1951.

HARRIS Zelig S., *Structural Linguistics,* Chicago: Chicago University Press, 1951

HARRIS, "La structure distributionnelle" in *Langages*, 20, pp.15-34, notamment le §5.

HEYDRICH Wolfgang, Janos PETÖFI *et alii, Connexity and Coherence*, Berlin: De Gruyter, 1989.

HJELMSLEV Louis , *Prolégomènes à une théorie du langage*, Paris: Minuit, 1968.

JACOB André , *Genèse de la penseé linguistique,* Paris, Armand Colin, 1973.

JACOBS, R. A. & ROSENBAUM, P., *English Transformationnal Grammar*, Xerox, Waltham-Toronto, 1968.

JAKOBSON Roman, "Beitrag zur allgemeinen Kasuslehre. Gesamtbedeutung der russischen Kasus" in *Travaux du Cercle linguistique de Prague*, 6.

JOLIVET Rémi, La place de l'adjectif, *La Linguistique* 16, 1, 1980, p. 77-103.

JOLIVET Rémi, Mesurer l'intégration?, in*La linguistique,* 22, 1986-2, p. 3-19.

LABOV William, *Sociolinguistique,* Paris, Minuit, 1976.

LABOV William, "The Boundaries of Words and Their Meanings", in Charles J. BAILEY & Roger W. SHUY (éd.), *New Ways of Analyzing Variation in English*, Washington: Georgetown University Press, 1973.

LABOV William, Why Chicagoans don't understand Chicagoans? Communication au Colloque Nwave XVIII, octobre 1989 à Duke University, USA.

LAHUSEN Thomas , Allocution et société dans un roman polonais du XIXe siècle. Essai de sémiologie historique,*Wiener Slawistischer Almanach*, 3, 1979.

LAKOFF Georges, Hedges : A study in Meaning Criteria and the Logic of Fuzzy Concepts, in CLS, 8 (1972), p.183-228.

LÉVY-LEBLOND Jean-Marc , Un éloge des théorie fausses in *Sciences: raison et déraisons*, Lausanne Payot 1994 (Publications de l'Université de Lausanne, N° 86), P. 54-55.

MAHMOUDIAN Maryse et de SPENGLER Nina, Constructions pluri-pronominales, *La Linguistique* 16, 1, 1980, p. 51-75.

MAHMOUDIAN Mortéza,"Structure du signifié et fonction de communication", in *La linguistique*, 21, 1985-1, p.251-274.

MAHMOUDIAN Mortéza *et al., Pour enseigner le français,* Paris, P.U.F., 1976.

MAHMOUDIAN Mortéza et alii, *Linguistique fonctionnelle. Débats et perspectives. Pour André Martinet*, Paris: P.U.F., 1979, pp.234-235.

MAHMOUDIAN Mortéza, "Approximation, vraisemblance et structure sémantique" (à paraître).

MAHMOUDIAN Mortéza, Classes et unités en syntaxe, in *Acte du VIe colloque international de linguistique fonctionnelle,*publication de la faculté des lettres, Rabat, 1980, p.151-155.

MAHMOUDIAN Mortéza, *Modern Theories of Language: The Empirical Challenge*, Duke University Press, Durham, 1993.

MAHMOUDIAN Mortéza, "Unité et diversité de la signification", in *La Linguistique*, vol.25, fasc.2, 1989, p.115-132.

MAHMOUDIAN Mortéza, Structure linguistique : problèmes de la constance et des variations, in *La Linguistique*, vol.16, fasc.1, 1980.

MAHMOUDIAN Mortéza, Où en est la sémantique?, in *La linguistique*, 25, 1989-1, p.5-13.

MAHMOUDIAN Mortéza, "Syntaxe et linéarité", in Jeanne MARTINET et allii, *De la théorie linguistique à l'enseignement de la langue*, Paris: P.U.F., 1972, pp.25-43.

MANN Bruno, *Les gosses tu es comme* (Seuil, 1976).

MARTIN Robert, *Pour une logique du sens*, Paris: P.U.F., 1983.

MARTINET André, *Economie des changements phonétiques,* Berne, Francke, 1955.

MARTINET André, *Eléments de linguistique générale*, Paris, Colin, 1960.

MARTINET André, et Henriette WALTER, *Dictionnaire de la prononciation française dans son usage réel,* Paris, France Expansion, 1973.

MARTINET André, *Grammaire fonctionnelle du français*, Paris, 1979.

MARTINET André, *La prononciation du francais contemporain,* Genève, Droz, 1945.

MARTINET André, *Syntaxe générale*, Paris: Colin, 1985.

MARTINET André, "Sémantique et axiologie", in *Revue roumaine de linguistique*, XX, 1975, pp.539-549.

MARTINET André, "L'axiologie, étude des valeurs signifiées", in *Estudios ofrecidos a Emilia Alarcos Llorach*, I, Ovideo, 1977, pp.157-163.

MORAIS-BARBOSA Jorge, "Les prolongements de la phonologie pragoise" *Actes du XVIIIè Colloque international de linguistique fonctionnelle,* Prague, Université Charles, 1992, p. 70-80.

MOUNIN Georges, *Clefs pour la sémantique*, Paris: Seghers, 1972,

MOUNIN Georges, "Eléments d'une sémantique structurale et fonctionnelle: l'axiologie d'André Martinet" in Mortéza MAHMOUDIAN et alii, *Linguistique fonctionnelle. Débats et perspectives. Pour André Martinet*, Paris: P.U.F., 1979, pp.229-239.

MOUNIN Georges, *Linguistique et philosophie,* Paris, PUF, 1975,

MULDER W. F., Postulats de la linguistique fonctionnelle axiomatique, in *La Linguistique,* vol.13, fasc.1, 1977.

OBERLÉ Gabriella, Monèmes grammaticaux: Une enquête in *Bulletin de la Section de Linguistique de la Faculté des Lettres de Lausanne,* 9 (1988), p. 75-90.

PAVEL Thomas, Logique de la déconstruction, *Le Monde* du 13 juillet 1990.

PLATT John T., *Grammatical Forms and Grammatical Meanings*, London : North-Holland, 1971.

POSTAL Paul, Epilogue, in JACOBS & ROSENBAUM, *English Transformational Gramar,* Waltham, Zerox College, 1968.

PRIETO Luis J., *Principes de noologie, Fondements de la théorie fonctionnelle du signifié*, La Haye: Mouton, 1964, p.267-289.

PRIETO Luis J., *Pertinence et pratique,* Paris, Minuit, 1975

PRIETO Luis J., *Principes de noologies, fondements de la théorie fonctionnelle du signifié*, La Haye: Mouton, 1968.

QUIGNARD Pascal, *Tous les matins du monde*, Paris: Gallimard, 1991.

REDDY M., "The Conduit Metaphor", in ORTONY, A. (éd.), *Metaphor and Thought*, Cambridge: Cambridge University Press,

ROSCH Eleanor & Barbara B LLOYD, *Cognition and Categorization,* Hillsdale, N. J., L. Erlbaum, 1978.

RUWET Nicolas, *Introduction à la grammaire générative*, Paris: Plon, 1968.

SAUSSURE Ferdinand de , Cours de linguistique générale, Paris, Payot, 1916.

SCHOCH Marianne & DE SPENGLER Nina, Structure rigoureuse et structure lâche en phonologie, *La Linguistique*, n°16, fasc.1, 1980 (p.105-117).

SCHOGT Henry, *Système verbal du français contemporain,* La Haye, Mouton, 1968.

SEARLE John R. , *Sens et expression*, Paris: Minuit, 1979.

SERRUS Ch., *Le parallélisme logico-grammatical*, Paris, Alcan, 1933.

SINGY Pascal & OBERLÉ Gabriella, Enquêtes sémantiques: Grammaire versus lexique in *Bulletin de la Section de Linguistique de la Faculté des Lettres de Lausanne,* 8 (1987),

SINGY Pascal, Enquête sur la modalité imparfait in *Bulletin de la Section de Linguistique de la Faculté des Lettres de Lausanne,* 9 (1988), p. 53-73.

SINGY Pascal, *Les Romands et leur langue*, Thèse soutenue à la Faculté des lettres de Lausanne,

TOGEBY Knud, *Structure immanente de la langue française,* Paris, Larousse, 1965,

TROUBETZKOY Nicholas S., *Principes de phonologie,* Paris, Klincksieck, 1964, p. 7-9.

VIAN Boris, *L'écume des jours*, Paris: 10/18, 1963.

WALTHER Henriette, "Sémantique et axiologie: une application pratique au lexique du français", *La linguistique,* 21, 1985.

WHITNEY D. H. , *La vie du langage*, Paris, Germer-Baillère, 1880.

ZADEH, L. A., *Fuzzy Sets, information ans control,* 1965.

ZWIRNER E. et K. ZWIRNER, *Grundfragen der Phonometrie,* Berlin, 1936.

INDEX

BIBLIOTHÈQUE DES CILL (BCILL)

BCILL 1: **JUCQUOIS G.**, *La reconstruction linguistique. Application à l'indo-européen*, 267 pp., 1976 (réédition de CD 2). Prix: 670,- FB.
A l'aide d'exemples repris principalement aux langues indo-européennes, ce travail vise à mettre en évidence les caractères spécifiques ou non des langues reconstruites: universaux, théorie de la racine, reconstruction lexicale et motivation.

BCILL 2-3: **JUCQUOIS G.**, *Introduction à la linguistique différentielle, I + II*, 313 pp., 1976 (réédition de CD 8-9) (épuisé).

BCILL 4: *Löwen und Sprachtiger. Actes du 8ᵉ colloque de Linguistique* (Louvain, septembre 1973), **éd. KERN R.**, 584 pp., 1976. Prix: 1.500,- FB.
La quarantaine de communications ici rassemblées donne un panorama complet des principales tendances de la linguistique actuelle.

BCILL 5: *Language in Sociology*, **éd. VERDOODT A. et KJOLSETH Rn**, 304 pp., 1976. Prix: 760,- FB.
From the 153 sociolinguistics papers presented at the 8th World Congress of Sociology, the editors selected 10 representative contributions about language and education, industrialization, ethnicity, politics, religion, and speech act theory.

BCILL 6: **HANART M.**, *Les littératures dialectales de la Belgique romane: Guide bibliographique*, 96 pp., 1976 (2ᵉ tirage, corrigé de CD 12). Prix: 340,- FB.
En ce moment où les littératures connexes suscitent un regain d'intérêt indéniable, ce livre rassemble une somme d'informations sur les productions littéraires wallonnes, mais aussi picardes et lorraines. Y sont également considérés des domaines annexes comme la linguistique dialectale et l'ethnographie.

BCILL 7: *Hethitica II*, **éd. JUCQUOIS G. et LEBRUN R.**, avec la collaboration de DEVLAMMINCK B., II-159 pp., 1977, Prix: 480,- FB.
Cinq ans après *Hethitica I* publié à la Faculté de Philosophie et Lettres de l'Université de Louvain, quelques hittitologues belges et étrangers fournissent une dizaine de contributions dans les domaines de la linguistique anatolienne et des cultures qui s'y rattachent.

BCILL 8: **JUCQUOIS G. et DEVLAMMINCK B.**, *Complèments aux dictionnaires étymologiques du grec*. Tome I: A-K, II-121 pp., 1977. Prix: 380,- FB.
Le *Dictionnaire étymologique de la langue grecque* du regretté CHANTRAINE P. est déjà devenu, avant la fin de sa parution, un classique indispensable pour les hellénistes. Il a fait l'objet de nombreux compres rendus, dont il a semblé intéressant de regrouper l'essentiel en un volume. C'est le but que poursuivent ces *Compléments aux dictionnaires étymologiques du grec*.

BCILL 9: **DEVLAMMINCK B. et JUCQUOIS G.**, *Compléments aux dictionnaires étymologiques du gothique*. Tome I: A-F, II-123 pp., 1977. Prix: 380,- FB.
Le principal dictionnaire étymologique du gothique, celui de Feist, date dans ses dernières éditions de près de 40 ans. En attendant une refonte de l'œuvre qui

incorporerait les données récentes, ces compléments donnent l'essentiel de la littérature publiée sur ce sujet.

BCILL 10: VERDOODT A., *Les problèmes des groupes linguistiques en Belgique: Introduction à la bibliographie et guide pour la recherche,* 235 pp., 1977 (réédition de CD 1). Prix: 590,- FB.
Un «trend-report» de 2.000 livres et articles relatifs aux problèmes socio-linguistiques belges. L'auteur, qui a obtenu l'aide de nombreux spécialistes, a notamment dépouillé les catalogues par matière des bibliothèques universitaires, les principales revues belges et les périodiques sociologiques et linguistiques de classe internationale.

BCILL 11: RAISON J. et POPE M., *Index transnuméré du linéraire A,* 333 pp., 1977. Prix: 840,- FB.
Cet ouvrage est la suite, antérieurement promise, de RAISON-POPE, Index du linéaire A, Rome 1971. A l'introduction près (et aux dessins des «mots»), il en reprend entièrement le contenu et constitue de ce fait une édition nouvelle, corrigée sur les originaux en 1974-76 et augmentée des textes récemment publiés d'Arkhanès, Knossos, La Canée, Zakro, etc., également autopsiés et rephotographiés par les auteurs.

BCILL 12: BAL W. et GERMAIN J., *Guide bibliographique de linguistique romane,* VI-267 pp., 1978. Prix 685,- FB., ISBN 2-87077-097-9, 1982, ISBN 2-8017-099-1.
Conçu principalement en fonction de l'enseignement, cet ouvrage, sélectif, non exhaustif, tâche d'être à jour pour les travaux importants jusqu'à la fin de 1977. La bibliographie de linguistique romane proprement dite s'y trouve complétée par un bref aperçu de bibliographie générale et par une introduction bibliographique à la linguistique générale.

BCILL 13: ALMEIDA I., *L'opérativité sémantique des récits-paraboles. Sémiotique narrative et textuelle. Herméneutique du discours religieux.* Préface de Jean LADRIÈRE, XIII-484 pp., 1978. Prix: 1.250,- FB.
Prenant comme champ d'application une analyse sémiotique fouillée des récitsparaboles de l'Évangile de Marc, ce volume débouche sur une réflexion herméneutique concernant le monde religieux de ces récits. Il se fonde sur une investigation épistémologique contrôlant les démarches suivies et situant la sémiotique au sein de la question générale du sens et de la comprehension.

BCILL 14: *Études Minoennes I: le linéaire A,* **éd. Y. DUHOUX,** 191 pp., 1978. Prix: 480,- FB.
Trois questions relatives à l'une des plus anciennes écritures d'Europe sont traitées dans ce recueil; évolution passée et état présent des recherches; analyse linguistique de la langue du linéaire A; lecture phonétique de toutes les séquences de signes éditées à ce jour.

BCILL 15: *Hethitica III,* 165 pp., 1979. Prix: 490,- FB.
Ce volume rassemble quatre études consacrées à la titulature royal hittite, la femme dans la société hittite, l'onomastique lycienne et gréco-asianique, les rituels CTH 472 contre une impureté.

BCILL 16: **GODIN P.,** *Aspecten van de woordvolgorde in het Nederlands. Een syntaktische, semantische en functionele benadering*, VI + 338 pp., 1980. Prix: 1.000,- FB., ISBN 2-87077-241-6.

In dit werk wordt de stelling verdedigd dat de woordvolgorde in het Nederlands beregeld wordt door drie hoofdfaktoren, nl. de syntaxis (in de engere betekenis van dat woord), de semantiek (in de zin van distributie van de dieptekasussen in de oppervlaktestruktuur) en het zgn. functionele zinsperspektief (d.i. de distributie van de constituenten naargelang van hun graad van communicatief dynamisme).

BCILL 17: **BOHL S.,** *Ausdrucksmittel für ein Besitzverhältnis im Vedischen und griechischen*, III + 108 pp., 1980. Prix: 360,- FB., ISBN 2-87077-170-3.

This study examines the linguistic means used for expressing possession in Vedic Indian and Homeric Greek. The comparison, based on a select corpus of texts, reveals that these languages use essentially inherited devices but with differing frequency ratios, in addition Greek has developed a verb "to have", the result of a different rhythm in cultural development.

BCILL 18: **RAISON J. et POPE M.,** *Corpus transnuméré du linéaire A*, 350 pp., 1980. Prix: 1.100,- FB.

Cet ouvrage est, d'une part, la clé à l'Index transnuméré du linéaire A des mêmes auteurs, BCILL 11: de l'autre, il ajoute aux recueils d'inscriptions déjà publiés de plusieurs côtés des compléments indispensables; descriptions, transnumérations, apparat critique, localisation précise et chronologie détaillée des textes, nouveautés diverses, etc.

BCILL 19: **FRANCARD M.,** *Le parler de Tenneville. Introduction à l'étude linguistique des parlers wallo-lorrains*, 312 pp., 1981. Prix: 780,- FB., ISBN 2-87077-000-6.

Dialectologues, romanistes et linguistes tireront profit de cette étude qui leur fournit une riche documentation sur le domaine wallo-lorrain, un aperçu général de la segmentation dialectale en Wallonie, et de nouveaux matériaux pour l'étude du changement linguistique dans le domaine gallo-roman. Ce livre intéressera aussi tous ceux qui sont attachés au patrimoine culturel du Luxembourg belge en particulier, et de la Wallonie en général.

BCILL 20: **DESCAMPS A. et al.,** *Genèse et structure d'un texte du Nouveau Testament. Étude interdisciplinaire du chapitre 11 de l'Évangile de Jean*, 292 pp., 1981. Prix: 895,- FB.

Comment se pose le problème de l'intégration des multiples approches d'un texte biblique? Comment articuler les unes aux autres les perspectives développées par l'exégèse historicocritique et les approches structuralistes? C'est à ces questions que tentent de répondre les auteurs à partir de l'étude du récit de la résurrection de Lazare. Ce volume a paru simultanément dans la collection «Lectio divina» sous le n° 104, au Cerf à Paris, ISBN 2-204-01658-6.

BCILL 21: *Hethitica IV*, 155 pp., 1981. Prix: 390,- FB., ISBN 2-87077-026.

Six contributions d'E. Laroche, F. Bader, H. Gonnet, R. Lebrun et P. Crepon sur: les noms des Hittites; hitt. *zinna-*; un geste du roi hittite lors des affaires agraires; vœux de la reine à Istar de Lawazantiya; pauvres et démunis dans la société hittite; le thème du cerf dans l'iconographie anatolienne.

BCILL 22: **J.-J. GAZIAUX**, *L'élevage des bovidés à Jauchelette en roman pays de Brabant. Étude dialectologique et ethnographique*, XVIII + 372 pp., 1 encart, 45 illustr., 1982. Prix: 1.170,- FB., ISBN 2-87077-137-1.
Tout en proposant une étude ethnographique particulièrement fouillée des divers aspects de l'élevage des bovidés, avec une grande sensibilité au facteur humain, cet ouvrage recueille le vocabulaire wallon des paysans d'un petit village de l'est du Brabant, contrée peu explorée jusqu'à présent sur le plan dialectal.

BCILL 23: *Hethitica V*, 131 pp., 1983. Prix: 330,- FB., ISBN 2-87077-155-X.
Onze articles de H. Berman, M. Forlanini, H. Gonnet, R. Haase, E. Laroche, R. Lebrun, S. de Martino, L.M. Mascheroni, H. Nowicki, K. Shields.

BCILL 24: **L. BEHEYDT**, *Kindertaalonderzoek. Een methodologisch handboek*, 252 pp., 1983. Prix: 620,- FB., ISBN 2-87077-171-1.
Dit werk begint met een overzicht van de trends in het kindertaalonderzoek. Er wordt vooral aandacht besteed aan de methodes die gebruikt worden om de taalontwikkeling te onderzoeken en te bestuderen. Het biedt een gedetailleerd analyserooster voor het onderzoek van de receptieve en de produktieve taalwaardigheid zowel door middel van tests als door middel van bandopnamen. Zowel onderzoek van de woordenschat als onderzoek van de grammatica komen uitvoerig aan bod.

BCILL 25: **J.-P. SONNET**, *La parole consacrée. Théorie des actes de langage, linguistique de l'énonciation et parole de la foi*, VI-197 pp., 1984. Prix: 520,- FB. ISBN 2-87077-239-4.
D'où vient que la parole de la foi ait une telle force? Ce volume tente de répondre à cette question en décrivant la «parole consacrée», en cernant la puissance spirituelle et en définissant la relation qu'elle instaure entre l'homme qui la prononce et le Dieu dont il parle.

BCILL 26: **A. MORPURGO DAVIES - Y. DUHOUX (ed.)**, *Linear B: A 1984 Survey, Proceedings of the Mycenaean Colloquium of the VIIIth Congress of the International Federation of the Societies of Classical Studies (Dublin, 27 August-1st September 1984)*, 310 pp., 1985. Price: 850 FB., ISBN 2-87077-289-0.
Six papers by well known Mycenaean specialists examine the results of Linear B studies more than 30 years after the decipherment of script. Writing, language, religion and economy are all considered with constant reference to the Greek evidence of the First Millennium B.C. Two additional articles introduce a discussion of archaeological data which bear on the study of Mycenaean religion.

BCILL 27: *Hethitica VI*, 204 pp., 1985. Prix: 550 FB. ISBN 2-87077-290-4.
Dix articles de J. Boley, M. Forlanini, H. Gonnet, E. Laroche, R. Lebrun, E. Neu, M. Paroussis, M. Poetto, W.R. Schmalstieg, P. Swiggers.

BCILL 28: **R. DASCOTTE**, *Trois suppléments au dictionnaire du wallon du Centre*, 359 pp., 1 encart, 1985. Prix: 950 FB. ISBN 2-87077-303-X.
Ce travail comprend 5.200 termes qui apportent un complément substantiel au *Dictionnaire du wallon du Centre* (8.100 termes). Il est le fruit de 25 ans d'enquête sur le terrain et du dépouillement de nombreux travaux dont la plupart sont inédits, tels des

mémoires universitaires. Nul doute que ces *Trois suppléments au dictionnaire du wallon du Centre* intéresseront le spécialiste et l'amateur.

BCILL 29: **B. HENRY**, *Les enfants d'immigrés italiens en Belgique francophone, Seconde génération et comportement linguistique*, 360 pp., 1985. Prix: 950 FB. ISBN 2-87077-306-4.
L'ouvrage se veut un constat de la situation linguistique de la seconde génération immigrée italienne en Belgique francophone en 1976. Il est basé sur une étude statistique du comportement linguistique de 333 jeunes issus de milieux immigrés socio-économiques modestes. Des chiffres préoccupants qui parlent et qui donnent à réfléchir…

BCILL 30: **H. VAN HOOF**, *Petite histoire de la traduction en Occident*, 105 pp., 1986. Prix: 380 FB. ISBN 2-87077-343-9.
L'histoire de notre civilisation occidentale vue par la lorgnette de la traduction. De l'Antiquité à nos jours, le rôle de la traduction dans la transmission du patrimoine gréco-latin, dans la christianisation et la Réforme, dans le façonnage des langues, dans le développement des littératures, dans la diffusion des idées et du savoir. De la traduction orale des premiers temps à la traduction automatique moderne, un voyage fascinant.

BCILL 31: **G. JUCQUOIS**, *De l'egocentrisme à l'ethnocentrisme*, 421 pp., 1986. Prix: 1.100 FB. ISBN 2-87077-352-8.
La rencontre de l'Autre est au centre des préoccupations comparatistes. Elle constitue toujours un événement qui suscite une interpellation du sujet: les manières d'être, d'agir et de penser de l'Autre sont autant de questions sur nos propres attitudes.

BCILL 32: **G. JUCQUOIS**, *Analyse du langage et perception culturelle du change-ment*, 240 p., 1986. Prix: 640 FB. ISBN 2-87077-353-6.
La communication suppose la mise en jeu de différences dans un système perçu comme permanent. La perception du changement est liée aux données culturelles: le concept de différentiel, issu très lentement des mathématiques, peut être appliquée aux sciences du vivant et aux sciences de l'homme.

BCILL 33-35: **L. DUBOIS**, *Recherches sur le dialecte arcadien*, 3 vol., 236, 324, 134 pp., 1986. Prix: 1.975 FB. ISBN 2-87077-370-6.
Cet ouvrage présente aux antiquisants et aux linguistes un corpus mis à jour des inscriptions arcadiennes ainsi qu'une description synchronique et historique du dialecte. Le commentaire des inscriptions est envisagé sous l'angle avant tout philologique; l'objectif de la description de ce dialecte grec est la mise en évidence de nombreux archaïsmes linguistiques.

BCILL 36: *Hethitica VII*, 267 pp., 1987. Prix: 800 FB.
Neuf articles de P. Cornil, M. Forlanini, G. Gonnet, R. Haase, G. Kellerman, R. Lebrun, K. Shields, O. Soysal, Th. Urbin Choffray.

BCILL 37: *Hethitica VIII. Acta Anatolica E. Laroche oblata*, 426 pp., 1987. Prix: 1.300 FB.

Ce volume constitue les *Actes* du Colloque anatolien de Paris (1-5 juillet 1985): articles de D. Arnaud, D. Beyer, Cl. Brixhe, A.M. et B. Dinçol, F. Echevarria, M. Forlanini, J. Freu, H. Gonnet, F. Imparati, D. Kassab, G. Kellerman, E. Laroche, R. Lebrun, C. Le Roy, A. Morpurgo Davies et J.D. Hawkins, P. Neve, D. Parayre, F. Pecchioli-Daddi, O. Pelon, M. Salvini, I. Singer, C. Watkins.

BCILL 38: **J.-J. GAZIAUX**, *Parler wallon et vie rurale au pays de Jodoigne à partir de Jauchelette*. Avant-propos de Willy Bal, 368 pp., 1987. Prix: 790 FB.
Après avoir caractérisé le parler wallon de la région de Jodoigne, l'auteur de ce livre abondamment illustré s'attache à en décrire le cadre villageois, à partir de Jauchelette. Il s'intéresse surtout à l'évolution de la population et à divers aspects de la vie quotidienne (habitat, alimentation, distractions, vie religieuse), dont il recueille le vocabulaire wallon, en alliant donc dialectologie et ethnographie.

BCILL 39: **G. SERBAT**, *Linguistique latine et Linguistique générale*, 74 pp., 1988. Prix: 280 FB. ISBN 90-6831-103-4.
Huit conférences faites dans le cadre de la Chaire Francqui, d'octobre à décembre 1987, sur: le temps; deixis et anaphore; les complétives; la relative; nominatif; génitif partitif; principes de la dérivation nominale.

BCILL 40: *Anthropo-logiques*, éd. D. Huvelle, J. Giot, R. Jongen, P. Marchal, R. Pirard (Centre interdisciplinaire de Glossologie et d'Anthropologie Clinique), 202 pp., 1988. Prix: 600 FB. ISBN 90-6831-108-5.
En un moment où l'on ne peut plus ignorer le malaise épistémologique où se trouvent les sciences de l'humain, cette série nouvelle publie des travaux situés dans une perspective anthropo-logique unifiée mais déconstruite, épistémologiquement et expérimentalement fondée. Domaines abordés dans ce premier numéro: présentation générale de l'anthropologie clinique; épistémologie; linguistique saussurienne et glossologie; méthodologie de la description de la grammaticalité langagière (syntaxe); anthropologie de la personne (l'image spéculaire).

BCILL 41: **M. FROMENT**, *Temps et dramatisations dans les récits écrits d'élèves de 5ᵉ*, 268 pp., 1988. Prix: 850 FB.
Les récits soumis à l'étude ont été analysés selon les principes d'une linguistique qui intègre la notion de circulation discursive, telle que l'a développée M. Bakhtine.
La comparaison des textes a fait apparaître que le temps était un principe différenciateur, un révélateur du type d'histoire racontée.
La réflexion sur la temporalité a également conduit à constituer une typologie des textes intermédiaire entre la langue et la diversité des productions, en fonction de leur homogénéité.

BCILL 42: **Y.L. ARBEITMAN** (ed.), *A Linguistic Happening in Memory of Ben Schwartz. Studies in Anatolian, Italic and Other Indo-European Languages*, 598 pp., 1988. Prix: 1800,- FB.
36 articles dédiés à la mémoire de B. Schwartz traitent de questions de linguistique anatolienne, italique et indo-européenne.

BCILL 43: *Hethitica IX*, 179 pp., 1988. Prix: 540 FB. ISBN. Cinq articles de St. DE MARTINO, J.-P. GRÉLOIS, R. LEBRUN, E. NEU, A.-M. POLVANI.

BCILL 44: **M. SEGALEN** (éd.), *Anthropologie sociale et Ethnologie de la France*, 873 pp., 1989. Prix: 2.620 FB. ISBN 90-6831-157-3 (2 vol.).
Cet ouvrage rassemble les 88 communications présentées au Colloque International «Anthropologie sociale et Ethnologie de la France» organisé en 1987 pour célébrer le cinquantième anniversaire du Musée national des Arts et Traditions populaires (Paris), une des institutions fondatrices de la discipline. Ces textes montrent le dynamisme et la diversité de l'ethnologie chez soi. Ils sont organisés autour de plusieurs thèmes: le regard sur le nouvel «Autre», la diversité des cultures et des identités, la réévaluation des thèmes classiques du symbolique, de la parenté ou du politique, et le rôle de l'ethnologue dans sa société.

BCILL 45: **J.-P. COLSON**, *Krashens monitortheorie: een experimentele studie van het Nederlands als vreemde taal. La théorie du moniteur de Krashen: une étude expérimentale du néerlandais, langue étrangère*, 226 pp., 1989. Prix: 680 FB. ISBN 90-6831-148-4.
Doel van dit onderzoek is het testen van de monitortheorie van S.D. Krashen in verband met de verwerking van het Nederlands als vreemde taal. Tevens wordt uiteengezet welke plaats deze theorie inneemt in de discussie die momenteel binnen de toegepaste taalwetenschap gaande is.

BCILL 46: *Anthropo-logiques* 2 (1989), 324 pp., 1989. Prix: 970 FB. ISBN 90-6831-156-5.
Ce numéro constitue les Actes du Colloque organisé par le CIGAC du 5 au 9 octobre 1987. Les nombreuses interventions et discussions permettent de dégager la spécificité épistémologique et méthodologique de l'anthropologie clinique: approches (théorique ou clinique) de la rationalité humaine, sur le plan du signe, de l'outil, de la personne ou de la norme.

BCILL 47: **G. JUCQUOIS**, *Le comparatisme*, t. 1: *Généalogie d'une méthode*, 206 pp., 1989. Prix: 750 FB. ISBN 90-6831-171-9.
Le comparatisme, en tant que méthode scientifique, n'apparaît qu'au XIXe siècle. En tant que manière d'aborder les problèmes, il est beaucoup plus ancien. Depuis les premières manifestations d'un esprit comparatiste, à l'époque des Sophistes de l'Antiquité, jusqu'aux luttes théoriques qui préparent, vers la fin du XVIIIe siècle, l'avènement d'une méthode comparative, l'histoire des mentalités permet de préciser ce qui, dans une société, favorise l'émergence contemporaine de cette méthode.

BCILL 48: **G. JUCQUOIS**, *La méthode comparative dans les sciences de l'homme*, 138 pp., 1989. Prix: 560 FB. ISBN 90-6831-169-7.
La méthode comparative semble bien être spécifique aux sciences de l'homme. En huit chapitres, reprenant les textes de conférences faites à Namur en 1989, sont présentés les principaux moments d'une histoire du comparatisme, les grands traits de la méthode et quelques applications interdisciplinaires.

BCILL 49: *Problems in Decipherment*, edited by **Yves DUHOUX, Thomas G. PALAIMA and John BENNET**, 1989, 216 pp. Price: 650 BF. ISBN 90-6831-177-8.

Five scripts of the ancient Mediterranean area are presented here. Three of them are still undeciphered — "Pictographic" Cretan; Linear A; Cypro-Minoan. Two papers deal with Linear B, a successfully deciphered Bronze Age script. The last study is concerned with Etruscan.

BCILL 50: **B. JACQUINOD**, *Le double accusatif en grec d'Homère à la fin du Ve siècle avant J.-C.* (publié avec le concours du Centre National de la Recherche Scientifique), 1989, 305 pp. Prix: 900 FB. ISBN 90-6831-194-8.
Le double accusatif est une des particularités du grec ancien: c'est dans cette langue qu'il est le mieux représenté, et de beaucoup. Ce tour, loin d'être un archaïsme en voie de disparition, se développe entre Homère et l'époque classique. Les types de double accusatif sont variés et chacun conduit à approfondir un fait de linguistique générale: expression de la sphère de la personne, locution, objet interne, transitivité, causativité, etc. Un livre qui intéressera linguistes, hellénistes et comparatistes.

BCILL 51: **Michel LEJEUNE**, *Méfitis d'après les dédicaces lucaniennes de Rossano di Vaglio*, 103 pp., 1990. Prix: 400,- FB. ISBN 90-6831-204-3.
D'après l'épigraphie, récemment venue au jour, d'un sanctuaire lucanien (-IVe/-Ier s.), vues nouvelles sur la langue osque et sur le culte de la déesse Méfitis.

BCILL 52: *Hethitica* X, 211 pp., 1990. Prix: 680 FB. Sept articles de P. CORNIL, M. FORLANINI, H. GONNET, J. KLINGER et E. NEU, R. LEBRUN, P. TARACHA, J. VANSCHOONWINKEL. ISBN 90-6831-288-X.

BCILL 53: **Albert MANIET**, *Phonologie quantitative comparée du latin ancien*, 1990, 362 pp. Prix: 1150 FB. ISBN 90-6831-225-1.
Cet ouvrage présente une statistique comparative, accompagnée de remarques d'ordre linguistique, des éléments et des séquences phoniques figurant dans un corpus latin de 2000 lignes, de même que dans un état plus ancien de ce corpus, reconstruit sur base de la phonétique historique des langues indo-européennes.

BCILL 54-55: **Charles de LAMBERTERIE**, *Les adjectifs grecs en -υς. Sémantique et comparaison* (publié avec le concours de l'Académie des Inscriptions et Belles-Lettres, du Centre National de la Recherche Scientifique et de la Fondation Calouste Gulbenkian), 1.035 pp., 1990. Prix: 1980 FB. ISBN tome I: 90-6831-251-0; tome II: 90-6831-252-9.
Cet ouvrage étudie une classe d'adjectifs grecs assez peu nombreuse (une quarantaine d'unités), mais remarquable par la cohérence de son fonctionnement, notamment l'aptitude à former des couples antonymiques. On y montre en outre que ces adjectifs, hérités pour la plupart, fournissent une riche matière à la recherche étymologique et jouent un rôle important dans la reconstruction du lexique indo-européen.

BCILL 56: **A. SZULMAJSTER-CELNIKIER**, *Le yidich à travers la chanson populaire. Les éléments non germaniques du yidich*, 276 pp., 22 photos, 1991. Prix: 1490 FB. ISBN 90-6831-333-9.

BCILL 57: *Anthropo-logiques 3* (1991), 204 pp., 1991. Prix: 695 FB. ISBN 90-6831-345-2.

Les textes de ce troisième numéro d'*Anthropo-logiques* ont en commun de chercher épistémologiquement à déconstruire les phénomènes pour en cerner le fondement. Ils abordent dans leur spécificité humaine le langage, l'expression numérale, la relation clinique, le corps, l'autisme et les psychoses infantiles.

BCILL 58: **G. JUCQUOIS-P. SWIGGERS** (éd.), *Le comparatisme devant le miroir*, 155 pp., 1991. Prix: 540 FB. ISBN 90-6831-363-0.
Dix articles de E. Gilissen, G.-G. Granger, C. Hagège, G. Jucquois, H.G. Moreira Freire de Morais Barroco, P. Swiggers, M. Van Overbeke.

BCILL 59: *Hethitica XI*, 136 pp., 1992. Prix: 440 FB. ISBN 90-6831-394-0.
Six articles de T.R. Bryce, S. de Martino, J. Freu, R. Lebrun, M. Mazoyer et E. Neu.

BCILL 60: **A. GOOSSE**, *Mélanges de grammaire et de lexicologie françaises*, XXVIII-450 pp., 1991. Prix: 1.600 FB. ISBN 90-6831-373-8.
Ce volume réunit un choix d'études de grammaire et de lexicologie françaises d'A. Goosse. Il est publié par ses collègues et collaborateurs à l'Université Catholique de Louvain à l'occasion de son accession à l'émérit.

BCILL 61: **Y. DUHOUX**, *Le verbe grec ancien. Éléments de morphologie et de syntaxe historiques*, 549 pp., 1992. Prix: 1650 FB. ISBN 90-6831-387-8.
Ce livre étudie la structure et l'histoire du système verbal grec ancien. Menées dans une optique structuraliste, les descriptions morphologiques et syntaxiques sont toujours associées, de manière à s'éclairer mutuellement. Une attention particulière a été consacrée à la délicate question de l'aspect verbal. Les données quantitatives ont été systématiquement traitées, grâce à un *corpus* de plus de 100.000 formes verbales s'échelonnant depuis Homère jusqu'au IVe siècle avant J.-C.

BCILL 62: **D. da CUNHA**, *Discours rapporté et circulation de la parole*, 1992, 231 pp., Prix: 740 FB. ISBN 90-6831-401-7.
L'analyse pragmatique de la circulation de la parole entre un discours source, six rapporteurs et un interlocuteur montre que le discours rapporté ne peut se réduire aux styles direct, indirect et indirect libre. Par sa façon de reprendre les propos qu'il cite, chaque rapporteur privilégie une variante personnelle dans laquelle il leur prête sa voix, allant jusqu'à forger des citations pour mieux justifier son propre discours.

BCILL 63: **A. OUZOUNIAN**, *Le discours rapporté en arménien classique*, 1992, 300 pp., Prix: 990 FB. ISBN 90-6831-456-4.

BCILL 64: **B. PEETERS**, *Diachronie, Phonologie et Linguistique fonctionnelle*, 1992, 194 pp., Prix: 785 FB. ISBN 90-6831-402-5.

BCILL 65: **A. PIETTE**, *Le mode mineur de la réalité. Paradoxes et photographies en anthropologie*, 1992, 117 pp., Prix: 672 FB. ISBN 90-6831-442-4.

BCILL 66: **Ph. BLANCHET** (éd.), *Nos langues et l'unité de l'Europe. Actes des Colloques de Fleury (Normandie) et Maiano (Prouvènço)*, 1992, 113 pp., Prix: 400 FB. ISBN 90-6831-439-4.
Ce volume envisage les problèmes posés par la prise en compte de la diversité linguistique dans la constitution de l'Europe. Universitaires, enseignants, écrivains,

hommes politiques, responsables de structures éducatives, économistes, animateurs d'associations de promotion des cultures régionales présentent ici un vaste panorama des langues d'Europe et de leur gestion socio-politique.

BCILL 67: *Anthropo-logiques* 4, 1992, 155 pp., Prix: 540 FB. ISBN 90-6831-464-5.
Une fois encore, l'unité du propos de ce numéro d'*Anthropo-logiques* ne tient pas tant à l'objet — bien qu'il soit relativement circonscrit: l'humain (on étudie ici la faculté de concevoir, la servitude du vouloir, la dépendance de l'infantile et la parenté) — qu'à la méthode, dont les deux caractères principaux sont justement les plus malaisés à conjoindre: une approche dialectique et analytique.

BCILL 68: **L. BEHEYDT (red.)**, *Taal en leren. Een bundel artikelen aangeboden aan prof. dr. E. Nieuwborg*, X-211 pp., 1993. Prix: 795 FB. ISBN 90-6831-476-9.
Deze bundel, die helemaal gewijd is aan toegepaste taalkunde en vreemde-talen-onderwijs, bestaat uit vijf delen. Een eerste deel gaat over evaluatie in het v.t.-onderwijs. Een tweede deel betreft taalkundige analyses in functie van het v.t.-onderwijs. Een derde deel bevat contrastieve studies terwijl een vierde deel over methodiek gaat. Het laatste deel, ten slotte, is gericht op het verband taal en cultuur.

BCILL 69: **G. JUCQUOIS**, *Le comparatisme, t. 2: Émergence d'une méthode*, 208 pp., 1993. Prix: 730 FB. ISBN 90-6831-482-3, ISBN 2-87723-053-0.
Les modifications majeures qui caractérisent le passage de l'Ancien Régime à l'époque contemporaine se produisent initialement dans les sciences du vivant. Celles-ci s'élaborent, du XVIIIe au XXe siècle, par la progressive prise en compte du changement et du mouvement. Les sciences biologiques deviendront ainsi la matrice constitutive des sciences de l'homme par le moyen d'une méthodologie, comparative pour ces dernières et génétique pour les premières.

BCILL 70: *DE VSV, Études de syntaxe latine offertes en hommage à Marius Lavency*, édité par **D. LONGRÉE**, préface de G. SERBAT, 365 pp., 1995. Prix: 1.290 FB. ISBN 90-6831-481-5, ISBN 2-87723-054-6.
Ce volume, offert en hommage à Marius Lavency, professeur émérite à l'Université Catholique de Louvain, réunit vingt-six contributions illustrant les principales tendances des recherches récentes en syntaxe latine. Partageant un objectif commun avec les travaux de Marius Lavency, ces études tendent à décrire «l'usage» des auteurs dans ses multiples aspects: emplois des cas et des tournures prépositionnelles, oppositions modales et fonctionnements des propositions subordonnées, mécanismes diaphoriques et processus de référence au sujet, structures des phrases complexes... Elles soulignent la complémentarité des descriptions syntaxiques et des recherches lexicologiques, sémantiques, pragmatiques ou stylistisques. Elles mettent à nouveau en évidence les nombreuses interactions de la linguistique latine et de la linguistique générale.

BCILL 71: **J. PEKELDER**, *Conventies en Functies. Aspecten van binominale woord-groepen in het hedendaagse Nederlands*, 245 pp., 1993. Prix: 860 FB. ISBN 90-6831-500-5.
In deze studie wordt aangetoond dat een strikt onderscheid tussen lexicale en lineaire **conventies** enerzijds en lexicale en lineaire **functies** anderzijds tot meer inzicht leidt in de verschillende rollen die syntactische en niet-syntactische functies spelen bij de interpretatie van binominale woordgroepen met *van* in het hedendaagse Nederlands.

BCILL 72: **H. VAN HOOF**, *Dictionnaire des éponymes médicaux français-anglais*, 407 pp., 1993. Prix: 1425 FB. ISBN 90-6831-510-2, ISBN 2-87723-071-6.
Les éponymes constituent un problème particulier du labyrinthe synonymique médical, phénomène dont se plaignent les médecins eux-mêmes et qui place le traducteur devant d'innombrables problèmes d'identification des équivalences. Le présent dictionnaire, précédé d'une étude typologique, s'efforce par ses quelque 20.000 entrées de résoudre la plupart de ces difficultés.

BCILL 73: **C. VIELLE - P. SWIGGERS - G. JUCQUOIS** *éds, Comparatisme, mythologies, langages en hommage à Claude Lévi-Strauss*, 454 pp., 1994. Prix: 1600 FB. ISBN 90-6831-586-2, ISBN 2-87723-130-5.
Ce volume offert à Claude Lévi-Strauss à l'occasion de ses quatre-vingt-cinq ans réunit des études mythologiques, linguistiques et/ou comparatives de Ph. Blanchet, A. Delobelle, E. Désveaux, B. Devlieger, D. Dubuisson, F. François, J.C. Gomes da Silva, J. Guiart, G. Jucquois, M. Mahmoudian, J.-Y. Maleuvre, H.B. Rosén, Cl. Sandoz, B. Sergent, P. Swiggers et C. Veille.

BCILL 74: **J. RAISON - M. POPE**, *Corpus transnuméré du linéaire A*, deuxième édition, 337 pp., 1994. Prix: 1180 FB. ISBN 90-6831-561-7, ISBN 2-87723-115-1.
La deuxième édition de ce *Corpus* livre le texte de tous les documents linéaire A publiés à la fin de 1993, rassemblés en un volume maniable. Elle conserve la numérotation des signes utilisée en 1980, autorisant ainsi l'utilisation aisée de toute la bibliographie antérieure. Elle joint à l'édition proprement dite de précieuses notices sur l'archéologie, le lieu précis de trouvaille, la datation, etc.

BCILL 75: *Florilegium Historiographiae Linguisticae. Études d'historiographie de la linguistique et de grammaire comparée à la mémoire de Maurice Leroy*, édité par **J. DE CLERCQ** et **P. DESMET**, 512 pp., 1994. Prix: 1800,- FB. ISBN 90-6831-578-1, ISBN 2-87723-125-9.
Vingt-neuf articles illustrent des questions d'histoire de la linguistique et de grammaire comparée en hommage à l'auteur des *Grands courants de la linguistique moderne*.

BCILL 76: *Plurilinguisme et Identité culturelle, Actes des Assises européennes pour une Éducation plurilingue (Luxembourg)*, édités par **G. DONDENLIGER** et **A. WENGLER**, 185 pp., 1994. Prix: 650,- FB. ISBN 90-6831-587-0, ISBN 2-87723-131-3.
Comment faciliter la communication entre les citoyens de toute l'Europe géographique et humaine, avec le souci de préserver, en même temps, l'indispensable pluralisme de langues et de cultures? Les textes réunis dans ce volume montrent des démarches fort diverses, souvent ajustées à une région, mais qui mériteraient certainement d'être adaptées à des situations analogues.

BCILL 77: **H. VAN HOOF**, *Petite histoire des dictionnaires*, 129 pp., 1994, 450 FB. ISBN 90-6831-630-3, ISBN 2-87723-149-6.
Les dictionnaires sont des auxiliaires tellement familiers du paysage éducatif que l'on ne songe plus guère à leurs origines. Dépositaires de la langue d'une communauté (dictionnaires unilingues), instruments de la communication entre communautés de langues différentes (dictionnaires bilingues) ou répertoires pour spécialistes des disciplines les plus variées (dictionnaires unilingues ou polyglottes), tous ont une histoire

dont l'auteur retrace les étapes depuis des temps parfois très reculés jusqu'à nos jours, avec la naissance des dictionnaires électroniques.

BCILL 78: *Hethitica XII*, 85 pp., 1994. Prix: 300 FB. ISBN 90-6831-651-6, ISBN 2-87723-170-4.
Six articles de R. Haase, W. Helck, J. Klinger, R. Lebrun, K. Shields.

BCILL 79: **J. GAGNEPAIN**, *Leçons d'introduction à la théorie de la médiation*, 304 pp. Prix: 990 FB. ISBN 90-6831-621-4, ISBN 2-87723-143-7.
Ce volume reproduit les leçons données par Jean Gagnepain à l'UCL en 1993. Le modèle de l'anthropologie clinique y est exposé dans sa globalité et d'une manière particulièrement vivante. Ces leçons constituent une excellente introduction à l'ensemble des travaux médiationnistes de l'auteur.

BCILL 80: **C. TOURATIER**, *Syntaxe Latine*, LXII-754 pp. Prix: 3.900 FB. ISBN 90-6831-474-2, ISBN 2-87723-051-1.

BCILL 81: **Sv. VOGELEER** (éd.), *L'interprétation du texte et la traduction*, 178 pp., 1995. Prix: 625 FB. ISBN 90-6831-688-5, ISBN 2-87723-189-5.
Les articles réunis dans ce volume traitent de l'interprétation du texte (textes littéraires et spécialisés), envisagée dans une optique unilingue ou par rapport à la traduction, et de la description et l'enseignement de langues de domaines sémantiques restreints.

BCILL 82: **Cl. BRIXHE**, *Phonétique et phonologie du grec ancien I. Quelques grandes questions*, 162 pp., 1996. Prix: 640 FB. ISBN 90-6831-807-1, ISBN 2-87723-215-8.
Ce livre correspond au premier volume de ce qui devrait être, surtout pour le consonantisme, une sorte d'introduction à la phonétique et à la phonologie du grec ancien. Le recours combiné à la phonétique générale, au structuralisme classique et à la sociolinguistique permet de mettre en évidence des variations géographiques, possibles ou probables, dans le grec dit «méridional» du second millénaire et de proposer, entre autres, des solutions originales pour les grandes questions soulevées par le consonantisme du mycénien et des dialectes alphabétiques.

BCILL 83: *Anthropo-logiques* 6 (1995): *Quel «discours de la méthode» pour les Sciences humaines? Un état des lieux de l'anthropologie clinique. Actes du 3ᵉ Colloque international d'anthropologie clinique (Louvain-la-Neuve - Novembre 1993)*, IV-278 pp., 990 FB. ISBN 90-6831-821-7, ISBN 2-87723-225-5.
Dans une perspective résolument transdisciplinaire, des spécialistes s'interrogent ensemble sur la méthode clinique en sciences humaines et sur ses enjeux épistémologiques. Les textes portent sur l'esthétique poétique et plastique, les perturbations neurologiques affectant l'organisation du temps, de l'espace et des liens sociaux, les rapports entre crise sociale et crise personnelle, le sort de l'éthique et de la morale dans les névroses, l'enfance et l'épistémologie. Le volume constitue un excellent état des lieux des travaux actuels en anthropologie clinique.

BCILL 84: **D. DUBUISSON**, *Anthropologie poétique. Esquisses pour une anthropologie du texte*, IV-159 pp., 1996. Prix: 600 FB. ISBN 90-6831-830-6, ISBN 2-87723-231-X.

Afin d'éloigner le *texte* des apories et des impasses dans lesquelles le retiennent les linguistiques et les rhétoriques «analytiques», l'auteur propose de fonder sur lui une véritable *anthropologie poétique* qui, à la différence des démarches précédentes, accorde la plus grande attention à la nécessaire vocation cosmographique de la *fonction textuelle*.

BCILL 85: *Hethitica XIII*, 72 pp., Louvain-la-Neuve, Peeters, 1996. Prix: 400 FB. ISBN 90-6831-899-3.
Cinq articles de M. Forlanini, J. Freu, R. Lebrun, E. Neu.

BCILL 86: **P. LARRIVÉE** (éd.), *La structuration conceptuelle du langage*, 222 pp., Louvain-la-Neuve, Peeters, 1997. Prix: 790 FB. ISBN 90-6831-907-8.
Neuf contributions explorent le sens des concepts dans diverses langues et selon différents cadres d'analyse. Cette exploration se fonde sur le principe que l'interprétation d'une unité se fait à partir du concept qu'elle représente, selon la valeur de ses composantes, des relations qui s'établissent entre elles et en regard de ses rapports avec les autres unités de la séquence où elle s'emploie.

BCILL 87: **A. HERMANS** (éd.), *Les dictionnaires spécialisés et l'Analyse de la Valeur. Actes du Colloque organisé en avril 1995 par le Centre de Terminologie de Bruxelles (Institut Libre Marie Haps)*, 286 pp., Louvain-la-Neuve, Peeters, 1997. Prix: 990 FB. ISBN 90-6831-898-5.
S'inspirant des principes de l'Analyse de la Valeur, terminologues, terminographes et utilisateurs examinent ici les finalités et les fonctions du produit terminographique. Cet ouvrage suggère non seulement des modifications aux dictionnaires existants, mais aussi des nouveaux produits ou concepts, susceptibles d'accroître la satisfaction des besoins en terminologie.

BCILL 88: **M. LAVENCY**, *Vsvs. Grammaire latine. Description du latin classique en vue de la lecture des auteurs (deuxième édition)*, 358 pp., Louvain-la-Neuve, Peeters, 1997. Prix: 1250 FB. ISBN 90-6831-904-3.
Vous qui, pendant ou après l'Université, voulez lire et interpréter avec le meilleur profit les textes classiques latins, cet ouvrage est fait pour vous. La linguistique y est mise au service de la philologie, dans le but de fournir une description des structures grammaticales fondatrices de l'usage des auteurs latins.

BCILL 89: **M. MAHMOUDIAN**, *Le contexte en sémantique*, VIII-163 pp., Louvain-la-Neuve, Peeters, 1997. Prix: 600 FB. ISBN 90-6831-915-9.
Quel rôle joue le contexte dans la production et la perception de la signification linguistique? La démarche adoptée pour répondre à cette question est double: réexamen des modèles sémantiques et des principes qui les sous-tendent, d'une part, et de l'autre, enquêtes pour confronter les thèses avancées à des données empiriques. Au terme de cette étude, la structure sémantique apparaît comme relative et ouverte, où le contexte est tour à tour source et cible des influences sémantiques.

BCILL 90: **J.-M ELOY**, *La constitution du Picard: une approche de la notion de langue*, IV-259 pp., Louvain-la-Neuve, Peeters, 1997. Prix: 920 FB. ISBN 90-6831-905-1.

Cet ouvrage fait le point sur le cas picard et développe une réflexion originale sur la notion de langue. À partir des théories linguistiques, de l'histoire du fait picard et d'une démarche principalement sociolinguistique, l'auteur dégage des résultats qui éclairent la question des langues régionales d'oïl, et au delà, intéressent la linguistique générale.

SÉRIE PÉDAGOGIQUE DE L'INSTITUT DE LINGUISTIQUE DE LOUVAIN (SPILL)

SPILL 1: **G. JUCQUOIS**, avec la Collaboration de **J. LEUSE**, *Conventions pour la présentation d'un texte scientifique*, 1978, 54 pp. (épuisé).

SPILL 2: **G. JUCQUOIS**, *Projet pour un traité de linguistique différentielle*, 1978, 67 pp. Prix: 170,- FB.Exposé succinct destiné à de régulières mises à jour de l'ensemble des projets et des travaux en cours dans une perspective différentielle au sein de l'Institut de Linguistique de Louvain.

SPILL 3: **G. JUCQUOIS**, *Additions 1978 au «Projet pour un traité de linguistique différentielle»*, 1978, 25 pp. Prix: 70,- FB.

SPILL 4: **G. JUCQUOIS**, *Paradigmes du vieux-slave*, 1979, 33 pp. (épuisé).

SPILL 5: **W. BAL - J. GERMAIN**, *Guide de linguistique*, 1979, 108 pp. Prix: 275,- FB. Destiné à tous ceux qui désirent s'initier à la linguistique moderne, ce guide joint à un exposé des notions fondamentales et des connexions interdisciplinaires de cette science une substantielle documentation bibliographique sélective, à jour, classée systématiquement et dont la consultation est encore facilitée par un index détaillé.

SPILL 6: **G. JUCQUOIS - J. LEUSE**, *Ouvrages encyclopédiques et terminologiques en sciences humaines*, 1980, 66 pp. Prix: 165,- FB.
Brochure destinée à permettre une première orientation dans le domaine des diverses sciences de l'homme. Trois sortes de travaux y sont signalés: ouvrages de terminologie, ouvrages d'introduction, et ouvrages de type encyclopédique.

SPILL 7: **D. DONNET**, *Paradigmes et résumé de grammaire sanskrite*, 64 pp., 1980. Prix: 160,- FB.
Dans cette brochure, qui sert de support à un cours d'initiation, sont envisagés: les règles du sandhi externe et interne, les paradigmes nominaux et verbaux, les principes et les classifications de la composition nominale.

SPILL 8-9: **L; DEROY**, *Padaśas. Manuel pour commencer l'étude du sanskrit même sans maître*, 2 vol., 203 + 160 pp., 2e éd., 1984. Epuisé.

SPILL 10: *Langage ordinaire et philosophie chez le second WITTGENSTEIN. Séminaire de philosophie du langage 1979-1980*, **édité par J.F. MALHERBE**, 139 pp., 1980. Prix: 350,- FB. ISBN 2-87077-014-6.
Si, comme le soutenait Wittgenstein, **la signification c'est l'usage,** c'est en étudiant l'usage d'un certain nombre de termes clés de la langue du philosophe que l'on pourra, par-delà le découpage de sa pensée en aphorismes, tenter une synthèse de quelques thèmes majeurs des **investigations philosophiques.**

SPILL 11: **J.M. PIERRET,** *Phonétique du français. Notions de phonétique générale et phonétique du français,* V-245 pp. + 4 pp. hors texte, 1985. Prix: 550,- FB. ISBN 2-87077-018-9.
Ouvrage d'initiation aux principaux problèmes de la phonétique générale et de la phonétique du français. Il étudie, en outre, dans une section de phonétique historique, l'évolution des sons, du latin au français moderne.

SPILL 12: **Y. DUHOUX,** *Introduction aux dialectes grecs anciens. Problèmes et méthodes. Recueil de textes traduits,* 111 pp., 1983. Prix: 280,- FB. ISBN 2-87077-177-0.
Ce petit livre est destiné aux étudiants, professeurs de grec et lecteurs cultivés désireux de s'initier à la dialectologie grecque ancienne: description des parlers; classification dialectale; reconstitution de la préhistoire du grec. Quatorze cartes et tableaux illustrent l'exposé, qui est complété par une bibliographie succincte. La deuxième partie de l'ouvrage rassemble soixante-huit courtes inscriptions dialectales traduites et accompagnées de leur bibliographie.

SPILL 13: **G. JUCQUOIS,** *Le travail de fin d'études. Buts, méthode, présentation,* 82 pp., 1984. (épuisé).

SPILL 14: **J, VAN ROEY,** *French-English Contrastive Lexicology. An Introduction,* 145 pp., 1990. Prix: 460,- FB. ISBN 90-6831-269-3.
This textbook covers more than its title suggests. While it is essentially devoted to the comparative study of the French and English vocabularies, with special emphasis on the deceptiveness of alleged transformational equivalence, the first part of the book familiarizes the student with the basic problems of lexical semantics.

SPILL 15: **Ph. BLANCHET,** *Le provençal. Essai de description sociolinguistique et différentielle,* 224 pp., 1992. Prix: 740,- FB. ISBN 90-6831-428-9.
Ce volume propose aux spécialistes une description scientifique interdisciplinaire cherchant à être consciente de sa démarche et à tous, grand public compris, pour la première fois, un ensemble d'informations permettant de se faire une idée de ce qu'est la langue de la Provence.

SPILL 16: **T. AKAMATSU,** *Essentials of Functional Phonology,* with a Foreword by André MARTINET, XI-193 pp., 1992. Prix: 680 FB. ISBN 90-6831-413-0.
This book is intended to provide a panorama of *synchronic functional phonology* as currently practised by the author who is closely associated with André Martinet, the most distinguished leader of functional linguistics of our day. Functional phonology studies the phonic substance of languages in terms of the various functions it fulfils in the process of language communication.

SPILL 17: **C.M. FAÏK-NZUJI,** *Éléments de phonologie et de morphophonologie des langues bantu,* 163 pp., 1992. Prix: 550 FB. ISBN 90-6831-440-8.
En cinq brefs chapitres, cet ouvrage présente, de façon claire et systématique, les notions élémentaires de la phonologie et de la morphophonologie des langues de la famille linguistique bantu. Une de ses originalités réside dans ses *Annexes et Documents,* où sont réunis quelques systèmes africains d'écriture ainsi que quelques principes concrets pour une orthographe fonctionnelle des langues bantu du Zaïre.

SPILL 18: **P. GODIN — P. OSTYN — Fr. DEGREEF,** *La pratique du néerlandais avec ou sans maître,* 368 pp., 1993. Prix: 1250 FB. ISBN 90-6831-528-5.
Cet ouvrage a pour objectif de répondre aux principales questions de grammaire et d'usage que se pose l'apprenant francophone de niveau intermédiaire et avancé. Il comprend les parties suivantes: 1. Prononciation et orthographe; 2. Morphologie; 3. Syntaxe et sémantique; 4. Usage. Il peut être utilisé aussi bien en situation d'auto-apprentissage qu'en classe grâce à une présentation de la matière particulièrement soignée d'un point de vue pédagogique: organisation modulaire, nombreux exemples, explications en français, traduction des mots moins fréquents, et «last but not least», un index très soigné.

SPILL 19: **J.-M. PIERRET,** *Phonétique historique du français et Notions de phonétique générale.* Nouvelle édition, XIII-247 pages; 4 pages hors-texte, 1994. Prix: 920 FB. ISBN 90-6831-608-7
Nouvelle édition, entièrement revue, d'un manuel destiné aux étudiants et aux lecteurs cultivés désireux de s'initier à la phonétique et à l'histoire de la prononciation du français, cet ouvrage est constitué de deux grandes parties: une initiation à la phonétique générale et un panorama de la phonétique historique du français. Il contient de nombreuses illustrations et trois index: un index analytique contenant tous les termes techniques utilisés, un index des étymons et un index des mots français cités dans la partie historique.

SPILL 20: **C. CAMPOLINI, V. VAN HÖVELL, A. VANSTEELANDT,** *Dictionnaire de Logopédie: Le développement normal du langage et sa pathologie.* XVI-138 pages; 1997. Prix: 450 FB. ISBN 90-6831-897-7.
Cet ouvrage rassemble les termes utilisés en logopédie-orthophonie pour décrire la genèse du langage et les troubles qui peuvent entraver les processus normaux de son acquisition. Première étape d'une réflexion qui cherche à construire un outil terminologique spécialement destiné aux professionnels du langage, il s'adresse également aux parents et enseignants, témoins privilégiés de l'évolution linguistique des enfants.

SPILL 21: **Fr. THYRION,** *L'écrit argumenté. Questions d'apprentissage,* 285 pp., Louvain-la-Neuve, Peeters, 1997. Prix: 995 FB. ISBN 90-6831-918-3.
Ce livre est destiné aux enseignants du secondaire et du supérieur qui ont à enseigner la tâche créative à haut degré de complexité qu'est l'écrit argumenté. Les opérations d'un apprentissage progressif et adapté au niveau des apprenants y sont passées en revue, de même que les étapes et les indices de la maîtrise du processus.